KB200692

대화를
한다는
것

LE GOUT DE LA COVERSATION by Pierre SANSOT

Première édition : Desclée de Brouwer, 2003.

Pour la présente édition © 2019, Groupe Elidia

Éditions Desclée de Brouwer

10, rue Mercœur - 75011 Paris

9, espace Méditerranée - 66000 Perpignan

Korean translation copyright © 2025 by Dreamseller Publishing

All rights reserved.

This Korean edition was published by arrangement with Groupe Elidia

through Sibylle Agency, Seoul.

Le goût de la conversation

대화를
한다는
것

피에르 쌍소 지음 · **이진희** 옮김

드림셀러

추천의 글

최 재 천
(이화여대 에코과학부 석좌교수·생명다양성재단 이사장)

 우리는 개인적으로는 더할 수 없이 탁월한데 한데 모여 서로 대화하는 걸 못해도 정말 너무 못한다. 대화의 목표가 상대를 제압하고 그의 어깨를 땅에 메다꽂는 게 아니건만 우리의 대화는 좀처럼 협상의 단계에 이르지 못한다.

반대로 서양인들은 개별적 탁월함은 우리보다 못해도 함께 마주앉아 대화하며 합의를 이끌어내어 종종 큰 일을 해낸다. 그 차이가 무엇일까? 그들은 가정과 학교에서 대화하는 법을 배웠고, 우리는 배우지 못했기 때문이다.

이 책《대화를 한다는 것》은 댄스 수업이 끝난 뒤 여전히 우아한 발걸음으로 교실을 나가는 학생들처럼 대화를 마친 후에도 좋은 태도와 관계를 유지하는 방법을 가르쳐준다. 설령 아무런 이득을 얻지 못해도 화합의 행복을 느끼며 떠나는 길을 안내한다. 저자는 무례함과 신랄함, 자연스러움과 어느 정도의 순진함이 어우러진 대화가 성공적이라고 말한다.

인간은 남의 얘기를 듣고 자기가 얘기할 차례를 기다릴 줄 아는 거의 유일한 동물이다. 침묵을 배우고 수다를 자제하며 서로에게 상냥하고 현명한 울림판이 되어줘야 한다.

나는 조만간 오랜 교수 생활을 접고 경쾌함과 진중함이 어우러진 숙론(熟論)의 장을 펼치려고 한다. 우리 사회가 씨름해야 할 여러 주제를 대화하는 자리에 여러분 모두를 초대한다. 그런데 조건이 하나 있다. 반드시 이 책을 읽고 오기를 바란다.

오직 말만이 중요하다.
그 외의 모든 것은 잡담에 불과하다.

_ 외젠 이오네스코

차례

머리말

모름지기 작가는 같은 글을 재생산하지 않도록 항상 주의해야 한다. 그러나 상상력이 부족하거나 게으르거나 혹은 일관된 모습을 보이기 위해 이러한 유혹에 빠지기도 한다. 그렇더라도 작가에게 호의를 베풀자. 그러면 작가는 불가항력의 감정이나 자신이 속한 세상의 관행을 못 이긴 척할 수 있을 것이다. 아니면 세상을 놀라게 해주고 싶은 열망 때문에 독자를 배신할 수밖에 없었던 것처럼 굴 수도 있으리라. 나라는 작가는 느림에 대해, 우리의 속도를 늦추는 능력에 대해, 느림의 매력에 대해 끊임없이 자문한다.

나는 다양한 책을 통해서 운명에 떠밀리고 절박한 사건들 앞에 무릎 꿇어야 했지만 자신에게 허락된 단순한 즐거움을 누리기를 게을리하지 않았던 사람들의 이야기를 쓰기도 했다. 또한 우리의 속도대로 걷고, 때로는 우리가 지나온 발자국을 다시 밟아보고, 원한다면 발길이 닿는 대로 헤매보기를 권하는 이야기를 쓰기도 했다. 보이지도 않는 경쟁자를 앞지르려고 서두를 생각을 할 필요가 전혀 없다.

이 책 《대화를 한다는 것》역시 섬세하고 유쾌하고 즐겁게 시간을 쓰는 방법론에서 벗어나지 않는다. 대화는 경쟁자를 설득하고 그의 어깨를 땅에 메다꽂는 것이 아니다. 대화하는 즐거움을 얻을 수만 있다면 우리는 이성을 넘어 대화를 쫓는다. 대화가 끝날 때면 아무런 이득을 얻지 않아도 화합의 행복을 느끼며 떠난다.

대화와 관련해 내가 탄복한 점은 그 사용이 특별한 계획에 지배받지 않고 정해진 생각에 복종하지 않는다는 것이다. 그럼에도 의미를 만들고 일관성 있게 보인다는 사실이다. 마치 한 명의 수석 건축가나 군주에 의해 계획되지는 않았지만 도로들과 마을들이 잘 어우러진 도시, 사람들이 흩어지게 내버려 두지 않아서 거친 반대에 맞설 필요도 없는 도시를 보는 것 같다.

질 좋은 대화는 재치, 금욕, 예상치 못한 제안을 포함하지만 질서를 잃는 법이 없다. 보이지 않는 선을 따라가고 길가에 멈춰서서 주저앉는 일이 없다. 게다가 이러한 대화에는 각기 다른 범주로 분류해야 하는 시점마다 경험이 풍부한 사람이 적절히 개입한다. 우리는 이러한 사람들을 흉내낼 수 없는 스타일을 지닌 논객으로 인정한다.

이처럼 질 좋은 대화가 지닌 매력은 그것이 더해지기 전의 순간에 자연스럽게 생겨나는 것이 아니다. 우리가 볼 때 그 매력은 임의로 생겨나는 것이 아니며 통제력을 잃을 때,

명철함을 잃을 때, 사람들이 분산될 때 발생하는 것도 아니다. 그런데 질 좋은 대화도 사람들이 안이한 태도로 임하거나 혼란을 일으키거나 응집될 필요 없는 요소들을 무모하게 병렬할 위험에서 벗어나지 못한다.

앞으로도 나는 사람과 사물을 이러한 방식으로 바라볼 것 같다. 사실 나는 한가한 시간, 불확실하게 흘러갈 시간을 쓰는 방법들을 모두 명확하게 알지는 못한다. 그런데 오히려 이것은 내게는 행운이다. 그래서 내가 더 깊이 파고들어야 한다고 생각하는 동안 끊임없이 나를 회피하는 세상을 계속 이러한 방식으로 읽어 나가야겠다.

나는 땅을, 도시를, 지구를 가로지르는 탐험가 같은 기분이 든다. 도시와 프랑스와 전 세계의 지평선은 탐험가의 걸음을 재촉한다. 그런데 탐험가는 사실 지평선은 원칙적으로 닿을 수 없다는 사실을, 그래서 자신이 지평선에 도달하지 못하리라는 사실을 안다.

작가는 자기 자신을 걱정하지 않는다. 왜냐하면 작가는 자기 자신을 상상하지 않기 때문이다. 심지어 나이가 더 들어도 편안한 소파나 자기 책을 쌓아 올린 무더기 위에 앉아서 행복한 미소를 지을 테니 말이다.

마지막으로 독자들에게 경고해야겠다. 나는 선택권이 없는 채로 두 가지 태도로 대화를 듣는다. 첫째로 대화가 특정한 어조를 유지하고 가장 고상한 예술작품처럼 보이기를 바라면서 매우 까다로운 태도로 대화를 듣는다. 둘째로는 덜 제약적이고 더 관대하게 대화를 지켜본다. 대화하는 사람들이 미리 준비한 문장을 달달 외우지 않고 나름의 노력을 하는 것만으로도 충분하다고 생각한다. 물론 외운 대로 말하는 것도 쉬운 일은 아니지만 어쨌든 언어의 우수함을 보여주기만 하면 된다.

수다에 관해서는 판단을 보류한다. 나는 언어와 인간의 사고를 해치는 것처럼 보이는 것에 관해서는 대개 엄격해진다. 그러나 태만한 삶, 단념한 삶, 가장 중요한 목적에 대해 일절 고민하지 않는 삶에 도움을 주는 일이라면 이따금 너그러워진다. 여러분이 수다쟁이의 모습 속에서 자신을 발견하게 되더라도 너무 씁쓸해하거나 이 책을 펼쳐보지 않았다는 사실을 후회할 필요는 없다. 우리는 모두 수다쟁이고 얇은 이 책이 앞으로는 말을 자제하도록 우리를 격려할 테니 말이다. 그러니 내가 주저하더라도, 간혹 아무런 경고도 없이 입장을 바꾸더라도 부디 너그러이 바라봐주기를 바란다.

성 공 적 인

대 화 란

무 엇 인 가 ?

성공이 유행이다. 실패가 여전히 우리를 매혹하는 주제이기는 하지만 말이다. 성공적으로 살기란 나에게 쉽지 않은 문제라서 어떻게 하면 그렇게 살 수 있는지 자문하곤 한다. 성공적으로 죽기란? 이 문제는 아직 생각해본 적이 없고 적절한 답을 찾으리라는 확신도 없다.

이 책에서는 성공적인 대화를 결정하는 것이 무엇인지 알아보려 하는데, 이는 생각보다 더 어려운 문제다. 우리는 성공적인 대화를 방해하는 장애물에 대해서는 잘 알고 있다. 그런데 무엇이 대화를 완벽하고 충만하게 할까? 그 답에 다가가기는 쉽지 않을 것이다.

대화는 어떻게 시작해야 할까? 대화의 시작을 알려야 할까? 우연히 친구들을 만나서 여유 시간을 할애해 대화하기로 마음먹었다고 생각해보자. 이와 같은 상황에서는 어떻게 대화를 시작해야 할지 고민할 필요가 없다. 헤어지기 전에 몇 마디 말로 대화의 끝맺음만 지으면 된다고 생각하니 말이다.

그런데 어쩌다 보면 이야기가 길어진다. 대화는 순간순간 예상치 못한 방향으로 튄다. 이야기, 어떤 사람에 대한 묘사, 평범한 생각을 주고받는다. 모두가 대화에 참여한다. 모든 이가 자신의 개입으로 대화를 끝낼 수 있으리라 생각하기 때문에 각자의 발언은 모두 가치를 지닌다.

한편, 우리가 오랫동안 이야기를 나누기로 마음먹을 때는 상황이 달라진다. 할 수 있는 한 최선의 방식으로 대화의 물꼬를 튼다. 파티의 시작을 활기차게 알리는 것을 즐기는 사람도 있을 것이다. 연극의 막을 여는 몇 줄의 대사나 럭비 경기에서 킥오프 후 이뤄지는 몸싸움은 연극이나 경기 전체의 질을 예상하게 한다. 그러나 이러한 상황에서도 대화를 압도하려 한다거나 무대 앞을 차지하려 한다는 인상을 주지 않도록 해야 한다.

그 대신 우리가 대화의 무대에 올라서기 전 '몸 풀기'를 위해 여러 방법을 동원한다는 점은 인정해야겠다. 이어지는 무대 장면들을 결정할 때나 어울릴 법한 빠른 리듬으로 몸을 풀지는 않을 것이다.

본격적인 대화를 시작하기 전에 준비 단계가 필요하다. 우리는 식사 전에 식전주를 마시고, 번갈아 가며 자기소개를 하고, 형식적인 수다를 나눈다. 이때 어떤 이에게 첫 발언권을 주기로 만장일치로 동의하지도 않았는데 누군가가 너무 많은 주도권을 쥐고 맨 앞에 나서서 말하면, 우리는 그를 수상쩍게 여기고 그가 갑자기 모두를 장악하려 한다고 생각하게 된다.

거의 안면이 없는 사람끼리 모인 자리에서는 진부한 주제를 중심으로 대화가 이루어진다. 그렇다고 해서 이 자리에 모인 사람들이 쓸데없는 이야기나 시시껄렁한 잡담을 좋아하는 것은 아니다. 공통의 관심 분야를 찾아내고 주변의 낯선 사람들을 파악한 뒤 나와 사람들 사이에 공통점이 있는지 지켜봐야 한다. 조금 더 영악하게는 남들의 약점과 강점을 탐색한 뒤 내가 가장 적절한 모습을 보일 수 있는 지점으로 그들을 끌고 가야 한다. 탐색할 시간을 벌기 위해 나누는 인사말이 우리의 신경을 거스르기도 하지만 이 인사말이야말로 조금 더 중요한 역할을 맡을 수도 있다.

"제가 당신 이야기에 방해가 되어도 될지, 아니면 당신을 갑자기 시험에 들게 해도 될지 모르겠습니다. 당신께 저에 대해서 말씀드리지는 않았습니다. 이건 제가 존중을 표현하는 방법이랍니다. 저는 존중을 아주 중요하게 생각하거든요."

연극에서 무대 바닥을 세 번 내리치는 행위는 극의 시작을 알린다. 오페라에서 오케스트라가 피트에 자리를 잡고 다 같이 음을 맞추면 우리는 앞으로 어떤 일이 일어날지 알수 있다. 시간이 흘러 공연이 끝나면 이를 알리기 위해 무대 커튼이 닫히거나 배우들이 관객에게 감사 인사를 하러 다시 무대에 등장한다.

대화도 거의 비슷한 양상으로 진행된다. 이처럼 매우 짜임새 있고 세심하게 주고받는 대화는 수명과 영역의 경계가 명확한 예술작품 같기도 하다.

세상의 고정관념과 기득권층을 비웃는 것을 즐기는 사람을 떠올려 보자. 그는 대중을 사로잡는 것들을 조롱하며 희열을 느낀다. 조롱꾼은 함께 있는 사람들의 이러저러한 결점, 누군가의 어색함, 다른 누군가의 과장된 언행을 손가락질한다. 조롱꾼은 이렇게 말할 것이다. 우리의 영혼에는 누군가를 판단하거나 비판하거나 찬동할 자유와 능력이 있다고.

그런데 내 생각에 그의 언동은 그 자신이 소위 가치라고 일컫는 것을 무례하게 욕보이는 것 같다. 그는 자기와 비슷한 부류의 사람은 비난하고 상처 입히고 헐뜯을 대상으로 택하지 않는다. 나는 조롱꾼의 태도에서 위험을 감지한다. 그는 자신이 그토록 무례하고 그토록 짓궂게 굴 수 있다는 사실에 스스로 탄복한다. 이는 자아도취 혹은 거의 자기확대라고 할 수 있는데, 그게 어떠한 것이든 간에 나를 분노케 한다. 나는 자아도취에는 겸허와 의심의 순간, 어느 정도의 선량함과 작은 것에도 감탄하는 성향이 수반되어야 한다고 생각한다. 성공적인 대화는 무례함과 신랄함, 자연스러움과 어느 정도의 순진함이 번갈아가며 이루어져야 하는 법이니 말이다.

우리는 독자의 감성에 호소하는 표현인 파로스_{pathos}(청중의 감성에 호소하는 표현 기교, 영어로 '페이소스'라 한다. -옮긴이 주)와 신파에는 거부감을 느끼곤 하지만 무미건조하고 격렬한 문체로 쓰는 작가에게는 감탄한다. 개인적으로 나는 대화하는 동안 자유롭게 숨 쉬고 싶고, 삶의 즉시성과 삶이 만들어내는 환상의 즉시성을 오롯이 느끼고 싶다. 거친 영혼의 소유자는 통제된 말과 결합하고 다듬어지면 상상력을 자유롭게 펼칠 수 없고 마음껏 꿈꿀 수 없다. 거친 영혼이 대화에 함께한다면 나에게 이로울 것이다. 마른 가지가 꺾일 때 우리의 생각은 깨어나고 식물은 무기력한 상태에서 벗어난다. 옷감의 씨실이 풀어헤쳐질 때 단호하고 현명한 손은 풀린 실을 다시금 바짝 조인다.

말을 통제해야 한다는 염려는 문장을 알맞게 다듬어야 하고 동작을 정확하게 하라는 강요를 받는 가혹함으로 이어질 수 있다. 이는 제스처를 더 많이 하고 적게 하는 문제가 아니라 사람들의 가장 예민한 부분을 건드리느냐 아니냐의 문제다. 통제된 대화에서는 경솔한 말을 퍼붓는 것은 적절하지 않으며 어떤 말도 덧붙일 필요 없는 문장으로 말해야 한다. 통제된 대화를 원한 이들은 상처와 고통을 기꺼이 감내하며 그들의 대화가 죽음으로 끝나는 것도 받아들인다.

그들은 특정한 미적 개념에 근거해 자기만의 대화 방식을 만든다. 그러나 연극이나 예술품에서 느껴지는 가혹함은 우리 인간을 인간 조건의 근원과 사회관계의 시발점에 연결하는 제례적 행위에서 비롯된 것이다. 대화가 진행되는 동안 가혹함은 논거를 잃는다. 가혹함은 혹평하게 하고 상대를 낮추게 만든다. 가혹함은 누군가를 우쭐거리게 하기도 하지만 그의 자만심에 상처를 입히기도 한다. 가혹함에 눈이 먼 자는 그리스도의 성배를 머리 위로 들어 올릴 줄 모른다.

나는 성공적인 대화라면 유쾌해야 한다고 생각한다. 매우 엄숙한 상황에서 격조 높은 어투로 주고받는 대화가 존재한다는 사실은 모두 알고 있으리라. 이런 대화에서 내뱉어진 단어들은 각각 정확히 정해진 자리가 있다. 대화는 필요에 따라 흘러간다. 일단락된 후에도 대화는 참여한 사제들에게 계속해서 질문을 던진다. 이 질문은 사람들을 난처하게 하기도 하지만 더 나은 존재로 그들을 이끌 수 있는 열쇠를 내어주기도 한다.

나는 이러한 대화에 대해 잘 안다. 이러한 유형의 대화가 지니는 고결함은 나를 압도한다. 그 고결함 때문에 사람들은 이러한 대화를 조금 더 높이 평가하는 경향이 있을 정도다. 나는 이러한 대화를 조금 더 탁월한 단어, 바로 '대담 entretien'이라고 표현하고 싶다. 대담 속에서 오가는 말들은 인간의 권력에 의존한 경망스러운 어림짐작과 느슨함을 외면한다.

내가 대담을 좋아하는 이유는 18세기 프랑스에서 발달한 특별한 문화에 대한 사랑에 기인한다. 재치 넘치고 흥미진진하고 때로는 경박한 이야기들이 프랑스의 살롱을 가득 채웠다. 이와 달리 독일 문화는 더 깊고 무거운 교류를 선호했는데 살롱에서 오가는 대화만큼 유쾌할 필요가 없었기 때문이었을 것이다. 엄중함이나 유쾌함 외에도 대화를 분류하는 기준이 존재한다. 바로 정신에 관한 것이다. 왜냐하면 대화는 영적이어야 하기 때문이다. 독일의 본질 철학에서 정신이라는 말을 들어봤을 것이다. 독일 철학에서 정신이라는 단어는 대문자로 시작한다. 정신은 세상을 지배한다. 정신은 정신을 원동력으로 삼아 진행되는 역사적 과정을 통해 실현되며, 그 결과로 세상 속에서 온전히 구현된다. 우리에게 있어 정신은 오히려 생기 넘치는 존재이며, 결코 가만히 머물러 있지 않고 사건이나 타인의 말에 끊임없이 반응하는 능력을 의미한다. 대화할 때 정신은 활기를 되찾고 놀라운 개방성을 보여주는 동시에 온전한 자의식의 형성에는 크게 신경 쓰지 않는다.

바로 거기서부터 형이상학적인 불안이나 걱정과는 거리가 먼 즐거움이 시작된다. 거기서부터 어린 염소가 껑충거리듯 두서없이 이리저리 날뛰는 이야기가 비롯된다. 무곡의 박자를 맞추는 것은 개념이 아니라 단어다. 그것은 순간의 변덕, 상대방의 얼굴과 미소에 따라 바뀌는 춤에서 느끼는 행복이다. 명랑함은 우리가 충만하다는 사실을, 지금 이 순간 말고는 다른 어떤 것도 바라지 않는다는 것을 의미한다. 이는 정체 모를 신이 우리에게 베푸는 은혜와도 같다.

쾌활함을 설명하는 두 가지 철학을 소개하고자 한다. 라퐁텐La Fontaine이나 셸링Schelling의 철학과 헤겔Hegel의 철학. 유쾌함은 한편으로는 프랑스의 우화 작가 라퐁텐의 전공이기도 하며, 다른 한편으로는 어느 정도의 진지함을 뜻하기도 한다. 이처럼 진지함이 경쾌한 말이나 유연한 구문과 반드시 모순되는 것은 아니다.

나는 가벼운 대화를 격찬한다. 그런데 가벼운 대화라고 해서 두께와 깊이, 엄숙함이 없을까? 진지함에는 결코 무시할 수 없는 장점이 있다는 사실을 인정해야 한다. 진지한 사람은 말과 행동을 하기 전에 깊이 생각하고 결정하며 행동과 말에 책임을 지기 때문이다. 반대로 분별이 없는 사람은 '생각이 짧았다'며 끊임없이 용서를 구한다. 경솔한 사람들, 말이 지나치게 많은 사람들은 이마를 주름지게 할 자그마한 근심조차 없는 불멸의 존재처럼 행동한다. 이들에게는 아무것도 기대할 수 없다. 이들은 자신이 하루살이같이 덧없는 존재 같다는 이유로 모든 것을 용인하도록 우리를 유도한다. 그러니 경솔함은 가혹함과 더불어 무관심과도 상당히 닮아있다고 할 수 있다.

그런데 가벼움을 경솔함과 혼동하지 말아야 한다. 가벼움은 존재해야 한다는 것에 대한 근심, 걱정, 인간의 불행, 우리 내면의 궁핍을 감추지 않는다. 다만 가벼움은 주변 사람들의 어깨를 우리의 고통으로 짓누르는 일이 즐겁지 않다는 사실을 알 뿐이다. 존재에 대한 고민이 있다고 해도 남들 앞에서 이를 보이지 말자. 남들 앞에서 무거운 머리로, 깊은 고민에 빠진 눈으로 생각하지 말자. 혼자 있을 때나 아주 가까운 친구 몇몇과 함께 있을 때 삶의 의미에 대해 질문을 던질 시간은 항상 충분하다. 진지함을 자제하지 않는다면 무례하고 부적절하고 서투르게 보일 수도 있다.

진지함은 듣는 사람을 싫증 나게 할 정도로 진지할까? 이 문제에 대해 정말 진지하게 생각하고 싶다면 이 문제에 스스로 틀어박히지 않아야 한다. 자신으로, 본질적인 삶으로 되돌아오기 전에 오히려 멀어져야 한다. 단호하게, 완고하게, 그러나 놀이처럼, 장난처럼 말이다.

가벼움은 유려한 말 속에서 돋보인다. 그뿐만 아니라 대화에서 엿보이는 발랄함, 특히 우리를 미소 짓게 하는 방식, 우호적인 분위기를 망치지 않는 방식에서도 눈에 띈다. 경쾌한 사람들은 과한 존재감으로 우리를 불편하게 하거나 기분을 상하게 하지 않기 위해 부담스럽게 굴지 않는다. 그들은 우리의 수평선을 가로막지 않으며, 우리는 넓게 열린 수평선 덕분에 상쾌한 바닷바람을 들이킬 수 있다. 진지한 사람은 뻣뻣한 태도로 우리를 걱정하게 하고 우리의 발목을 잡으며, 우리가 삶에 무관심하다고 은연중에 우리를 비난한다. 이런 사람들, 자신의 권위에 짓눌린 채 원로 의원처럼 무게를 잡고 걷는 사람들 앞에서는 생각을 바꾸기가 조심스럽다. 말장난하며 상대방의 기대와 숨바꼭질을 하는 것이 꺼려진다.

나는 매우 정밀한 초상화를 그리는 사람이나 익숙한 과장법을 덜어내고 예리하게 깎아낸 단어를 쓰는 사람들을 우러러본다. 그들이 보여주는 숙달된 재주와 능숙함은 나를 경탄하게 할 뿐 나는 감히 그들을 질투하거나 헐뜯을 수 없다. 내 손은 너무도 둔해서 붓을 힘주어 누르고 진하게 칠하는 습관을 절대 버릴 수 없을 것이다.

가벼운 말, 서투른 말, 현학적인 말 중에는 우리가 선택할 수 있는 것이 없다. 그러나 소재의 가벼움과 두꺼움 사이에서, 어두운 천체의 칠흑 같은 밤 중에서는 하나를 선택해야 한다.

대화의 매력이 무엇인지 명확히 설명하자면 나는 이렇게 말할 수 있겠다. 몇몇 친구들이 나를 공중으로 띄워 올리고 나는 아무런 걱정도, 고통도 없이 땅으로 다시 내려오는 것이라고.

★ ★ ★

기자이자 작가인 플로랑스 르 브라Florence Le Bras는 대화를 위험에 빠뜨리고 그에 따라 대화가 이루어지는 식사를 망치는 사람을 통찰력 있게 분석했다. 식사 중에 나누는 말은 우리가 함께 있고 서로를 풍요롭게 한다는 유쾌한 기분을 느끼게 해준다. 방해자처럼 굴며 대화의 고리를 끊는 사람은 다시 초대받을 자격이 없다. 그가 분위기를 해치지 못하게 서둘러 조치를 취해야 한다. 뭐든지 다 아는 척하는 현학자에게는 그의 식견이 좁고 막연해서 더 이상 일인칭으로 말도 꺼내지 못하게 입을 막아야 하는 수준이라고 은밀하게 지적할 필요가 있다. 막판에 약속을 취소하는 기회주의자에게는 그의 건강을 위해 건배하고, 건배의 의도와 그가 이 자리에 절대 빠지면 안 된다는 메시지를 담은 진정성 있는 제스처를 명확하게 보여주어야 한다. 자기 장점을 거들먹거리는 잘난 체하는 사람 앞에서는 자신의 가치를 떠벌리지 않는 겸손한 사람을 칭찬한다. 부자에게는 돈이 더 많은 사람에 관해 말한다. 대위에게는 장군을, 훈장을 받은 기사에게는 같은 훈장을 받은 장교에 관한 이야기를 꺼내면

된다.

더 많은 예시가 있다. 실없는 말장난을 즐기는 쾌활한 친구에게는 농담을 이해하지 못한 척하거나 갑자기 큰 소리로 웃음을 터뜨리거나 그의 등을 손바닥으로 내리쳐보자. 건강 걱정을 구구절절 늘어놓는 불평꾼과 대화할 때는 누구 불행이 더 심각한지 불행을 내세우는 경쟁에 끼어들지 말아야 한다. 또는 시간 개념이 없어 덤벙대는 사람도 있다. 이런 사람은 보통 중요한 예식이나 행사에 아내나 아이들을 데리고 소란스럽게 등장한다. 만약 그가 혼자이거나 멜로 드라마의 주인공 같은 표정을 짓거나 몽상가 특유의 덤벙대는 모습을 보인다면, 그에게 자리를 하나 내어주자. 식사 중에 꿈을 꾸는 광대를 깨우고 그가 가는 길에, 어쩌면 달까지 가는 길이라도 나를 데려가달라고 부탁하자. 실수가 잦은 사람에게는 스스로 수습하라고 하지 말아야 한다. 그렇다면 다른 유리잔을 엎지를지도 모른다.

조심성 많은 안주인은 누구를 초대할지 냉혹하게 선별할 것이다. 그런데 위에 제대로 된 손님을 나열한 사람들보다 더 많이 초대할 수 있을까? 내가 손님으로 초대받는 일이 매우 드물다는 사실은 별로 놀랄 만한 사실이 아니다. 내 안에도 까다로운 손님의 특성이 몇 있기 때문이다. 나는 약속 날짜를 헷갈려 덤벙대기도 하고 어설퍼서 실수가 잦기도 하다. 자주 투덜거리고, 때로는 현학자처럼 굴기도 한다. 남을 잘 믿지도 않는다. 그러나 이 이유만으로 내가 초대를 많이 받지 않는다는 사실을 정당화할 순 없다.

언제 어디서든 빈정대고 비꼬는 조롱꾼은 타인을 즐겁게 하기보다는 불편하게 할 방법을 모색한다. 조롱꾼은 분명 사람들이 자기를 보고 감탄하는 것을 즐긴다. 사람들이 모이는 자리에서 조롱꾼은 재치 있는 입담으로 자신을 무장하곤 한다. 어떤 이들은 저녁 식사 자리에 활기를 주라고 조롱꾼을 초대하곤 한다. 그러나 조롱꾼은 남을 희생양 삼아 자신의 재능을 발휘한다. 그가 던지는 가시 돋친 말의 예리함은 그가 피해자의 약점을 제대로 알고 있다는 방증이다. 상대의 약점을 파악하려면 남을 포용하고 대화의 흐름과 분위기를 띄우는 능력보다는 대화의 맥을 끊기에 적합한 냉혹함이 필요하니 말이다. 조롱꾼은 타인의 말에서 어색함을, 움직임에서 어설픔을, 몸짓에서 모자란 교양을 찾아낸다.

우리는 우리가 무엇을 좋아하는지 잘 모른다. 분석가의

통찰력은 남의 잘못과 부족한 점을 발견하고자 하는 열정의 기원이자 양분이다. 분석가만큼 똑똑하지만 악의가 없는 사람은 타인을 볼 때 거슬리는 점이나 행동의 기괴함을 눈치채지 못한다. 게다가 이들은 누군가 크게 내딛는 걸음, 신랄함이나 극도의 흥분이 자신을 침투하게 내버려 두기 때문에 편협한 사람들이 평범하게 여기는 풍경이나 사람을 보고도 경탄할 수 있다.

조롱꾼은 간결한 표현을 악의적이고 교묘하게 이용한다. 누군가를 상처주고자 할 때 그는 말을 다듬는다. 그야말로 만돌린이나 리코더가 아니라 비수를 내리꽂는다. 조롱꾼은 비꼬는 것이 자신의 전공이기 때문에 다른 이가 이별이나 사별, 실직, 자녀의 죽음과 같은 고통스러운 일을 겪을 때마저도 절대 무장해제 하지 않는다. 그렇다고 해서 그를 탓할 수는 없다. 그가 맡은 역할이 비꼬는 것이기에 만약 그가 일순간 무장을 해제한다면 조롱꾼으로서의 직업의식이 부족한 것이라 할 수 있으리라. 조롱꾼은 자기 자신마저도 용서하지 않는다. 어떤 상황에서도 그의 첫 번째 시선은 동정심을 자아내는 것이 아니라 우스운 것을 향한다. 다른 이들은 눈물을 흘리며 슬픔을 연기한다. 하지만 조롱꾼은 남들이

콧물을 흘리는 모습이 얼마나 우스운지를 생각한다(왜냐하면 그런 장면만 눈에 들어오기 때문이다). 그는 남들이 비탄에 젖어서 눈물을 흘릴 때도 본의 아니게 저지르는 실수를 찾아낸다.

다른 사람들은 훨씬 섬세한 태도를 보인다. 슬픈 상황에서는 '빈정거림'을 멈춘다. 만약 보통 사람들이 눈물을 흘리지 않고 계속 농담과 장난을 하는 것처럼 보인다면, 그것은 이들이 슬픈 일을 겪은 사람에게 희망을 끈을 쥐여주고 불행을 겪는 사람들에게 자신도 그 사람만큼 마음이 아프다는 것을, 후천적으로 습득한 공감 능력을 보여주기 위함이다. 이런 사람들은 얼핏 보기엔 저격수 같지만 사실은 예상치 못한 발포로 인해 상처를 입은 호위병이다. 이러한 사실을 잘 알기에 나는 이들의 언사와 조롱꾼의 불경한 언사를 구분할 수 있다.

불행에 공감하는 사람들이 하는 농담은 더 서정적이며 대부분 과장된 말로 표현된다. 이들의 울부짖음은 조롱꾼의 웃음을 유발하기도 한다. 조롱꾼은 자연스러운 태도, 상황에 영향을 받지 않는 말투, 재치 있는 말을 찾는 재능, 명철한 분석력과 같은 장점을 지녔지만 인간에게 끈질기게 가혹하게 군다고 여겨질 만하다. 내가 '인간에게 가혹하다'고 말한 이유는 그가 특정한 사람에게만 그러는 것이 아니기 때문이다.

나는 조롱꾼을 남을 해치는 사람으로 분류한다. 조롱꾼은 친구들 사이의 상호신뢰와 조화를 깨뜨린다. 자기 눈에 어리석거나 평범해 보이는 사람들을 희생시키며 자신의 우월성을 성립하려 한다. 그런데 조롱꾼은 게임을 하지는 않는다. 그는 남이 하는 농담을 자신이 남에게 하는 조롱처럼 악의로 받아들이며 모든 게임의 기본 원칙, 즉 역지사지의 원칙을 어긴다. 그리고 자신을 고립시키지는 않으면서 남과 거리를 유지한다.

조롱꾼은 팬들을 향해 미소를 짓고는 곧장 다시 경멸하는 눈빛으로 그들을 바라본다. 디바처럼 굴며 이토록 평범한 청중을 위해 굳이 매력을 빛낼 필요가 있나 생각한다. 조롱꾼은 타인의 행복, 청중의 선량함, 타인들 사이의 상호 존중을 느낄 때 칼을 꺼내 든다. 청중이 입을 모아 자신에게 찬사를 보낼 때 자기는 그 찬사를 마땅하다는 사실을, 자신에게 숨겨진 매력이 있다는 사실을 은근히 암시한다. 조롱꾼은 침묵할 때조차 냉정함으로 청중을 압도하고 얼어붙게 한다.

조롱꾼은 알리바이를 꾸미는 범죄자처럼 이중적인 언어를 사용한다.

"기분 상해 할 것 없어요. 그냥 비유한 거잖아요."

그렇다면 그의 말을 언제 곧이곧대로 받아들여야 할까? 상대의 말을 있는 그대로 받아들일 수 없다면 대화는 불확실한 상태로 남거나 때로는 실패한다. 그러나 조롱꾼은 특이한 화법을 사용하기 때문에 그의 말은 절대 곧이곧대로 받아들이지 않아야 한다. 신랄한 조롱을 던지는 이는 뭔가를 창조하는 일이 드물다. 조롱꾼은 살아있는 사람에게 기생하는 기계공이다. 그래서 이런 사람을 보면 나는 실소를 터뜨리지 않고는 못 배긴다.

나는 남의 관심을 끌기 위해 자신의 악의를 증명하려 하는 사람을 보면 안타까움을 느낀다. 그런데 이것이 바로 조롱꾼의 기본 조건이다. 조롱꾼은 대화에 끼어들 때 사람들이 자신에게 주목하지 않으면 타격을 받는다. 철학자 앙드레 콩트스퐁빌André Comte-Sponville이 강조한 것처럼 조롱꾼은 먼저 생각을 한 뒤 생각과 반대되는 말을 한다. 그러니까 먼저 말하고 생각은 나중에 한다고 할 수 있겠다. 조롱꾼은 다른 선수를 바람막이로 삼아 뒤에서 뛰면서 경쟁자가 노력의 결실을 얻을 때까지 기다렸다가 마지막 순간 승리를 가로채는 달리기 선수처럼 타인의 노력에서 이득을 취한다. 우리가 시적인 말이나 서술적인 언어를 사용하는 사람을 더 높이 평가하는 것도 바로 이러한 이유에서다. 이런 사람들은 크지 않은 용기로, 혹은 아주 작은 자만심으로 자기 능력에만 의지하며 상세하게 서술하는 사실이나 사용하는 단어에만 의존한다. 때로는 이야기가 늘어지거나 과장된 표현 때문에 문장이 무너질 수도 있지만 기꺼이 위험을 감수한다. 하지만 조롱꾼은 이러한 실패를 자초하지 않고 청중의 심술궂은 마음에 기댄다. 조롱꾼은 자신의 이젤에 누군가(그 사람이 함께 있는지 없는지는 중요하지 않다)를 올려놓고는 자기가 그리는 초상화에 그 대상이 무게를 실어주기를 기대한다.

조롱꾼은 무례한 태도로 무리의 결속력을 위험에 빠뜨린다. 그는 감정의 분출을 우습게 여긴다. 그의 시선은 냉정하다. 조롱꾼의 냉정한 시선을 맞닥뜨리게 되면 우리는 얼어붙게 될지도 모르며 우리의 솔직함은 자연스러움을 잃게 된다. 누군가 지루함을 느끼거나 싸늘한 분위기에 불편함을 느껴서 자리를 뜬다면 우리는 그가 되돌아오기를 바란다. 그러나 조롱꾼은 어떠한 집단에도 되돌아갈 수 없는데, 이는 그가 사람들과 전혀 감정을 공유하지 못했기 때문이다.

유쾌한 대화를 즐기려면 선한 사람이 있는지 확인해야 한다. 말솜씨가 뛰어나고 재치가 넘치는 사람은 환영받는다. 하지만 나는 즐거운 모임에 반드시 달변가가 있어야 한다고 생각하지는 않는다. 그보다 필요한 것은 교류의 질을 해칠 수 있는 사람을 거부할 용기다.

그렇다면 즐거운 모임을 위해 '충분한' 자질을 갖춘 사람은 어떤 사람일까? 모임에 합류하는 것이 걱정되지 않는 사람이어야 할 것이다. 분노보다 웃음을 끌어내는 사람, 과장된 표현이 조금은 우스꽝스러워 보일지라도 유쾌한 사람 말이다. 그런데 이런 사람이 자기만족에만 그친다면 타인의 말을 듣지 않을 것이다. 남을 위하지 않을 것이며, 따라서 우리를 이어주는 연대와 상호성이라는 암묵적인 약속을 깨뜨릴 것이다.

이런 이유로 나는 재능이 없는 사람을 선호한다(어릴 적 일기장을 보면 내 성적표에 쓰인 '재능이 없다'는 문구 때문에 부모님이 걱정하셨다고 적혀있기는 하지만 말이다). 이처럼 부족한 사람은 때로는 우리를 당혹하게 할 수도 있는 과도한 겸손에 빠지지 않을 것이다. 그는 우리와 함께한다는 사실을 뽐내지 않으면서도 자리를 빛내준다. 이러한 사람은 자신이 존재하기 위해 다른 사람을 필요로 한다.

재능이 없는 사람은 우리의 가치를 인정하고 어려워하지 않고 발언권을 양보한다. 그러면서도 발언권을 지나치게 빨리 넘길 정도로 자기 자신을 과도하게 낮추지는 않는다. 어떻게 보면 대화는 럭비와도 비슷하다. 럭비 선수는 자기보다 좋은 위치에 있는 동료에게 패스하는 것을 잊지 말아야 한다. 그렇지만 공을 너무 빨리 넘기다 보면 상대의 수비 위치를 파악하지 못할 수 있다. 패스를 잘하려면 경기장을 제대로 이해해야 하고, 동료 선수의 가치와 관중의 기대를 파악해야 한다. 한마디로 예리한 경기 감각을 가져야 한다.

어떤 사람들에게 자기만족은 온갖 종류의 사소한 실수를 낳는 천한 언동으로 귀결되기도 한다. 그들은 규범과 예절을 어기는 것이 자신의 독자성을 보여주는 방식이라고 생각한다. 공동의 규범 위에 우뚝 서서 우리에게는 아주 하찮은 관심만을 보인다. 이런 사람들은 우리를 도발하지 않으면 지루해진다. 그러므로 언젠가는 이들이 무례한 언사를 그만둘 것이라는 헛된 희망은 품지 말자. 이들은 자기 행동 방식과 다르게 행동하는 법을 모른다. 왜냐하면 그들의 가치 체계에는 자기의 방식이 맞기 때문이다. 이들은 섬세함보다 저속함이, 다른 감정보다 분노가, 교양보다 무례함이 더 가치 있다고 생각한다.

저녁 시간은 상스러운 언행을 하는 사람이 한 명만 있어도 쉽게 냉랭해질 수 있다. 이런 부류는 우리에게 상처를 줄 뿐만 아니라 우리의 말과 행동을 희생시키면서 우리의 영혼을 독차지하기 때문이다. 우리는 그에게 과도한 관심을 주게 된다.

"누가 저 사람을 초대했지? 어쩌면 저리도 눈치 없이 막 말하고 행동할 수 있을까? 저 사람이 자기가 무례한 줄 모른다면 그가 예의범절을 모르는 데는 우리에게도 일부 책임이 있는 건 아닐까?"

★ ★ ★

우리는 자기와 비슷한 부류의 사람들과 함께할 때 즐거움을 느낀다. 예상할 수 있는 관례적인 표현, 대화 방식과 몸짓은 최소한의 빈정거림이 없다면 환영받는다. 왜냐하면 이런 것들이 안정감을 주기 때문이다. 자기만의 방식대로 미사 전례를 하는 사람은 없을 것이다. 전례는 정해진 형식이 있고 이 틀이 바뀔 일은 거의 없다. 이런 생각을 해본 적 없는 사람이나 영구불변한 것을 바라본 적 없는 사람은 보통 사람들이 이렇게 적은 비용으로 공동의 행복을 공유한다는 사실에 놀랄 것이다.

나로 말할 것 같으면 나는 대화가 나를 놀라게 하기를, 내가 길을 잃게 되더라도 나를 낯선 땅으로 데리고 가기를, 감히 아무것도 털어놓을 수 없는 집단치료와는 다른 형태로 나 자신을 발견하게 도와주기를 바란다. 대화가 이러한 '특별함'이 없다면, 이러한 위험 신호가 없다면, 낯선 곳으로 향하는 궤도에 나를 올려놓지 못한다면, 내 일상의 가장 먼 경계를 탐험하는 경험을 허락하지 않는다면 나는 만족하지 못한다. 이런 대화를 하지 못한다면 나는 전날과 똑같은 상태로 되돌아온다. 배운 것이 하나도 없다. 나는 그 자리에 머물러 있다. 내가 정말 살아있기는 하는 걸까?

그런 대화가 아니라면 책을 읽거나 음악을 듣거나 정처 없이 도시를 헤매거나 아름다움의 극치가 펼쳐지는 꿈을 꾸는 편이 훨씬 나을 것이다.

바로 이러한 연유로 나는 독창적이고 참신한 표현이나 생각을 좋아한다. 하지만 이는 그런 표현들이 나를 현혹하기 때문이 아니라 우리 중 어떤 한 사람, 혹은 여러 사람의 정신이 존재한다는 사실을 증명하기 때문이다. 중요한 것은 '존재'라는 단어다. 이미지나 역설, 또는 경쾌한 문장을 한순간 터뜨려 발산하려면 우리들 사이에, 우리가 주고받는 말들 사이에 우리를 놀라게 하는 무언가가 존재해야 한다. 가끔은 우리가 서로에게, 혹은 자기 자신에게마저도 부재할 때가 있기는 하지만 말이다. 조금 겸손하게 말하자면, 우리가 조용히 경청하지 않는다면 그 무언가의 '존재'는 그 자체를 넘어 전달되지 못할 것이다.

그런데 우리는 '과장'을 걱정해야 하지 않을까? 다시 말해 과감한 표현의 성공을 함께 나누는 대신 그러한 표현이 서로의 감정을 상하게 하지는 않을지 걱정해야 하지 않을까?

더 겸손한 사람, 혹은 그날 덜 활발한 누군가를 희생시키면서까지 청중을 현혹하고자 애쓰지 않는 사람들, 서로를 존경하는 점잖은 사람들과 함께라면 과장의 유혹에 빠지는 위험은 거의 발생하지 않으리라 생각한다.

그런데 과하다는 것은 누가 결정하는가? 우리는 담소를 나누다가 장난을 친다. 논증을 하다가 헛소리를 늘어놓는다. 그러니까 과장의 위험은 다른 차원의 것이리라. 우리는 횡설수설하며 예의범절에 해를 입힐 수도 있다. 우리 모두에게는 어떤 확신에 저항하고 자신에게 신성한 것이 모독당하지 않게 보호할 권리가 있다. 우리는 모욕에 대응하기 위해 일종의 맞불을 놓기도 한다. 그러나 그것은 순간적인 광기에서 비롯한 요란스러운 소리나 무용한 말에 불과하다. 이런 무용한 말도 향연이 끝나고 우리가 일상적인 대화의 장으로 빠르게, 너무 빠르게 되돌아가는 것을 막지는 못한다.

사실 우리는 고독에 대한 공포와 우리의 운명에 맞서야하는 두려움 때문에 조용히 수다떨기를 기꺼이 택한다. 그러나 두려움을 해소하고 싶다면 차라리 우리가 마주치는 수많은 얼굴과 고함, 외침, 충격이 가득 찬 곳들을 힘이 다할 때까지 성큼성큼 걸으며 불안을 잠재우는 편이 더 나으리라. 우리와 비슷한 부류와 어울리는 행복, 보기에는 영원한 것처럼 반복되는 대화는 나에게 금지된 걸까? 나는 이런 떳떳하지 않은 즐거움을 누리기 때문에 용감한 척 허세를 부렸다.

가벼움은 엄숙함을 배제하지 않는다. 그러나 가벼움의 관점에서 보기에 무례하다고 판단되는 엄숙함을 부정하고 몰아낼 뿐이다. 가벼움은 엄숙함에 대해 이렇게 말한다.

"뭐라고요? 엄숙함, 당신은 근심스러운 분위기를 풍기고 어두운 시선과 딱딱하게 굳은 얼굴로 우리 무리의 즐거움을 깨뜨리는군요! 당신은 우리가 서로 만나서 대화하며 나누는 기쁨을 귀히 여기지 않았어요. 영혼을 가꾸지도 않고 우울한 생각을 쫓아내지도 않은 채로 우리 틈에 끼어들어서 말이죠. 게다가 당신에게서는 감독관의 영혼이 보이는군요. 당신은 당신이 세우고 지켜야 한다고 생각하는 가치 기준의 잣대로 우리를 판단하는 것이 당신의 일이라고 생각하죠. 물론 제 생각에도 그 기준이 미덕이기는 하지만 지금 같은 상황에 적용하는 것은 적절하지 않아요. 자아도취에 빠져 자신만의 기준으로 남을 의심하고 벌하려는 강박관념을 갖고 있다니! 당신은 우리가 하는 말은 어차피 진지하지도 않으리라 지레짐작하죠. 그래서 그 함의를 듣지도, 들여다보지도 않지요. 진지함에 집착하는 태도에서 당신의 탁월함을 추측할 수 있군요. 당신에게 주어진 이런 임무는 당신을 아주 결백한 사람으로 만들어요. 당신이 얼마나 엄격하고 분명하게 주어진 일을 잘한다는 것에는 의심의 여지가 없죠. 그리고 우리가 보기에 지금보다 더 엄격해질 순 없을 겁니다."

엄숙함이 가벼움과 다른 점은 바로 이렇다. 가벼움은 무엇이든 증명해야 할 부담이 없으며 그 내용은 우선 경청할 만한 가치가 있다.

"제가 지금 당신에게 하는 말은 따뜻한 햇볕이 내리쬐고 기쁨이 가득한 이 아침의 온기에 불과해요. 그러니 지나친 관심은 필요 없답니다."

이처럼 상대에게 지나치게 부담을 주거나 탐욕스러운 손을 내보이거나 위화감을 조성하지 않고도 다가갈 수 있다.

진지한 사람은 우리를 즐기지 못하게 한다. 농담으로 던진 말도, 온전히 믿지 않아야 하는 말도 그는 곧이곧대로 받아들인다. 우리가 말로 거는 속임수 때문에 그는 균형을 잃는다. 기우뚱하다 미끄러진 그는 뒤에서 태클을 걸며 심술궂게 복수를 해 기어코 우리의 무릎을 다치게 한다. 우리가 재미를 위해 말한다면 그가 말하는 목적은 정반대다. 그는 우리의 일관성 없는 언행을 탓한다. 우리는 토의가 그럭저럭 평등하게 진행될 수 있도록 호의를 보이고 의견을 표현하고 반대 의견에는 부드럽게 응한다. 진지한 영혼은 자유로워진 몸과 마음으로 경기장으로 등장해서는 자기 논리에 승리의 영광을 돌린다.

그가 우리의 말에 귀를 기울이게 하려면 우리는 선을 넘어야 하고 평소라면 절대 하지 않을 어색하고 서투른 농담을 던져야 한다. 진지한 사람은 그렇게 우리의 타고난 호의를 상대로 대승을 거둔다.

잘 사는 법, 맛있는 마요네즈를 만드는 법, 완벽한 소고기를 굽는 법, 성공적인 부부의 삶을 사는 법, 그리고 이 책의 경우에는 대화를 성공으로 이끄는 법. 나는 요즘 이런 주제에 대해 깊이 생각할 때 거리낌을 느낀다. 이 조언들이 어떤 유용성이 있을까? 그 전에 내 손재주가 터무니없이 부족하지는 않은지 생각해봐야 하지 않을까? 아는 것도 많고 주의력도 깊은 사람이 부부의 삶에서 혹은 로스트비프의 요리에 실패하기도 하고, 부주의한 사람이 성공하기도 하니 말이다. 그렇다고 해서 내가 대화에 대해 분석한 내용이 지니는 잠재적인 효용성이 여러분을 낙담시킬지도 모른다고 말하는 것은 아니다. 나는 끊임없이, 그리고 아낌없이 여러분에게 조언할 것이다.

"《파이돈(플라톤의 중기 대화편—옮긴이주)》은 재치 있는 바보처럼 보인다. 파이돈은 자신이 대화하는 상대방에게 부담을 준다고 생각한다. 앉아달라는 부탁을 받으면 그는 맨 끝 좌석에 앉아서 작은 목소리로 대화에 참여한다. 대답할 때만 입을 연다."

나는 파이돈이라는 도덕가에게서 내 모습을 찾을 수 있었다. 내가 여전히 소심했던 시절의 모습을 말이다. 나중에 자신감을 얻어 의견을 고집할 때조차 나는 낮은 목소리로 말했는데, 왜냐하면 나는 강한 발언이 적절하지 못하다고 생각한 데다 호흡을 아끼고 싶었기 때문이었다. 나는 자리에 앉지 않는다. 왜냐하면 서있을 때 더 자유로울 수 있기 때문이다. 나는 내가 대화할 때 상대방에게 부담을 주지 않는다고 생각한다. 대단히 할 말이 없기 때문이다. 게다가 상대방의 말이 나의 호기심을 자극하면 나는 듣는 것을 기꺼이 즐기기 때문이다.

　"신뢰가 재치보다 대화에 더 이롭다."

　이 격언은 대화에만 국한되지 않는다. 우리가 주변 사람들과 일상적으로 맺는 관계에도 적용할 수 있다. 유혹하는 사람은 확고한 의지로 남을 정복한다. 이처럼 확신에 찬 걸음걸이로 나아가는 사람은 품속에 무기를 지니고 있을 것이다. 실제로 이러한 자만심은 타인의 기분을 상하게 할 수도 있고, 우리는 그가 자신을 과대평가하는 수준만큼 대단한 사람이리라 기대하게 된다.

　"보이고 싶은 모습은 타고난 본성을 가릴 수 없다."

나는 이 사실을 본능적으로 항상 알고 있었다. 나는 내가 남과 편하게 지낼 수 있는 사람처럼, 우아하게 행동하는 사람처럼 보이고자 절대 애쓰지 않았다. 나는 나 자신을 바꾸지 않고 서투르고 거칠고 어색한 내 모습을 있는 그대로 보이는 것이 더 좋았다. 내 것이 아닌 여유 있어 보이는 언어와 제스처를 억지로 쓰기보다는 적절한 말을 찾느라 알아들을 수 없게 중얼거리는 편이 나았다.

사람들의 예민함과 공격성을 잘 다스리려면 무미건조한 표현에 빠지지 않으면서도 남에게 상처가 될 수 있는 주제를 피해야 할 것이다. 우리는 이런 주제들을 빠르게 나열할 수 있을 것이다. 종교, 윤리, 정치, 철학, 다시 말해 진짜 우리와 연관된 주제들 말이다. 이런 주제들은 최대한 추상적으로 다루지 않으면 논쟁으로 이어질 수 있다. 아니면 "제가 말하는 건 중요하지 않으니 신경 쓰지 마세요"라고 가볍게 말하는 것도 괜찮다.

이렇게 말하면 정치와 철학의 위엄성에서 벗어날 수는

있을 것이다. 어쨌든 그러니까 기자, 교사, 사업가, 의사, 변호사 같은 직업을 비판하지 말자. 당연히 전업주부를 선택한 사람도 예외는 아니다. 의사나 교사, 혹은 가족 중에 의사나 교사가 있는 사람들이 테이블에 없다는 확신이 들면 좀 더 자유롭게 이런 주제에 관해 이야기할 수 있을 것이다. 그런데 사람들이 직업을 얼굴에 써놓고 다니는 것도 아닌데 그것을 어떻게 알아차리느냐 생각해보면 직감이 사회생활에 얼마나 중요한지 알 수 있다. 벨기에, 스위스, 코르시카, 유대인, 남프랑스(마르세유 지역의 센 억양뿐만 아니라 거친 사투리에도 귀 기울일 것) 등지의 역사에 대해서도 세심한 주의가 필요하다. 대화 상대가 누구인지 추측하면서 감동적이고 영광스러운 이야기(파리, 에펠탑, 그랑 팔레, 센 강 등)로 대화가 자연스레 흘러갈 수 있도록 말하는 편이 낫다.

누가 봐도 지극히 사적인 문제를 해결하려는 거창한 질문은 피해야 할까? 세무조사나 부채, 혹은 시어머니와의 갈등, 회사의 파산과 같은 문제를 늘어놓고 자세히 파고들고자 하는 유혹과 위험이 언제나 도사리고 있다. 이런 이야기는 우선은 흥미를 끌겠지만 지나치게 비대한 자아가 날뛰는 기괴한 광경을 지켜보는 것을 즐기지 않는 이상 상대는 이내 짜증을 불러일으킬 것이다.

하루는 엘레오노르가 패션이나 스포츠와 같이 열정을 불러일으키지 않는 막연한 주제에 빠져볼 생각은 없는지 나에게 조심스럽게 물었다. 그런데 스포츠도 결국 라이벌 팀 팬들과 주먹다짐하게 되는 주제다. 스포츠를 집단적인 광기의 극단적인 표출로 보는 이도 있고 문화의 고귀한 표현으로 보는 이도 있다. 스포츠에서도 의견의 대립이 발생할 수 있다. 다시 말해 스포츠에 관한 대화에서도 논쟁을 말려야 할 때가 있다는 것이다.

패션은 어떤가. 나이가 지긋한 여성들이 젊은 여성들의 대담한 패션에 반감을 표하기도 한다. 그런데 훌륭한 식사인 것도 잊어버릴 만큼 대화가 따분해지는 것보다는 사소한 마찰이라도 있는 편이 더 낫지 않을까?

즉흥적이지 않은 대화의 경우 한 사람이 우위를 차지하곤 한다. 보통은 집이나 저녁 식사에 친구를 초대한 사람이 그렇다고 할 수 있다. 초대받은 사람들, 특히 식사 시간에 모인 사람들은 상당 시간 함께 머문다. 모임을 주도한 마에스트로는 수다 사이사이에 침묵을 내리 앉게 하고 소심한 사람을 편하게 할 권한을 가진다. 그는 자신을 불편하게 하는 주제로 인해 초대받은 사람들을 불편하게 하지는 않을 것이다. 그가 진정한 재능을 지녔다면 다양한 리듬으로 연주되어야 마땅한 연속적인 순간들에 리듬감을 더할 것이다.

그러나 나는 우리의 주최자가 마주하게 될 어려움을 안다. 그는 연주, 아니 그보다는 작품 전체에 대한 책임을 진다. 그의 작전은 성공을 거두어야 한다. 일상적인 대화라면 이런 걱정을 할 필요가 없다. 지루함이 선고되면 사람들은 자리를 뜰 수 있기 때문이다.

그러니까 한편으로는 주인이 무례함이나 약간의 광기를 보인다고 하더라도 너그러이 이해하고, 다른 한편으로는 오직 소소한 우정과 즐거움만이 기대되는 모임에 대해서 거의 무관심한 편이 좋겠다.

나는 모임의 주최자가 주제를 바꿔야 한다면 얼마나 당황스러워할지 생각해본다. 주제, 그러니까 패션쇼나 영화 페스티벌에서 무대의 이미지를 구현하는 사람들이 '주제(테마)'라고 하는 것 말이다.

완벽한 대화 주제는 없다. 문화를 주제로 삼으면 어떨까?

하지만 너무 고상한 대화는 쉽게 따분해지거나 누군가는 우쭐거리는 태도로 남을 자극할 수도 있다. "여기가 뭐, 프랑스문화원이라도 되는 줄 알아요?"라고 반박할지도 모른다. 더 정확히 말하자면 프랑스문화원이나 아비뇽 교황청의 대강당에서 감동받은 것을 시골집의 작은 방에 둔다면 어떨까. 감동은 커녕 웃음거리밖에 되지 않는다.

아니면 일간지에 실리는 정치나 섹스에 관한 사건, 참혹한 폭력 행위, 견디기 힘든 억압, 유명 스타의 재혼은 어떨까? 사회면에 실린 사건에 대해서라면 웃고 떠들 수 있다. 예전에 인기 있던 일간지와 가십 전문잡지를 들춰보면 쓸 만한 소재를 찾을 수 있으리라. 교양에 사건, 사고, 대중적인 가십의 색깔을 덧칠하고 우리가 지닌 사회경제적 필터를 이용해 가십거리를 걸러냄으로써 문화와 통속을 결합한다면 어떨까? 신중한 지휘자라면 어떤 악보라도 능숙하게 연주할 수 있는 영감이 충만한 음악가들에게 이러한 임무를 맡길 것이다.

거실에서 대화가 이루어지는 동안 주최자는 모든 것을 우연에 맡길 수는 없다. 식사 메뉴를 정해야 하기도 하지만 어떤 사람을 초대할지도 결정해야 한다. 마졸렌은 재치 있고 수다스러운 사람을 찾는 건 전혀 어렵지 않지만 잘 듣는 사람을 찾기란 당연히 까다로운 일이라고 말한다.

듣기는 신중함을 증명하는 방식이기도 하지만 지나치게 발언권을 차지하지 않는 것을 의미하기도 한다. 이는 더 어려운 일이다. 듣기란 상냥하고 현명한 울림판이 되어주는 것이며 화자의 이야기를 받아들이는 특정 방식, 더 구체적으로 말하자면 그 자체만으로도 상대방을 지지하는 질 좋은 침묵을 통해 발언자가 빛날 수 있도록 격려하는 일이다. 하지만 이렇게 잘 듣는 사람은 많지 않다.

우리는 모두 자아가 발달한 존재다. 남들보다 앞서고 인정받기를 원한다. 극소수만이 하찮다고 오해받는 청자의 역할을 잘 수행한다. 이들은 생각이 깊고 현숙한 사람들이다. 이들에게는 사교 모임, 솔직히 말하자면 피상적인 모임에 참여하는 습관이 없다.

"누굴 초대할지 선택하는 일은 갈수록 어려워져. 스토브 리그에서 수준 높은 선수를 영입하려면 높은 안목이 필요하잖아. 가끔은 제대로 된 사람을 초대하지 못해서 모임이 균형을 잃고 실패하기도 하거든."

나는 마졸렌의 불안을 공감하지는 않지만 그녀가 하는 말이 진실이라는 점은 증명할 수 있다. 대화의 장에서 좋은 청자는 좋은 달변가에게 더 필수적인 존재다. 축구팀에 공격수와 수비수가 모두 필요한 것처럼 잘 듣는 사람과 말을 잘하는 사람을 조화롭게 배치해야 한다.

달변가가 많이 오고 와인도 곁들이는 소풍을 계획할 때는 참석자들의 역할까지는 고려하지 않는다. 청중을 사로잡을 줄 아는 사람이 그날은 어쩌면 귀를 열고 오가는 이야기를 듣는 것을 더 좋아할지도 모른다. 얌전한 친구가 흥을 돋울 예기치 않은 즉흥곡에 몸을 맡길 수도 있다. 체계적으로 계획된 저녁 식사와 즉흥적인 소풍의 차이는 코치의 전술 계획(맨투맨 작전이나 포메이션)을 따르는 프로 선수와 그저 공놀이를 즐기는 아마추어의 차이와도 비슷하다. 조기축구에서는 오랫동안 골대 앞을 지켰던 사람이 공격수로 올라가고 스트라이커가 골대 앞을 대신 지킬 수도 있다.

이처럼 즉흥적인 만남은 계획을 실현하거나 정해진 틀에 맞춰야 할 필요가 없기에 좀처럼 실패할 일이 없다. 신나게 한 경기를 뛰고 나면 잔디밭에 내려놨던 각자의 짐을 챙겨 흙이 잔뜩 묻은 신발을 신고 돌아간다. 해가 저물고 소풍을 마칠 때가 되면 우리는 앉아 있던 자리를 치우고 마지막 잔을 비우고 클랙슨을 빵빵거리며 헤어진다.

물론 나도 엄중하고 장중한 예식에 감탄하기도 한다. 하지만 나는 즉흥적인 것을 좋아하며, 즉흥적인 것이 좋지 않았던 적은 단 한 번도 없다.

★ ★ ★

동사를 완벽하게 사용해서 각기 다른 상대를 능숙하게 대하고 어떤 모욕 앞에서도 침착하고 여유로운 모습으로 우리를 놀라게 하는 사람들이 있다. 그는 언어와 신체와 정신을 모두 손안에 쥐고 있다. 이러한 사람의 재능은 어리석거나 무례한 이들을 상대할 때 더욱 빛난다. 그의 재능, 이토록 귀한 재능은 모든 인간이 열망하는 완벽함에 가까운 것이 아닐까? 그의 재능은 대화가 길을 벗어나거나 어지럽게 방황하는 일이 없도록 대화를 이끈다.

그런데 나는 그가 화를 내거나 아니면 적어도 적절한 동사를 찾지 못해서 중얼거리거나 확신의 경계를 밀어내는 모습을 보고 싶기도 하다. 어떤 특수한 상황에 예상치 못하게 그에게 닥칠 수 있는 낯선 권력의 난입이나 착상(갑자기 떠오르는 생각)의 여파로 인해 약간의 광기에 힘입어 자신을 마음껏 표현하기를 바라기도 한다. 그는 남에게 우리가 통제하는 것이 아니라 좋든 싫든 간에 우리를 압도하는 타자성에 자신을 내어주지 않는다.

시작과 단절, 예측하지 못한 일탈을 좋아하는 사람들은 대화를 난해하게 만든다. 난해한 대화는 계속 이어지는 배경과 명확하지 않은 수사법을 필요로 하기 때문이다. 우리를 대화에서 완전히 벗어나게만 하지 않는다면 그들은 모호한 수사법으로 우리를 어리둥절하게 할 것이다. 그렇지만 자기만 알아들을 수 있을 법한 독창적인 작품을 기꺼이 만드는 사람들은 새로움이 시작되지 않은 만남은 피할 것이다. 이런 사람들은 그런 자리에는 그저 지치도록 힘든 창작 활동에서 벗어나 휴식을 취하기 위해 대화에 뛰어들 뿐이다. 몇몇 예술가들, 예를 들어 폴 발레리Paul Valéry와 같은 일부 예술가들은 이러한 경계를 흐트러뜨리고자 했으며, 가장 세속적인 대화 속에서도 자신의 통찰력과 지성을 발휘했다.

★ ★ ★

사람들 사이의 진정한 관계는 상호성을 어느 정도 필요로 한다. 내가 주도권을 쥘 때도 상대는 어떤 식으로든 자신이 내가 하는 말에 주의를 기울이고 있다고 어필한다. 가역성 (내가 하나를 주면 상대방도 내가 준 것만큼 돌려준다는 원칙)은 공평함의 모습을 하고 있다. 전적으로 시장 논리에 따르는 가역성을 엄격하게 따질수록 대화에서는 졸렬하게 보인다. 이 경우 우리는 주고받는 것의 가치를 따지는 두 명의 상인처럼 대화를 끝맺을 것이다.

그렇다면 공동체적인 삶에서 계산할 수 있는 것이 있을까? 웃음, 서로를 돕는 손길, 시선, 따뜻한 손짓, 배려하는 마음은 특정한 공통분모에서 비롯된 것일까? 누군가 고통 속에서도 옅은 미소를 짓기 위해 고통을 억누를 때 그가 보이는 그 미소는 엄청나게 귀하다. 환자가 주변 사람을 걱정시키지 않기 위해 과장된 농담이나 장난치는 것은 자기감정을 누르고 많은 것을 베푸는 행위다.

지배자와 피지배자, 최강자와 최약자, 이 관계는 물리적으로 경제적으로 사회적으로 팽팽히 맞선다. 나 역시 남들

만큼 강하다는 느낌에 취하고 싶어서 타인을 내 의지에 굴복시키기도 한다. 그럴 때 상대방이 저항하는 만큼 내가 지닌 권력의 범위를 의심하게 된다. 마음의 영역에서 가역성을 향한 집념은 그런 집념을 품은 사람을 먹칠한다.

따라서 차라리 아무것도 주지 않는 것이 낫다. 상대방이 나에게 똑같이 해주기를 바라면서 상대에게 양보하는 것은 아무런 가치도 없을 것이며, 행여 가치가 있다 할지라도 긍정적인 것이 아니라 부정적인 가치에 해당할 것이다. 차라리 아무것도 주지 않음으로써 더 나은 것을 얻어낼 수도 있을 것이다(도덕적으로 평가하면 말이다). 자신의 체면을 더럽히지는 않을 것이니 말이다.

반대로 서로 더 많은 것을 주기 위해 고결한 경쟁이 일어나기도 한다. 우리가 베푸는 이유는 상대가 우리가 주는 만큼 되돌려줄 수 없다고 생각하면서 그를 모욕하기 위함이 아니다. 상대가 우리에게 주는 것을 실제보다 더 귀히 여기기 때문이고, 주지 않고서는 도저히 못 배기기 때문이다. 내생각에 나는 절대로 타인이 나에게 주는 만큼 충분히 되돌려주지 못할 것이다(상대 또한 같은 마음일 것이라 생각한다).

노름꾼은 이와는 좀 다르게 행동한다. 그는 몰락 혹은 자기 파멸에 이를 때까지 패배로 인한 어지러움을 갈망한다. 선한 사람은 자신이 얼마나 손해를 보는지 따지지 않는다. 후한 인심으로 행동하며 자신이 온전히 존재한다고 느끼고, 망각하는 능력에 대해 하늘에 감사한다.

몽테뉴는 역설적이게도 글을 통해 대화의 모델을 제시했다. 즉, 오직 즐거움에 의해 이끌리며 끊임없는 경이로움 속에서 이루어지는 유쾌한 산책과도 같은 대화의 방식이다. 그는 방랑하며 어떤 새로운 이미지에 매혹되고, 그것을 조금 더 멀리 이끌다가 결국엔 놓아버린다. 그는 아무것도 강요하지 않고, 그저 제안할 뿐이며 때로는 너무 많이 말한 것은 아닌지 스스로에게 묻는다.

몽테뉴가 어떤 작가를 인용할 때도 그것은 자신의 학식을 과시하기 위해서가 아니라 마치 오래된 친구에게 조언을 구하기 위해서다. 우리 역시《수상록》의 마지막 장을 덮을 때면 그것을 끝마쳤다는 사실을 아쉬워한다. 마치 끝없이 이어질 수 있었을 대화가 우리의 일상적인 일들 때문에 중단될 수밖에 없는 것처럼 말이다.

우리는 모든 것과 아무것에 대해 말할 권리가 있다. 이는 때로 겸양의 증거가 되기도 한다. 우리는 숭고한 극치에 다다르려 하지 않고, 일상적인 삶과 환경의 경계를 뛰어넘는 것을 바라지 않는다. 그저 우리의 뱃속을 모두 까 보이지 않고, 우리 안의 불결한 것들로 지인과 이웃을 불편하게 하지 않고, 그들을 시시한 말 속에 가라앉게 하지 않도록 경계해야 한다.

우리가 대화 속에서 방방 뛰고 이 주제에서 저 주제로 넘어 다니기 때문에 정치적인 주제를 비롯한 여러 심각한 문제를 다루지 않아야 한다. 그런데 심각한 문제들이 간혹 주제가 되기도 한다. 왜냐하면 우리는 오랫동안 추측(생각나는 대로 신이 존재하는지, 우주의 근원은 무엇인지, 야만성이 언젠가 사라질지, 또는 근본적이고 번민하게 하는 다른 질문들)하며 살아가기를 받아들였기 때문이다.

만약 이러한 이유 때문이 아니라면 대화의 소재를 제공하는 것은 쉽지 않고 오랫동안 이 주제에서 저 주제를 넘나들거나 새로운 이야기를 빠르게 펼쳐나가면서(은유와 인유, 야유는 금방 싫증이 난다) 대화에 숨을 불어넣는 것이 어렵기 때문이다. 그래도 이러한 문제를 '파고들었기' 때문에 시간을 허비하지는 않을 것이다.

★ ★ ★

어떠한 대가라도 치러서 저녁 식사를, 대화를 성공적으로 이끌어야 한다는 생각에 빠지지 않도록 주의해야 한다. 손님 중 한 명이 입을 다물면 주최자는 걱정한다.

"아픈가? 지루한가? 아니면 내가 생각한 것만큼 대화가 재미없나?"

지루함은 퍼져나가서 한 사람씩 차례대로 전염된다. 그중 누군가는 속으로 하품하기 시작한다. 졸거나 주의력이 산만해진 청중에게 열띤 어조로 말할 수 있는 사람은 어디에도 없다. 이제 위험이 적어 보이지 않는다. 특별히 흥미로운 이야깃거리가 없는 테이블은 즐거워 보이다가도 이내 분위기가 가라앉고 만다. 참석자들은 모든 것이 완벽했던, 예전에 참석했던 모임을 머릿속에 떠올린다.

그러나 그런 생각을 하는 이들에게 침묵을 강요할 수는 없는 노릇이다. 그들에게 계속 질문을 던지는 것은 거식증 환자에게 새로운 음식을 주는 것만큼이나 효율적이지도 않고 적절하지도 않을 것이다. 그러니 지나친 관심은 거두자. 말하든 말하지 않든 간에 모두가 환영받는다는 느낌을 받을 수 있도록 해야 한다.

쾌락 속에도 윤리가 존재하듯이 나 역시도 도덕적인 견해를 덧붙이고자 한다. 타인은 자유 존재고, 아무것도 그를 속박할 권리는 없기 때문이다. 타인을 모두 알 수는 없기에 우리는 상대가 침묵하는 이유를 급하게 해석하지 않아야 한다. 말하기와 말하지 않기를 선택하게 해주고 결국 누군가 자기 의사를 표현하는 것에 만족한다면 그가 내뱉는 단어들은 매우 귀한 가치를 지닐 것이다. 그러는 동안 그도 자신이 초대에 수락했기 때문에 자신의 완전한 주권을 일부 내려놓았다는 사실을 깨닫게 될 것이다.

★ ★ ★

우리는 대화를 자연스러운 행위라 생각하기 때문에 대화법을 배워야 한다는 데에 동의하지 않는다. 그런데 권태와 무의미한 말들이 섞인 대화는 금세 활기를 잃고, 대화의 질은 빠르게 악화된다. 그래서 대화를 유지하는 기술, 다시 말해서 대화에 생명력과 관대함을 불어넣는 고도의 기술이라는 것이 존재한다. 피아노, 바이올린, 회화 등 다른 모든 예술처럼 대화에도 집중력이 필요하다. 대화를 그저 시간을 보내기 위한 하찮은 일로 여겨서는 안 된다. 그렇지만 우리는 제대로 스키를 타고 싶어서 코치를 구하고 그에게 돈을, 그것도 큰 금액을 내면서 우리의 인식을 빨리 점검해서 사소하지 않은 실수를 수습하고 예의를 지키며 능숙하게 말하는 법을 익혀야 한다는 생각은 하지 않는다.

진정한 대화는 친구들 사이에서만 혹은 함께 이야기를 나누는 사람들이 모두 연결되어 있을 때만 가능하다. 영혼의 동반자가 지루해지는 찰나, 우리는 감지할 수 없는 신호들을 파악하고 그의 권태를 깨닫는다. 우정이 있기에 가능한 일이다. 이들은 서로가 흥미를 불러일으키고 나아가 서로를 놀라게 하고 경탄하게 할 능력이 있다고 믿는다. 이러한 신뢰를 바탕으로 우리는 대담해지고 대화에 최선을 다하게 된다. 게다가 재치 있는 모습을 보여줘야 한다는 부담감 따위는 느끼지 않는다. 함께 있는 것만으로도 행복하기 때문에 즐거운 대화는 그저 적당히 중요한 추가 요소에 불과하다.

침묵에 대한 두려움(간혹 불안)은 그들을 위협하지 못한다. 친구들이 말하지 않는 것은 할 말이 고갈되어서가 아니다. 자신들이 나누는 이야기의 본질을 다시 확인할 필요가 없어서다. 친구가 왜 침묵하는지 내가 이해할 수 없을 때, 나는 그 침묵에 정당한 이유가 있다고 생각한다. 무엇인가가 그를 근심하게 하거나 아니면 남과 거리를 두고 혼자 생각할 시간이 그에게 필요해서일 것이다.

이에 비하면 사랑하는 연인은 서로에게 덜 관대하다. 그들은 "지루해?", "나한테 뭐 숨기는 거 있어?", "감정을 추스르고 나면 나에게 얘기해줘"라고 묻거나 말한다. 이런 말들은 결과적으로 오히려 상대방을 침묵에 다시 빠뜨리고야 만다. 심문을 받는 연인은 연민 때문에 혹은 평화를 위해 항복할 것이다.

그러나 다른 상황에서는 그가 결국 신경을 곤두세울지도 모른다. 진정성 있는 대화는 발언 시간을 재고 발언권을 공평하게 나눠줄 심판에 의지할 필요가 없다. 함께 있으면 즐거운 사람들, 필요할 경우 자신의 존재를 지울 줄 아는 사람들과 있기 때문은 아니다. 대화는 외부인의 중재 없이 스스로 방향을 찾아가고, 한 사람에서 다른 사람으로 옮겨가고 적절하게 리듬을 탄다.

이러한 대화는 침묵의 위험에 협박당하더라도 절대로 방향을 잃지 않는다. 마치 경기장 가장자리를 따라 달리면서도 절대로 터치라인을 밟지 않는 윙(럭비에서 상대의 수비 진영을 뚫고 득점하는 포지션-옮긴이주)의 플레이처럼 금세 본래의 궤도를 되찾는다.

또한 진정성 있는 대화가 이루어질 때는 발언 시간에 맞춰 대화를 나누는 것이 오히려 부적절하다. 그렇게 하면 그 대화가 누군가의 집 거실에서 이루어지는 것이든 대연회장에서 이루어지든 간에 우아한 움직임을 잃게 될 것이다. 대화의 장은 유료 주차장과 달리 시공간의 한계가 없다.

진정성 있는 대화의 이미지는 우리가 함께한다는 사실과 합치한다. 대화가 진행되는 동안 모든 참여자는 고유의 가치를 지키며 이 가치는 각기 맞는 방식에 따라 인정받는다. 그러나 같이 있다는 것, 함께한다는 것이 서로 다른 개인을 단순히 나란히 서있게 한다는 뜻은 아니다. 함께하는 것은 각자가 하는 말이 단순히 더해지거나 결합하는 것이 아니라 개별의 말을 초월하는 대화를 이루는 것이다.

★ ★ ★

대화가 스스로 우리의 말을 이끄는 힘, 하늘이 내려준 이 선물이 어느 순간 사라질 수도 있다. 그러면 대화에 끝을 맺는 것이 마땅하다. 하지만 경솔한 사람은 전혀 개의치 않을 것이다. 대화에 진정성이 사라지는 상황을 인식하지 못하고 대화의 영혼이 사라졌다는 신성한 메시지를 이해하지 못한다. 더 경솔한 사람들은 대화를 계속하기로 결심해 자신의 날개로 하는 비행을 위험에 빠뜨리고 나아가 실패하기에 이른다. 나머지 사람들은 새로 엄습하는 고독을 인정한다. 그들은 우아했던 저녁 시간만큼 식사가 끝나고 찾아온 늦은 밤도 우아하기를 바랄 것이다.

지 치 지

않 는

말

수다쟁이의 말은 고갈되지 않는다. 그는 지칠 줄 모르는 다른 모든 이들처럼 우리를 피곤하게 한다. 수다쟁이는 무료하고 느슨해지는 순간에 우리에게 강공을 펼친다. 우리는 그의 힘이 빠지고 정확히 어디인지는 모르겠지만 다른 곳에서 새로운 자원을 찾아 뛰어 오르기를 바란다. 수다쟁이 말은 시들기는커녕 터무니없이 자랄 뿐이다. 우리는 타고나기를 섬세해서 차마 그에게 자비를 베풀어달라고 요청할 수 없다.

결국 탈진한 채로 그를 떠나고 스스로 우아하지 못하게 굴었다고, 장황하게 굴었다고 후회한다. 설상가상으로 수다쟁이는 자신이 새로 깨달은 것들(사실은 하찮고 보잘것없다)을 우리에게 너그럽게 알려주었다고 생각한다.

일반적으로 직감적으로 수다쟁이는 서로를 피하고 대화 사이의 틈을 다른 수다쟁이와 나누지 않는다. 수다쟁이들이 협의를 통해 공동의 제국을 공유하는 놀라운 합의를 만들어낸다는 것은 틀림없는 사실이다. 나는 이와 비슷한 동맹을 피하지는 않는다. 이러한 무리, 서로 얽히고 얽힌 사이, 가십꾼들의 불협화음이 때로 우스운 광경을 연출하기 때문이다.

수다쟁이는 침묵을 지켜야 하는 순간, 죽은 사람과 그의 가족이 마땅히 누릴 묵념의 권리를 방해하지 않아야 하는 순간이 와도 눈치채지 못한다. 공연 중간의 휴식 시간에도 수다쟁이는 공연의 매력을 분산시킨다. 공연의 아름다움도 그를 막지 못한다. 식사 시간에는 마치 수다가 우아한 요리에 어울리는 것처럼 굴며 식사를 즐기지 못하게 한다. 마음을 가득 담은 눈빛과 손길만으로도 우리는 양질의 첫 만남을 약속할 수 있다. 몇 마디 피상적인 말은 약속된 만남에 평범함을 더하기 때문에 그 만남은 단순한 모험으로 전락하게 된다. 수다쟁이는 찻주전자 안에서 귀한 찻물이 우러나는 모습을 천천히, 그리고 조용히 관찰하는 법을 전혀 모르는 걸까? 그들은 자기가 고대했던 일이 일어나기까지 혹은 그런 일을 행하기까지 조급해하지 않고 기다리는 법을 전혀 모르는 걸까?

그렇지만 우리는 수다쟁이의 조급함, 충동, 사라졌던 누군가가 우리 곁에 다시 돌아올 때 마음에서 우러나오는 외침, 고함과 심벌즈가 챙하고 울리는 소리, 망막의 박리, 솟구침이 일어나는 하늘이 다시 파랗게 갤 때 우러나오는 외침을 받아들여야 한다.

넘쳐나는 말을 부드럽게 흐르게 할 줄 아는 수다쟁이도 있다. 그들은 말 그릇이 꽉 차면 불편해져서 대화 사이사이 아무 데나 자신의 말 그릇을 비워버린다. 그래서 그가 존재하는 방식은 몇몇 이들의 일거수일투족에 영향을 미친다. 수다쟁이는 타인의 비밀을 무시하고 존중해야 마땅한 것들을 존중하지 않는다. 늘 뻔뻔한 태도로 배려를 요구하면서도 배려에 감사할 줄 모른다. 그는 점심 식사에 예고도 없이 불쑥 나타나고 자신에게 이득이 되도록 사람들 사이의 관계를 이용한다. 수다쟁이는 남들보다 성공한 자기 자식에 대한 자랑을 늘어놓는다. 경쾌한 분위기에 영향을 미치고 변덕과 '허물없는' 행동이라는 카드를 자유자재로 꺼내 든다.

말은 어떻게 보면 도시나 바다, 또는 예술품처럼 개인의 소유물이 아닌 공공재라고 할 수 있는데 우리는 수다쟁이가 대화 중에 말을 가로챘다고 원망한다. 말을 독점하는 수다쟁이는 모두에게 속한 재화를 되돌려줄 줄 모르는 도둑이자 무뢰배다.

수다꾼의 과도한 말은 우리가 진짜로 바라는 바를 전혀 충족시키지 못한다. 게다가 그는 의미 있는 일들을 무의미한 것으로 만들고, 평범한 것으로 만든다. 논란의 여지가 있지만 열정과 관심을 쏟으며 경청할 만한 가치가 있는 생각들을 퇴색시키는 기술도 있다. 그와 반대로 어떤 이들은 다사다난한 소소한 일상에 맛을 더하고 입체감을 살린다. 그들은 우리가 별 관심을 두지 않았던 존재 방식이나 행동 방식을 놀랍고 낯설게 보이도록 만든다.

수다쟁이에게는 내용보다 방식이 더 중요하다. 수다쟁이는 불의의 사고를 당했을 때도 장소와 상황, 상대를 가리지 않고 말한다. 친구들 사이에서도 자신의 말솜씨를 증명하려고 한다. 우리가 자기 편일 때조차도 설득하려 한다.

수다쟁이 얼굴만 겨우 아는 사이에도 격식 없는 말투로 상대를 대한다. 바로 이 지점에서 대화가 기술이라는 사실을 알 수 있다. 또한 평균보다 수준 높은 어휘력과 지성을 갖췄다고 해서 우리가 대화에서 맡은 역할을 적절하게 수행하는 것은 아니라는 사실도 알 수 있을 것이다. 대화마다 우리는 주어진 역할을 다시 해내야 한다. 그 역할을 통해 우리에게 대화를 유리하게 이끌지 못할지라도 말이다.

나는 수다가 우리의 존재 방식과 연관되면 심각한 결함을 지니게 된다고 생각한다. 왜냐하면 존재 방식은 단순한 말의 범위를 초월해 확장하기 때문이다. 수다는 친절함, 타인에 대한 존중, 감사하는 마음을 모른다. 수다쟁이가 당신에게 배려를 요구한다 해도 그는 당신의 선량한 행동에 고마워하지 않을 것이다. 수다쟁이는 초대받은 적도 없으면서 점심을 얻어먹으러 당신의 집에 불쑥 들이닥치는 불청객이다. 그러면서 정작 당신이 자기를 찾아오면 문전박대할 것이다. 수다쟁이는 분수껏 희생양을 고른다. 자신이 이용할 수 있는 허약하고 소심한 사람을 구별할 줄 안다.

가끔은 어떤 수다쟁이들이 가여울 때도 있다. 내가 보기에 그들은 넘치는 말을 흘려보낼 필요가 있어 보인다. 그러나 그들이 자신의 무절제함을 인지하고 적절한 방법으로 해결할 수 있을까?

누가 수다쟁이고 누가 말수가 적은 사람인지 구분하기 위해 애쓸 필요가 없다. 어떤 기준으로 무엇을 보면 구분할 수 있을까? 도대체 무엇이 우리의 반감을 사는 걸까? 어떤 이들은 희생양을 쉽게 찾아서 "저 사람은 너무 말이 많아"라며 자신의 죄를 덮어씌우는 데 소질이 있다.

대화도 모든 진실한 교류와 마찬가지로 상호성이 필요하다. 그런데 수다는 불균형을 이룬다. 진실한 대화는 새로운 방향으로 전개되고 감정을 용솟음치게 하지만 수다는 지겨운 되풀이만 계속될 뿐이다. 수다쟁이가 같은 말만 되풀이하지 않는다면 철학자 디드로Didrot처럼 천재가 될지도 모른다. 그렇다면 우리는 그의 공연과 재주를 즐길 것이다.

수다쟁이는 인간이 나누는 모든 말의 원형인 침묵을 아주 하찮은 것으로, 심지어는 아무것도 아닌 것으로 여긴다. 그는 우리가 앉기도 전에 재빨리 자리를 낚아챈다. 그럼 우리는 어디에 앉아야 할까? 그는 우리가 떠나는 순간 자리를 비워준다. 이처럼 수다쟁이는 만남의 중요한 두 순간, 다시 말해 도입과 만남, 그리고 떠남과 해산이라는 두 순간을 전혀 고려하지 않고 아무것도 아닌 것으로 만들어버린다.

수다쟁이는 말하는 것을 진정으로 좋아하지는 않는다. 그저 자신이 빛나기를 바란다. 할 수만 있다면 스포츠나 사회적 성공과 같은 다른 분야에서 자기를 돋보이게 할 것이다. 호화 빌라를 보여주고 요트 투어를 시켜주는 것만으로도 청중에게 깊은 인상을 남길 수 있을 것이다. 그렇지만 그렇게 해도 자신이 빛난다는 느낌을 정확하게 받을 수는 없을 것이다. 확실한 아름다움을 지닌 사람은 빛날 수 있다. 그 사람에게는 지성이 뿜는 빛이 재치 있는 대화 빛보다 덜 관능적이고 덜 강렬하게 보일 것이다.

수다쟁이는 모임의 장악력을 나누고 싶은 마음이 없다. 그는 암살자의 칼로 경쟁자의 숨통을 끊고 나아가 청중을 빼앗을 것이다. 만약 환호와 박수가 잦아들거나 원하는 만큼의 호응이 나오지 않는다면 그는 더 이상 대화에 참여하지 않을 것이다. 그는 대화의 맥을 끊기 위해 무뚝뚝하게 모임을 떠나고 다른 모임을 차지하기 위해 자기 친구들을 초대할 것이다. "바닷가나 산책하러 가자"라거나 "카지노에 가서 게임이나 좀 할까?"라고 말하며 말이다.

어떤 수다쟁이는 과하게 닥치는 대로 말하기도 한다. 그는 자신의 어두운 부분을 스스로 터놓고 고백한다. 비밀을 털어놓도록 유도할 만큼 충분히 눈치가 빠른 사람들이 있을 때는 더더욱 그러하다. 이들은 남들의 쓰레기를 모은다. 상대의 의식 가장 깊은 곳에 담겨 오랫동안 절여지고 부패한 것에 코를 들이박고 쾌감에 젖은 채로 집요하게 냄새를 맡는다. 그렇게 상대의 자백을 마침내 얻어내고 나면 한 명은 순진하게 자신을 드러내는 것이, 나머지 한 명은 부패한 살덩이를 그토록 쉽게 거두는 것이 이제는 금지된 일인 양 군다. 처음에는 겁에 질렸다가 이내 금지된 일을 함께 저질렀다는 공범 의식을 느끼기도 한다. 그러나 혐오감이 그들의 우정을 밀어내고, 이들은 곧이어 서로의 내밀한 시궁창을 다시 탐색하기 시작할 것이다.

반자동 기계나 반조리 제품처럼 반‡수다쟁이도 존재한다. 반수다쟁이는 모든 상황에서 말하고자 하는 욕구를 느끼지는 않는다. 반수다쟁이는 듣거나 몽상에 빠지거나 혹은 모임을 떠나는 것을 선호한다. 누군가 질문을 하면 짧고 최대한 명확하게 대답한다. 그가 말하는 데서 즐거움을 느낄 때도 진짜 수다쟁이처럼 도취하지 않는다.

반수다쟁이는 처음부터 끝까지 대화를 끌고 나갈 능력이 없다. 그는 자신의 체력 상태를 이미 잘 안다. 어느 순간 피로해져서 말하기를 거부한다. 반수다쟁이의 이야기는 재밌고 놀라운 결말이 예측될 때도 있지만 어떻게 끝나는지 알 방법이 전혀 없다. 그는 자기 이야기가 그토록 찜찜한 상태로 합의되지 않고 종결되기를 바라기나 하는 것처럼 마침표를 찍는 법이 없다.

반수다쟁이는 체력이 고갈되어 거의 기절할 지경에 이르기 때문에 그에게 이야기를 계속해달라고 조르는 것은 헛수고일 것이다. 반수다쟁이는 항복에 항복을 거듭하며 침묵 속으로 도피한다. 테니스 선수나 경보 선수는 통제된 훈련을 반복함으로써 호흡을 개선할 수 있다. 말을 사고파는 회사나 상인이 있다면 반수다쟁이는 학술 발표나 정치적 회담에만 가게 문을 열고는 하루 종일 운영하는 일은 없을 것이다. 바로 이러한 점이 반수다쟁이가 훈련을 받은 적도 없고 배운 적도 없는데 지칠 줄 모르고 말하는 수다쟁이와 다른 점이다. 그래서 반수다쟁이는 가끔 호평을 받기도 한다.

나는 물에 빠진 사람을 구하기 위해 기꺼이 강물에 뛰어드는 영웅적인 인물처럼 자신을 희생하며 수다에 뛰어드는 사람들을 찬양하고 싶다. 대화가 지루해지고 시들해지면 불편함이 커진다. 우리 중 누군가가 어색함을 풀기 위해 아무 말이나 내뱉거나 시시껄렁한 이야기를 한다. 그런데 우리는 그 사람에게 감사할 줄 모르고 거북한 분위기가 해소

되고 나면 '어휴, 말도 많지'라고 속으로 말한다. 나 역시 이러한 상황에 놓인 적이 있다. 즐거운 분위기를 만들기 위해 누군가는 광대가 되어 과장된 몸짓을 하며 횡설수설한다. 그는 자기 자신을 내던지며 그런 공연을 펼칠 마음은 없었을 것이다. 다만 분위기를 누그러뜨리고 사람들을 다시 대화에 집중하게 하고 싶었을 뿐이리라. 누군가는 이렇게 말한다.

"앙투완은 정말 못 말린다니까. 쟤는 철도 안 들 거야. 다음 생일에는 장난감 가게에 가서 장난감이나 사줘야겠어."

이들은 누군가 민낯을 드러내기를 기다리는 게으른 자들, 배은망덕한 자들이다. 그런데 우리 사회 역시 같은 방식으로 이루어진다. 대범하게 항복하고 대화에 자신을 내맡기는 사람과 그의 몸짓이나 콘체르토 연주 혹은 그가 쓴 글의 결점에 대해 냉혹한 비판을 하는 청중이나 독자로 나누어진다.

좋은 수다쟁이는 없다. 좋은 수다쟁이는 말 없는, 다시 말해 죽은 수다쟁이다. 자기 존재의 본질적인 이유를 상실한, 더 이상 존재하지 않는 수다쟁이가 좋은 수다쟁이리라. 수다쟁이는 우리의 기분을 상하게 할 뿐이다. 말이 빠른 수다쟁이를 보면 우리는 그의 말 주머니가 금방 바닥을 보이리라는 희망을 품고서 우선 그에게 귀를 기울인다. 그러나 그가 하고 싶은 말은 끝이 없고, 우리는 언젠가 말에도 '쿼터제'가 도입되기만을 바랄 수밖에 없게 된다(밀, 우유, 돼지고기처럼 말이다!).

　반면 어떤 수다쟁이는 매우 느리게 말하는데 이 또한 불쾌함을 자아낸다. 그는 문장을 끝맺을 때마다 한숨을 쉬고, 다시 숨을 고르며 계속해서 우리를 괴롭힌다. 단어들 사이에 그 누구도 바라지 않는 휴식 시간을 둔다. 나는 전자보다 후자와 대화하는 것이 더 괴롭다. 내 눈에 후자는 욕구 때문이 아니라 자신이 하는 말이 금처럼 가치가 있어서 그것을 우리에게 넘겨주기 위해 말한다고 믿기 때문에 수다를 떠는 것처럼 보인다.

　두 유형의 수다쟁이 모두 인간의 존엄성을 비켜간다. 우리는 인간의 존엄성에 대해 '무슨 권리로 나는 존재하는가?', '남의 부러움을 사는 지위와 부를 소유하는 것이 왜 정당한가?'와 같은 질문을 던진다. 대화와 인간의 존엄성에 대해서는 이런 질문을 던질 수 있겠다.

　'누가 나에게 이런 수다를 떨고 최초의 침묵을 침해할 권

한을 주었는가?'

대화가 '산만한 수다'라는 만평으로 변질되는 날도 있다. 우리는 우리의 탈선을 인식하지만 그토록 고통스러운 장면, 우리 모두에게 책임이 있는 그 장면을 어떻게 끝낼 수 있을지는 모른다. 침묵은 우리를 불편하게 할 수 있고, 침묵에 동반되는 공허함은 우리를 어지럽게 할지도 모른다. 우리는 우리와는 달리 나름의 방식으로 존재하는 타인이 되는 법을 모른다. 우리에게는 우리의 방종을 속박할 밧줄이 없다. 우리의 명예를 회복할 문장을 찾길 바라면서 상황을 스스로 악화시킨다. 가장 대담한 이들은 도망을 치며 달아나고, 덜 걱정하는 다른 이들은 무대에서 내려가기 전까지 충실한 거짓말을 내세운다.

내가 수다쟁이를 만나면 즐겨 하는 시험이 있다. 바로 치즈 플래터 시험이다. 친구 열댓 명을 초대한 어느 날, 나는 수다쟁이에게 여러 종류의 치즈가 든 접시를 내밀었다. 그는 치즈를 먹고 접시를 옆자리로 넘겨주는 대신 말하고, 또 말했다. 치즈 접시는 떨어질 듯 말 듯 아슬아슬하게 그의 손 위에 올려져 있었다. 다른 친구들은 그가 접시에 있는 치즈를 더 먹으려나 보다고 생각했다. 예상과 달리 그는 치즈를 더 먹지 않았고, 접시 위에는 다양하고 맛있는 치즈들이 가득했기 때문에 친구들은 다시 희망을 품었다. 우리 중 한 명이 수다쟁이에게 접시를 달라고 용기내어 말했고 그 순간, 마치 누가 그에게서 발언권이라도 뺏은 양 대화에 대한 그의 욕구는 식탐으로 바뀌었다. 그리고 그는 아주 맛있게 치즈를 먹어 치웠다.

나는 이 시험이 의미 있고 설득력이 있다고 생각한다. 수다쟁이는 사회적 삶이라고는 전혀 없는 사람처럼 남과 주고받는 것을 극도로 피한다. 발언권만 독차지하는 것이 아니라 새로운 생각과 풍경, 자기 시간, 사생활, 치즈가 담긴 접시도 남들과 나눌 생각이 없다. 로크포트(양젖으로 만든 프랑스 남부 지방의 치즈-옮긴이주)나 카망베르가 담긴 접시 이야기는 이미 했고, 풍경을 어떻게 독차지하는지 설명하겠다. 수다쟁이는 자신의 감상평을 말함으로써 우리가 직접 눈으로 보고 느끼는 직접성을 흐트리고 잃게 만든다. 이렇게 함으로써 풍경을 홀로 차지한다. 새로운 생각은 자신의 것으로 만들어버려서 신선함을 잃게 한다. 자기 시간은 미사여구를 늘어놓는 데만 쓴다. 만약 수다쟁이에게도 양심이 있다면 우리는 평생 그의 양심을 알 방법이 없다.

침 묵

배 우 기

나는 모범생에 속한다. 완전한 침묵을 지키는 이들은 나의 이해와 관용의 덕을 누린다. 요컨대 그들은 은둔할 권리가 있다. 나는 간헐적으로 침묵하는 사람, 즉 대화 상대가 관심을 보일 만한 사람이라고 생각할 때나 변덕에 따라 가진 언어를 모두 이용할 수 있는 사람에 대해서는 더 엄격해진다. 디누아르 신부_{Joseph Antoine Toussaint Dinouart}의 분류법(장자크 쿠르틴_{Jean-Jacques Courtine}과 클로딘 라로슈_{Claudine Laroche}의 보고에서 발췌)은 나에게 경종을 울렸다. 디누아르 신부는 당혹감과 소심함을 느낄 때 재치 있게 여러 방법을 이용하는 전략을 제시했다. 아첨하는 침묵, 관대한 침묵은 즐겁게 해주고 싶은 상대에게 반대 의사를 표시하지 않고 그의 말을 들어주는 것이다. 조롱하는 침묵은 상대를 속인다. 이때 비밀스러운 즐거움을 얼굴에서 엿볼 수 있다. 교활한 침묵은 오직 상대를 오해하게 만들기 위해서만 입을 다무는 행위다.

디누아르 신부의 주장은 나를 동요시켰다. 신부들은 인간 영혼의 심연을 가여운 우리 무신론자보다 더 잘 안다. 그들은 신중해지라고 했던 나의 부모님의 조언과 비슷한 이야기를 한다.

"말하기 전 입안에서 혀를 두 번 굴려라."

사실 이렇게 혹독한 구강 훈련은 해본 적이 없다. 그러나 결국 상황에 따라 이 조언을 실천해야 할 때가 있다. 가장 힘 있는 사람의 비위를 맞추고, 그에게 복종하고, 약삭빠르게 행동하고, 자신의 장점을 감추고, 언제 어디서 나타나 왕위를 계승할 사람을 충분히 고려해야 성공에 이를 수 있는 사회에서는 말이다. 따라서 이러한 맥락 속에서 신중함에 관한 격언은 나의 분노를 크게 자아내지 않는다. 나는 이처럼 수단과 방법을 가리지 않고 명예를 쫓는 경쟁을 절대 피할 수 없는 사회가 바로 우리가 살아가는 사회라고 생각한다. 만약 미덕이 우리를 돕는다면 관계와 배려에도 부여된 역할이 있으리라.

그러니까 결국 나는 주변 사람 대부분을 조심해야 할지도 모른다. 하지만 나는 경계하는 것을 그만두었다. 입을 다물든 말하든 내 형제들은 내 내면의 평온을 흔들지 못할 것이다. 그리고 나는 마치 다양한 서브 스타일을 개발한 위대한 테니스 선수처럼 다양한 방식의 침묵을 자유자재로 사용하는 아첨꾼들을 계속 우러러볼 것이다.

침묵하는 사람에도 여러 유형이 있다. 침묵자는 끊임없이 경계한다. 자신의 사생활이 침해당하는 것을 매우 꺼리며 자신이 내뱉는 몇 마디 말이 불리하게 작용하거나 결국에는 자신의 사생활이 드러날까 봐 걱정한다. 그러니까 취약한 부분이 노출되는 것, 다시 말해 적의 포화를 맞을 위험을 걱정한다. 이러한 우려는 우리가 잔인한 사회에서 논쟁하면서 만나는 사람들이 모두 우리를 해칠 마음을 품고 있다는 가정을 전제로 한다. 이런 우스운 걱정을 너무 빨리 드러내지 마라. 겉으로는 예의 바르게 행동하겠지만 속으로는 제거하는 편이 나은 경쟁자로 생각할 수도 있다. 작은 마을에서는 딱히 알 수도 없는 이유로 누구든지 제거 대상으로 보이기 십상이니 말이다.

우리가 하는 모든 표현은 우리를 드러내고 폭로한다. 자세, 걸음걸이, 웃는 모습 혹은 정확히 무엇인지도 모르는 행동 방식이 적대적인 사람들에게는 구체적인 표지가 된다.

따라서 한 걸음 더 다가가지 말고 숨을 참고 숨어버리는 편이 더 나을지도 모른다. 그러나 이렇게 최소한의 개입은 예상과 달리 오히려 적들의 시선을 끌고, 결국 우리는 붙잡히게 될 것이다. 이것은 완전히 허구적인 상상이 아니다. 충분히 일어날 수 있는 만큼 끔찍한 가정이다. 다행히 진부한 말 몇 마디를 중얼거리는 것만으로도 무죄를 증명할 수 있다. 그러면 구원의 손길이 우리를 외면하지는 않을 것이다.

역사적으로 유명한 재판들 중에서도 가장 준엄했던 논고는 사소한 손짓과 몸짓에도 주목했다. 우리의 변론은 너무도 미약하므로 긴장을 풀고 말하는 것을 주저 말고 그냥 운명에 내맡기자.

반대 유형의 침묵자도 있다. 침묵이 강력한 정신력과 무한한 힘과 의지로 보이기도 한다. 이는 모욕 앞에 체념해 입을 다무는 침묵이나 망설임과는 다르다. 이러한 유형의 침묵자는 말할 용기가 없거나 자신이 할 말이 재미가 없을지도 모른다고 생각해서 조용히 있는 것이 아니다. 말하지 않을 힘과 권리가 있기 때문에 말을 아끼는 것이다.

가짜 침묵자 역시 한마디 말도 없지만 청중으로부터 쫓겨나지 않는 진짜 침묵자와는 다르다. 가짜 침묵자는 남을 비방하거나 탁상공론만 하는 지인들에게 무관심하지 않다. 그는 자기 내면을 돌아보지 않는다. 가짜 침묵자는 말하는 사람과 가끔 자신을 탐색하고 있다고 추정되는 사람들을 관찰한다. 남에게 관찰당하는 느낌을 받으면 경솔하게 말을 내뱉게 되는데, 가짜 침묵자는 그림자 속에 숨어있다가 자신이 원하는 순간에 그에게 암살의 칼날(상처를 주는 지적)을 겨눈다. 결과적으로 가짜 침묵자는 남들보다 더 많은 말을 하는 셈이다. 그에게 관심을 집중하면 몸짓과 시선으로, 눈썹이나 턱, 어깨 등의 움직임으로 자신이 아주 가까이에서 말싸움에 참여하고 있다고 우리에게 알린다.

대체로 부정적인 가짜 침묵자의 반응을 어떻게 해석할 것인가는 우리에게 달려있다. 그가 이성을 잃을 정도로 화가 났다는 사실, 우리가 하는 무의미한 말이나 허튼소리가 그를 지나치게 성가시게 했다는 사실을 인정하자. 나는 가짜 침묵자가 보이는 반응을 두 가지로 구분할 수 있다. 가짜 침묵자는 어느 순간이 되면 화를 내고 불만을 표현하며 우리는 그가 생각보다 말이 많다는 사실을 눈치채기도 한다. 아니면 그는 가장 심한 수준의 공격적인 문장을 만들고, 우리가 미처 상황을 파악하지도 못할 만큼 당황스럽게 만들고서는 등을 돌려 자리를 떠버린다. 그에게는 마지막으로 한마디를 내뱉고는 그것으로 됐다고 생각할 것이다.

다행히도 명상하며 침묵하는 선한 명상가도 아주 드물 기는 하지만 존재한다. 명상하는 침묵가는 우리의 이야기 를 황홀해하며 듣느라 입을 다물고, 평범한 문장으로 자신 의 부족한 부분을 드러내는 것을 두려워하기 때문에 말을 아낀다. 그를 만난 다음 날, 그는 우리에게 우아하고 멋지고 섬세한 문장이 가득 담긴 편지를 보낼 것이다. 자신이 말재 주가 없어서 글로 쓴다는 그 편지를 받는다면 얼마나 행복 할지!

중세시대 정치학자 칸토로비치Kantorowicz가 말한 왕의 인 물상을 살펴보면 침묵을 지키기 위한 조건에 대해 알 수 있 을까? 왕은 실수와 경솔한 약속을 남발하지 않기 위해 철통 같은 표정을 유지한다. 또한 불안감을 내비치지 않아야 하 며, 신하들이 의견을 말하게 하고 그들을 관찰하는 편이 좋 다. 왕은 시간의 변덕에서 벗어난 신처럼 감정을 드러내지 않는 고정된 가면으로 얼굴을 가린다. 무표정함, 그거면 된 다. 왕은 이러지도 저러지도 않는다. 그냥 그렇게 존재한다. 이해할 수 없는 말과 기호들은 왕을 평범한 군중과 섞이게 한다. 궁인들, 심지어는 일반 백성들은 왕이 자신들 사이에 순수하게 존재한다는 사실과 그럼에도 불구하고 그토록 흔들리지 않는 그의 정체성에 매료된다. 왕이 신중함을 벗어나서 말과 몸짓으로 표현하기로 마음먹으면 통제된 표현력을 갖춘 사람으로 잠시 분한다.

나는 완벽하게 평온한 왕을 상상하려고 애쓴다. 왕이 느끼는 권태를 상상한다. 왕은 몸이 움찔대는 것을 극복하는 것이 갈수록 힘들어진다. 왕은 어떤 가면도 쓰지 않는 신하들을 부러워한다. 그러나 왕은 자신의 상태를 벗어나지 않는다. 모험하고자 하는 의욕이 더 이상 남아있지 않기 때문이다. 왕은 언젠가 자신이 처한 상황에서 벗어나리라 생각하지만 어떻게 해야 하는지는 모른다. "입을 다무는 법을 모르는 사람은 통치할 자격이 없다"라고 말할 뿐이다.

우리는 상황에 따라 행동 방식을 조정할 것이다. 누군가 자신의 감정을 참지 않고 분출시켜서 우리의 마음을 파고들고자 한다면, 그러니까 우리의 방어벽을 벗겨낼 수 있으리라는 희망을 품고 우리를 지배하려고 한다면 우리는 당연히 그를 피해서 비밀을 숨기고자 할 것이다.

17세기에는 어떤 형태로 침묵을 취해야 하는지, 그리고 어떤 상황에서 침묵을 이용해야 하는지를 분간하는 침묵의 기술을 가르쳐야 한다고 생각했다. 우리는 아무런 이유 없이 무분별하게 말을 남용하는 것을 비난하는 사회, 사회생활에 태만한 것처럼 보일 수 있는 행동까지도 신경 쓰는 사회를 부러워할 수도 있다. 반대로 일이든 옷차림에서든 태도에서든 모든 영역에서 드러나는 침묵을 걱정할 수도 있다. 이러한 고독은 우리의 영혼, 웃음, 겉모습을 위장한다. 그렇기는 하지만 침묵이 말의 위험성을 지적했으니 그 공을 인정하자. 바로 이것이 고전주의 작가들이 오늘날에도 우리에게 전하는 교훈이다.

산에 사는 사람들은 대체로 말수가 적다. 거대한 산은 그들에게 침묵의 존엄과 인간 행실 대부분의 무의미함에 대해 가르친다. 산에 사는 사람들은 외마디 소리로도 소통해 위험을 알리거나 약속을 잡을 수 있다. 말이 많은 사람이 용기를 보여주어야 할 때 침착함을 잃으면 불신을 불러일으키는 법이다.

우리는 침묵가가 아주 드물게 입을 열면 기뻐할 것이다. 침묵가는 다른 이에게 발언권을 양보하고, 발언권을 넘겨받은 사람은 혼자 말할 수 있게 됨에 기뻐한다. 침묵가는 감탄할 정도로 음식을 절제하는 신중한 손님처럼 행동한다. 그런데 이런 행동은 선의에서 우러나온 것일까, 아니면 음식이 입에 맞지 않아서 그런 것일까? 침묵가는 다소 순진하게도 자신이 대화에 참여하지 않아도 된다고 생각한다. 그는 대화의 원칙을 거부한다. 분명 우리에게는 수용되기 바라는 대화에 참여할 권리가 있다. 그러나 다른 모든 분야에서처럼 권리가 괴로운 의무로 변질되지 않아야 한다. 즐길 권리가 해야 하는 의무로, 즐거움을 느낄 권리가 모든 즐거움을 한 번씩 맛보아야 하는 의무로, 여전히 젊음을 누릴 권리가 늙지 않아야 하는 의무로 변하는 것은 곤란하니 말이다.

집단 안에서 말하는 것에 대한 거부감은 비사교적인 대립처럼 사회적 관계에 해를 끼친다. 말이 우리를 서로 가깝게 만드는 것을 멈춘다면, 모두가 똑같이 침묵을 통해 소통하지 않는 이상 개개인은 고립적인 상태로 되돌아가고 자신이 참여하고 있는 모임이 이상하다는 사실에 놀라게 된다. 우리는 누군가 나서서 말하기를 기다린다. 그런데 이러한 상황에서도 그 발언이 인위적이지는 않아야 한다. 그렇지 않으면 당혹감이 커지고 모임의 공허함이 극명해질 테니 말이다.

우리는 다른 분야에서처럼 대화에서도 너무 이르게 판단을 내린다. 대화에 참여하는 사람들은 '사교성이 좋고', '마음이 따뜻하고', '이타적'이라고 생각한다. 반면에 말이 없고 가끔은 자기 세계에 틀어박힌 사람들에 대해서는 뻣뻣하고, 분위기를 어색하게 하고, 속내를 알 수 없고, 음험하다고 말한다. "컨디션이 안 좋은가 봐요", "요즘 고민거리가 있나 봐요(결혼생활, 재정적인 문제 혹은 건강상의 이유)"라고 말하며 그에게 그럴듯한 구실을 갖다 붙인다. 대화에 참여해야 한다는 의무, 모든 것이 자유롭게 허용되는 사회에서 매 순간 주어지는 이 이상한 의무에 대해서는 아무도 문제를 제기하지 않는다.

"국가대표 팀(축구, 테니스, 핸드볼 등)의 승리, 거장의 탄생 100주년 혹은 사망 30주년, 대중이 웃고 즐기는 공연은 모두가 함께해야 해요. 경기장에서 파도타기를 할 때나 수업 시간에 질문을 받으면 바로 일어나야 하죠."

"우리 모임은 꽤나 점잖고 정중하지만 개인 행동을 절대 허용되지 않는 연약한 모임이랍니다. 저는 제 친구 중에는 이런 유형의 불순분자가 없다는 사실을 매우 자랑스럽게 여기죠."

어떤 이들은 앞에 나서기 위해 혹은 무의미함과 진실함을 혼동해서 수다를 떤다. 다른 이들은, 내 생각에는 더 심각한데 수다를 멈출 줄 모르는 출혈이나 언어적 배설에서 비롯된 것으로 여긴다. 이 두 부류의 문제아들은 모두 대화의 운명에 영향을 미친다. 전자는 가장 건강한 단어를 오염시키고 혹사시킨다. 후자는 우리가 말하는 것을 부끄럽게 여기게 만든다. 잘은 모르지만 우리가 그들과 같은 부류가 아니라서 그러는 것일까? 나는 하루를, 한 달을 단 한마디 말도 하지 않고 지낼 수 있을 만큼 강한 사람, 침묵을 지킬 줄 아는 사람에 대해 더욱 큰 경외심을 가질 수밖에 없다. 그러니까 그들이 내뱉는 문장은 그냥 쏟아져나오는 말이나 의미를 알 수 없는 배출이 아니다.

나는 침묵을 사회적 관습과 더 긴밀히 연관 지어야 하고 모호함과는 구분해야 한다고 생각한다. 상급자나 웃어른이 침묵을 강요하면 이 또한 폭력이 될 수 있다. 다른 사람의 입을 막는 행위기 때문이다. 누군가의 말을 막는 것은 그가 아직 간신히 지키고 있는 마지막 숨결을 앗아가는 행위다. 반면에 하급자나 아랫사람이 말하는 데 동의하지 않는다면, 이는 그 모임을 지배하고 있는 자에게 자신이 가지고 있는 것을 허용하지 않겠다는 의미로 해석해야 한다. 따라서 이러한 상황에서 하급자가 말을 한다면 그것은 협력의 표식으로 여길 수도 있겠다.

　이데올로기적 발언은 침묵을 자아낸다. 이때의 침묵은 반드시 그 이데올로기에 대한 반대를 의미하지는 않는다. 지나치게 많은 말은 불공평한 체계에 문제를 제기할 수 있는 것을 가리고, 나아가 그것을 은폐한다. 이는 진실을 가리는 덮개와 미끼가 되어 마음을 달래는 말, 때로는 익살스럽기도 한 공감하는 말을 집어삼키고, 간접적으로 학대 받는 개인들의 침묵에 귀를 기울이지 못하게 한다. 이런 덮개가 사회적 삶을 가려버리는 이런 덮개는, 우리가 이 세상을 들이마시고 세상과의 우정 속에서 살아갈 수 있게 감싸주는 우호적인 그늘과는 완전히 다르다. 나는 이처럼 상냥한 침묵 속에서 여러분에게 말을 건네려 한다.

수 다 에

관 하 여

수다란 그 자체로 하나의 생명력을 지닌다. 수다
는 수다를 수행하는 자들인 수다쟁이보다 앞서 존
재한다. 설령 이 수다쟁이가 사라진다 해도(다소
비현실적인 가정이지만), 수다는 여전히 언어의 남용이라
는 형태로 남아있을 것이다. 소설가는 자신의 재능이 어떠
하든 간에 소설이 가진 힘을 고갈시키지 않는다. 역사가는
모든 역사를 완전히 다룰 수는 없을 것이다. 이와 마찬가지
로 나는 수다쟁이를 수다의 하위개념으로 보는데, 수다쟁
이는 간혹 눈이 멀곤 한다.

　나는 인간의 조건을 비추는 대분류가 존재한다고 믿는
다. 이에 관한 연구는 내가 평소 중요하다고 생각하는 경험
론적 주제에 관한 토론보다도 더 의미 있다. 내가 생각하는
대분류는 인본주의, 인간중심주의와 모순된다. 나는 어리
석은 악인, 또는 의도적으로 패륜이나 악행을 저지르는 사

람보다는 근본적인 악, 가늠하기 힘들 정도의 완벽함으로 사람들의 존경을 자아내는 선인보다는 선이라는 개념, 개인의 안녕보다 더 귀히 여겨 목숨 걸고 투쟁하기도 하는 자유와 같은 것들을 떠올린다. 앞서 늘어놓은 개념들처럼 수다가 험담하기를 좋아하는 수다쟁이나 장황하게 말을 늘어놓는 정치가들에 대한 연구에 국한된 것이 아니라는 사실을 이제 여러분도 충분히 이해하리라 기대한다. 사회심리학이나 경험적 연구에서 형이상학이 얼마나 중요한 우위를 차지하는지 생각해보시기를!

내가 수다의 성격을 정의해야 한다면 나는 망신을 사는 말이라고 하겠다. 그러니까 나는 수다가 저지르는 일종의 불경죄를 강조할 것이다. 수다는 인간에게 허락되지 않은 권한, 인간의 품격을 떨어뜨리고 명예를 저버리는 권한을 우리에게 남겨주었다. 수다를 정확히 설명할 수 있는 다른 수식어들도 있겠지만 그 표현들이 수다의 반역을 충분히 강조할 수는 없을 것이다. 아니면 수다를 노예 같은 말이라고 할 수도 있을까. 노예는 자기 의사와 상관없이 더 강한자의 법칙을 따르기 때문에 우리의 연민을 받기라도 하는데 말이다. 방탕한 말이라고 하는 것은 더 부적절하다. 무기력함 때문에, 그리고 하찮은 것들에 사로잡혀서 견디고, 똑바로 서고, 깊이 들여다보는 것을 포기하고 돼지우리에서 구르는 데서 즐거움을 얻는 행위이니 말이다. 퇴색하고 구차한 말(이러한 형용사가 적절한지에 대해서는 이의를 제기하지 않겠다)은 수다를 향한 우리의 분노를 완화한 표현이다. 진짜가 아닌 말? 이 표현은 언어를 남용하는 다른 방법을 설명할 때 더 어울리겠다.

왜 수다가 가능한 걸까? 어떻게 수다는 숭배자, 지배자, 전문가, 광신도 집단을 그토록 성공적으로 끌어모을 수 있었을까? 한 아이가 어린 시절부터 단어의 숲에서 즐겁게 뛰어논다. 아이는 자기가 만들어낸 소리들을 어른들이 이해하고, 그 소리에 상응하는 대상이 세상에 존재하며 자신이 만든 소리가 그 대상에게 든든한 토대가 된다는 사실에 자부심을 느낀다. 수년이 흘러 어른이 된 아이는 마지못해 말한다. 나는 그가 그 말을 꺼낼 때 더 큰 마음을 담았고, 아침에도 전날에도 들었던 말을 구역질이 날 때까지 한치의 부끄럼도 없이 반복했다고 말하고 싶다. 그는 코를 틀어막고 표현의 시체 더미 사이를 걷는다. 구역질을 느끼기는커녕 그는 틀에 박히고 똑같은 말을 되풀이하는 것을 즐긴다. 자살과도 같은 이 극단적인 광기는 끝이 없다. 그가 공허한 단어와 얼어붙은 생각을 토해내는 것을 멈추게 하려면 극단적인 피로나 직업적인 문제, 마음에 위안을 주는 하찮은 것, 자랑거리가 필요하다.

그런데 그는 다른 분야에서는 정직하고 창의적인 모습을 보인다. 테니스에서는 몇 날 며칠 공을 들여 백핸드 그립을 몇 밀리미터 수정하고 '형편없는' 실력으로 운 좋게 거둔 승리의 기쁨을 마음껏 누리지 못한다. 슬로프에 오른 스키선수는 눈발을 살펴본다. 설질과 슬로프의 커브, 주변의 산 등을 고려한다. 풀밭에서 뛰노는 어린이는 키 큰 풀을 온몸으로 느끼며 이쪽저쪽으로 뛴다. 개울물에 가까이 다가가기도 하고 제자리에서 빙빙 돌기도 하며 가던 길을 다시 달린다. 우리가 '어떻게 되든 상관없다'라는 태도로 말과 생각의 재발견을 멈춰버린 이유는 뭘까? 그나마 믿을 만한 가정을 몇 가지 제시하려 한다.

왜 우리는 언어를 이토록 부정하게 사용할까? 재생되는 언어를 사용하는 능력은 본디 나이가 들어감에 따라 빠르게 소실되는 법인가? 원칙적으로 따지자면 이런 능력은 그림을 보는 눈이나 음악을 듣는 귀처럼 시간이 지날수록 더욱 강해지고 다듬어질 수 있다. 우리는 경험을 통해 배웠기 때문에 '유행'이나 '대세'라서 혹은 '포스트 모던' 스타일이라는 이유로 상투적인 표현에 달려들지 않아야 한다. 물론 이렇게 행동하는 사람들도 있다. 이런 사람들은 더 드물게 말하지만 더 정확하게 말한다. 이들은 말을 아끼지는 않는다. 부끄러움이 많아서 자신의 말을 듣는 이에게 들을 가치가 없는 말이나 한다는 인상을 남기지 않기를 바랄 뿐이다. 이들은 발언 시간을 넘어설까 봐 불안해지곤 한다.

같은 나이대의 다른 이들은 그게 무엇이든 간에 이제 수치심을 느끼지 않는다. 그런 사람들은 자만하고, 침묵 속으로 침잠하기 전에 마지막으로 한 번 더 자기 이야기를 늘어놓는다. 그들은 빛나기를 포기했다. 그들은 자신이 과소평가한 타인을, 그의 놀라운 통찰력을 여전히 대단하지 않은 것으로 여길지도 모른다. 우리가 어리든 나이가 많든 간에 말 주머니 속 단어가 닳고 닳아 쓰지 못하게 된 것처럼 계속 반복되는 보편적인 소리(다양한 소리가 아닌)는 견디기 힘들다. 더 귀하고 고결한 단어들은 우리가 애써 찾아 꺼내 쓰지 않기 때문에 손 틈으로 빠져나간다.

어쩌면 인간은 수다 속에, 쏟아내는 말들 속에 피할 수 없는 쇠락하는 운명을 숨기고 있는 것일지도 모른다. 우리가 품는 시시한 열망은 모호한 구름으로 뒤덮여서 주목도 받지 못한 채로 사라질 것이다. 그리고 우리가 처한 상황보다 더 높은 수준의 대화를 계속 고집하면 비난의 손가락질을 받게 될 것이다. 누군가는 이렇게 말하리라.

"뭐? 그 나이에, 그 형편에 아무도 답하지 않기로 한 문제들을 끄집어내서 감히 우리를 자극하다니!"

우리의 나태함이 이토록 확연하게 드러나는 이유는 살아 있는 말, 훨씬 더 생기있는 말을 귀히 여기지 않았기 때문이다. 걷기, 껴안기, 물건 모으기, 밀어내기, 도달하기, 팔과 무릎 구부리기, 뛰기, 뛰어오르기, 주무르기, 기어 넘기, 쓰다듬기, 대상에 가까이 다가가기, 차나 자전거 피하기. 우리는 이런 것들은 중요하게 생각하면서 말을 사용하는 데는 그만큼의 주의가 필요하지 않다고 생각한다.

그렇지만 타인의 시선은 이렇게 평가받는 우리를 위로한다. 만약 내가 한낮에 소파에 축 늘어져 있다면 나의 지인들은 나를 안타깝게 여기며 내가 다시 바르게 앉도록 힘을 북돋아줄 것이다. 내가 내 것이 아닌 말, 나의 개입을 꺼리는 말들 사이에 주저앉아 있다면 나의 언어적 무기력함에 대해 경계심을 품을 이는 아무도 없을 것이다. 내가 공교롭게 의자에서 미끄러져 넘어진다면 주변에 있는 그 누구라도 서둘러 나를 일으켜 세울 것이다. 내가 흔해 빠진 생각과 진부한 말들 사이에서 갈피를 잡지 못하고 헤맨다면 사람들은 나를 못 본 척하고 나의 잘못을 무심하게 내버려 둘 것이다. 내가 옷을 대충 입으면 사람들은 옷차림에 좀 더 신경 쓰라고 조언할 것이다. 그러나 그날 내가 하는 말의 형식과 논거가 단정치 않은 것 같아도 사람들은 그날 아침에 이미 들은, 그리고 이튿날에도 그들의 귓가에서 의미 없이 맴돌 쓸데없는 말에 동의하는 것처럼 고개를 끄덕일 것이다.

집단적인 형태의 수다도 있다. 바로 '이데올로기'라고 하는 것이다. 젊은 생각은 해가 갈수록, 세기가 지날수록 풍요로워질 것처럼 보인다. 새로운 세대가 이 생각에 주석을 달고 해석하고 재해석하고 시대의 흐름에 맞춰 적응시키고 발전시킨다. 우리는 이데올로기의 모든 가능성을 드러낼 것이다. 그런데 간혹 어떤 이데올로기는 예리함을 잃기도 하고, 사람들 입에 더 이상 오르내리지 않기도 하며 무덤에 묻히거나 좀 더 나은 경우에는 죽은 사상들이 모인 학사원에 자리 잡게 된다. 학사원 한쪽에는 막시즘을 주창한 마르

크스가, 다른 한쪽에는 기독교주의를 대표하는 그리스도가 앉아있다.

기민한 대화마저도 역시나 수렁에 빠지고 수다로 변질되기도 한다. 대화에 참여한 사람들은 배운 사람들이기에 권태를 감추고 이런 모임의 초대에 다시는 응하지 않으리라 속으로 다짐한다. 그러다 불가사의하게도 대화는 다시 불이 붙고 단어는 돋보이며 볼은 기쁨으로 붉게 물들고, 여성들은 매우 아름다워진다. 우리는 아쉬워하며 헤어진다. 성공적인 대화는 처음부터 끝까지 매력적이어야 하는 것은 아니다. 그렇지만 대화의 불씨가 완전히 꺼지지 않아야 하고, 불을 다시 붙여서 우리의 몸을 따뜻하게 할 잉걸불은 지켜야 한다.

우리가 뱉은 말이 무의미하다는 사실을 논증함으로써 수다와 대화를 구분할 수 있을까? 그럴 가능성은 무척이나 희박하다. 왜냐하면 거창하게 한 말들은 오히려 흥미를 완전히 고갈시킬 정도로 우리를 지루하게 한다. 우리의 말은 사생활과 우리 삶의 영역에서 벗어나는 순간부터 진부한 생각들을 내비칠 위험이 있다. 이러한 위험 중 하나라도 피하는 것은 쉽지 않다. 자기에게나 의미 있는 이야기 혹은 저급한 표현으로 이어질 위험이 있는 말로 자아를 표출할지도 모른다. 아니면 기자, 사회학자, 정치학자 같은 전문가들이 다루는 큰 문제들, 그들의 직접적인 관련성과 자격에 관해 대화가 진행될 때 전문가들이 보여주는 것과는 절대 비교도 하지 못할 만큼 낮은 수준의 표현을 과장되게 늘어놓을지도 모른다.

대화에 생기를 불어넣고 수다로부터 대화를 구하느냐 마느냐는 자기 의견을 잘 표현하고 우리에게 대화를 준비할 시간을 충분히 주는 사람에게 달렸다. 이러한 사람이 하는 말은 그 내용이 그의 일상에 관한 것이든 전 인류 차원의 문제든 중요하지 않다. 일상, 그러니까 그가 걷는 방식, 무례한 사람과 벌인 말다툼, 아니면 사부아식 스튜를 준비하는 방식에 관한 이야기여도 좋다. 그가 안락사에 관해 이야기할 때면 그것은 그의 죽음에 관한 이야기이자 가까운 이들의 죽음, 그리고 우리의 죽음, 나아가 우리의 운명에 관한 이야기가 된다.

몽테뉴는 복통에 대해서 쓸 때는 고통이 크다고 쓰고, 복통의 완화를 찬양할 때는 어떤 형태의 지혜가 여전도 우리를 쓰다듬는다고 말한다. 이와 반대로 동사의 저주에 상처

입은 사람들은 우리에게 터놓은 이야기들을 퇴색시킨다. 일상에 관한 이야기를 나눌 때 이들은 남의 험담을 퍼뜨리고 발을 건다. 가장 고결한 생각들에 관해서도 이들은 텅 빈 헛소리를 하고 조개껍데기 따위가 부딪히는 것 같은 의미 없는 소리만 낼 뿐이다.

완벽한 수다쟁이는 자신이 모든 것에 대해 이야기할 수 있다고 믿는다. 슬픔, 범죄, 열정의 탄생, 계절의 변화, 세련된 몸짓, 화가의 손재주, 열정이 담긴 비장한 곡조 등. 물론 신이나 수용소의 지옥 같은 환경, 인간의 야만성도 수다쟁이의 주제가 될 수 있다. 무궁무진한 주제에 관해 쉬지 않고, 그것도 급하게 떠드는 것이 수다쟁이의 일이다. 수다쟁이는 엄청나게 긴 문장으로 말한다. 물론 말을 자제하지 못해서 그러기도 하지만 특히 그가 말로 표현할 수 있는 영역에는 경계가 없기 때문이다. 필요할 경우 수다쟁이는 꽃이 피는 모습이나 스타의 묘기를 우리에게 직접 보여주듯 설명하기도 한다. 만약 모든 것을 이야기할 수 없고 이야기하지 않아야 한다는 사실을 안다면 그도 지금처럼 무절제한 모습은 덜 보여주리라. 자제할 줄 모르는 사람은 절대 생각하고 말하는 법을 알지 못한다.

그런데 양심적인 수다쟁이는 본질은 말로 표현되지 않는다는 사실을 인지하고 있다. 그래서 나는 그가 장황하게 늘어놓는 이야기를 비장하고 더 고결하게 해석한다. 왜냐하면 아이가 느끼는 끔찍한 고통, 어떤 국가나 계층이 겪는 고난, 우리의 사명, 우리가 하는 근본적인 선택 중 일부의 불합리한 성격 등과 같은 본질은 말로 표현하기 힘들기 때문이다. 이처럼 표현의 불가능성에 비추어 본다면 모든 대화는 무의미함으로 귀결되므로 우리는 닥치는 대로 말할 권리가 있다고 할 수도 있겠다. 우리에게 가깝지만 표현력의 한계를 벗어난 주제들을 말로 표현하기 어렵다는 사실을 잊어버리게 상투적인 말들을 되풀이한다는 것이다. 우선 상처의 아픔을 완화하기 위해 같은 말을 되풀이하고, 나아가 예측하지 못한 것들의 위험성에서 자유로운 익숙한 문장을 반복하는 데서 즐거움을 찾는다. 그렇게 우리는 한 번도 우리의 것인 적이 없고 늘 우리를 벗어나는 것을 박탈당하는 불행을 잊어버린다.

반대로 거의 말을 하지 않는 사람도 있다. 그는 자신의 속내를 털어놓는 것을 꺼린다. 우리는 그가 말을 아낀다고 생각할 수도 있다. 그는 우리가 자신의 사생활에 관해 캐묻기 시작하면 우리의 질문을 가로막는다. 그는 우리와 거리를 유지하려 하고, 우리는 그의 이러한 태도의 의미를 어렵지 않게 이해할 수 있다.

"나에 대해 자세히 알려고 하지 마세요. 나라는 사람을 이해할 일은 평생 없을 겁니다."

그가 하는 경고에는 도덕적인 의미만 있는 것은 아니다. 그는 타인을 차지하는 일을 꺼리고, 타인이 자신을 차지하도록 내버려 두지도 않는다. 나는 이러한 태도는 곧 존재론과 맞닿는다고 생각한다.

"환상이 나를 파고들게 하지 마세요. 그런 경험을 하게 된다면 당신은 당신 고유의 존재로 되돌아갈 겁니다. 당신으로서는 당신이라는 사람의 본질에 절대 다가갈 수 없다는 사실과 당신이 자기 자신에 대해 안다고 생각한 것보다 그 이상의 무엇인가가 항상 존재한다는 사실, 그리고 그것이 마치 무한히 존재하는 힘이나 주체성처럼 당신을 규정한다는 사실을 알게 될 것입니다."

이러한 이치의 진실은 우리는 친구의 죽음을 겪거나 배신을 당하거나 노래를 들을 때 곰곰이 생각하며 스스로 깨달을 수 있다. 나는 소중한 존재가 아주 드물게 하는 귀한 말로 이를 터득하게 되었다. 만약 그가 나에게 자신의 비밀을 털어놓기를 거부한다면 그것은 나에게 그것을 털어놓음으로써 비밀을 사라지게 하는 것이 그가 결정할 수 있는 일이 아니기 때문이다.

　한때는 우리가 수다의 경계를 명확하게 그릴 수 있었고, 그 결과 위험을 무릅쓰지 않아도 됐다. 그러나 지금은 경계가 흐려져서 변하지 않는 영역은 존재하지 않는다. 과거에는 우유와 축사 같은 주제는 도시 사람들의 열정을 자극하지 않기 때문에 사람들은 이런 주제에 관해 말하지 않는 지혜를 지녔었다. 그러나 지금은 이제 도시 사람들도 관리가 소홀한 식품업계 때문에 우유에 관한 염려가 크다. 나는 사람들이 나에게 적어도 거의 아무것도 아닌 것, 아주 사소하고 의미 없는 것, 예를 들면 풀잎과 풀잎의 반짝임 같은 것에 대해서라도 말해주었으면 했다. 요즘은 알 수 없는 사건들을 겪고 나면 이런 사소한 것들이 수닷거리가 될 수 있다. 잔가지 뒤에라도 숨어 볼까? 프로방스 지역의 대화재는 대화의 불씨를 지피지는 못하겠지만 단어, 이미지, 뜬소문, 다소 늦은 듯한 친환경에 관한 생각들이 얽히고 얽힌 화염덩어리는 충분히 불을 붙일 수 있다. 그러니까 지금 우리는 보이는 것과 보이지 않는 것을 혼동한다. 그러나 보이는 것이 없어서 보이지 않는 것을 초자연적인 현상이나 심령 현상으로 혼동하지 않으려면 보이지 않은 것에 대해 말해야 한다.

보이지 않는 것은 언어를 동요시키고 떨게 한다. 연대, 관용, 민주와 같은 중요한 덕목들을 떨게 해 우리의 경계와 진심을 벗어나 불쾌감을 자아내고야 만다. 이는 또한 우리가 우리의 삶에 의미를 부여하고자 하는지 아닌지를 생각하게 하는 본질적인 특성들(죽음, 악, 자유)이기도 하다.

파도의 움직임이 그렇듯이 썰물은 바다로 빠져나간다. 이 무거운 단어들, 근본적인 물음 중 하나는 이 물음들이 내세우는 중심사상을 위해 버려지고 휩쓸린다. 그래서 나는 하나의 전략을 택했다. 물론 그것이 항상 통하지는 않지만 말이다. 파도가 한번 빠져나가고 다른 파도가 밀려오지 않는 사이에 나는 더 넓고 겸허한 바다로 나아간다. 파도가 밀려 나가서 드러난 땅은 좁다. 크기를 제대로 가늠할 수 없는 파도가 대개 나를 덮치고 내가 대담하게 꺼낸 몇 마디 말은 불확실하고 나태한 뜬소문에 뒤섞인다.

나는 문장의 양이 수다를 결정하는 유일한 요인이라고 생각하지 않는다. 내가 아는 어떤 이들은 말수는 적지만 몇 마디 되지 않는 말로 지적이나 비밀을 평범하게 만드는 재주가 있다. 그들이 우리가 하는 말이 가진 힘을 가볍게 여기거나 누그러뜨린다는 말이 아니다. 그들은 우리가 하는 말에 단조로운 색을 입히고 회색 콘크리트로 덮어버린다. 그들의 손을 거치면 드넓은 바다에서 전날 잡힌 물고기도 냉동 생선처럼 아무 맛도 나지 않게 될 것이다. 말이 담은 '정보'는 변질되지 않지만 떫고 말라비틀어진 과일처럼 향과 즙을 잃어버린다. 의미와 재치는 어느 정도 연결되어 있어서 하나를 잃으면 나머지 하나도 잃게 된다.

예전에는 수다가 사회생활에 도움이 되는 활동으로 여겨졌고, 나 역시 수다에 대해 종종 너그러울 때도 있었다. 그런데 왜 갑자기 이토록 수다를 날카롭게 공격하는 것일까? 그것은 말의 위대함에 비추어 볼 때 수다가 진실을 왜곡하는 것처럼 느껴지기 때문이다. 수다는 말이 지위를 회복하기 어려울 정도로 큰 타격을 입힌다. 우리는 말 덕분에 세상을 확립하고 미지로부터 세상을 끄집어낸다. 모든 것에 각각의 이름을 붙여주고 거짓된 무의미함에 굴하지 않게 한다. 우리는 성체를 모시는 신부처럼 식물과 동물을 하늘 가장 높은 곳까지 들어 올렸다가 땅 위로 다시 내려놓아 생기를 되찾게 만든다. 우리는 부드러운 목소리로 사랑하는 대상들에게 이름을 붙여서 그것들을 유일하고 특별하며, 존재할 가치가 있는 것으로 만든다.

그중 가장 위대한 단어들은 그것이 지시하는 대상을 처음으로 태어나게 한다. 다시 말해 모든 악취를 씻어내고 세례를 내린다. 이 단어들은 우리 이전에 그 누구도 간 적 없는 길을 열어주었고, 반대로 우리는 그 단어들에 충실한 수행원들의 행렬 속에서 걸어가는 환상을 불어넣었다. 이 단어들의 고결함은 사라질 때 더욱더 진해지고 우리를 감동하게 하며, 따라서 우리는 그 단어들을 가볍게 쓰지 못하게 된다.

우리는 수다쟁이에게 이러한 임무를 요구하지 않는다. 수다쟁이는 그와는 정반대로 행동한다. 말로 내뱉는 모든 대상을 부패시키고 상처 입히고 물에 잠기게 한다. 그러면 우리는 이렇게 훼손된 것들에 묻은 오물을 닦아내고 원래 상태로 복구하는(거의 새것처럼) 작업을 해야 한다. 그런데 우리에게 그렇게 하고자 하는 의지가 있을까? 우리가 그렇게 할 수 있을까? 그리고 언어가 세탁기처럼 마치 단 한 번의 작동으로도 궁극의 젊음을 다시 선사하는 기계처럼 작동할까?

　나는 수다와 대화를 고유의 체계가 있고 절대로 섞일 수 없이 뚜렷하게 구분된 장르처럼 맞대결시키고 싶곤 했다. 예를 들면 소설가, 서정시인, 역사가처럼 말이다. 한 모임 안에서도 사람들은 다양한 방식으로 말을 사용한다. 우리는 얕은 바다와 깊은 바다를 오가며 표류한다. 다시 정신을 차려서 우리 이름을 걸고 말하기 전까지는 그렇게 말버릇과 상투적인 표현에 몸을 맡기고 게으르게, 둥둥 떠다니게 된다. 아무것도 얻어지는 것이 없지만 절대적으로 잃은 것도 없다. 흩어져 떠다니는 몇몇 영혼들 틈에 있을 뿐. 이렇게 오락가락한 대화에도 나는 전혀 놀라지 않는다.

　아주 솜씨가 좋은 사람은 사람들의 눈을 속인다. 지친 그는 우리에게 전날 저녁 먹고 남은 음식을 대접하지만 우리는 그의 재주에 속아서 생동감 넘치는 작품을 보고 있다고 믿게 된다. 그는 충분히 재주가 좋아서 신이 난 것처럼 보이고, 흔해 빠진 주제나 진부한 문장조차도 그럴싸하게 포장할 수 있으며 수다 떨 결심을 남에게 감추는 법을 안다.

　그러나 이런 사람들의 체계가 무너진다 해도 우리는 그다지 놀라지 않는다. 최고의 테니스 선수들도 상대의 라인에 아주 가까운 곳으로 정확히 공을 보내는 공격을 하기 전에 갑자기 한 세트를 내주거나 일부러 라인 밖으로 공이 빠져나가게 샷을 보내기도 한다. 우리의 행동과 태도는 항상 번갈아 바뀌는 법이다. 지금 사랑하는 연인에게 영원히 변치 않는 사랑을 다짐할 수 있는 이가 얼마나 될까? 애정에서 비롯된 연민만을 느끼는 날이 분명 올 것이고, 시간이 지나면 상대를 미워하게 될 수도 있다. 어쩌면 그를 낯선 사람으로 대하거나 연인이 되기 전처럼 절친한 친구 정도로만 느낄 수도 있다. 오직 증오만이 변함없이 끝까지 가는 지독한 감정으로 보인다. 어떤 사람들은 원수로 생각하는 사람을 끊임없이 증오하고, 어떻게 하면 그에게 마땅한 응징을 가할지 아침저녁으로 생각한다. 이런 현상은 충분히 이해할 만하다. 증오에는 부정적인 에너지와 마르지 않는 힘의 원천이 있기 때문이다. 게다가 원수에게 가하고자 하는 응징은 실제로 그렇게 하고 싶은 마음의 크기에 비할 바가 못 된다.

우리 주변인 중 어떤 이들은 위풍당당한 어조로 삶을 찬양한다. 아침부터 왕성한 식욕으로 인생을 즐기고, 저녁이 되어도 만족하지 못하고 힘센 팔로 영혼의 즐거움과 피부로 느끼는 기쁨을 힘껏 끌어안는다. 나는 그들을 시샘하지 않는다. 왜냐하면 그들의 열정적인 고백들을 온전히 믿기 힘든 것이라고 생각하며 내 삶이 그 정도로 나와 들러붙어 있다면 나는 견딜 수 없을 것 같기 때문이다. 때로 인간은 피로를 느끼고 자신을 채찍질해야 하기도 하며 주변 사람들에게 걱정을 끼치지 않고자 식욕을 숨기기도 하고 빛이 되돌아오기를 바라며 덧창을 닫기도 한다.

수다쟁이가 항상 남인 것만은 아니다. 우리가 평소 그토록 싫어하는, 참을 수 없는 수다쟁이가 되기도 하니 말이다. 어느 날 아침(그리고 어떨 때는 이러한 경험이 몇 주 동안 지속될 수도 있다) 우리는 지리멸렬한 이야기를 계속해서 늘어놓는다. 친구들이 내뱉듯이 쏟아낸 문장들을 우리가 또 토해낸다. 응당 헛간에 파묻혀야 했던 것들을 입에 다시 올리고 수치심도 느끼지 않는 채로 대담하게 이러한 행동을 되풀이한다. 우리를 괴롭힌 말버릇('아니', '너무'와 같은) 말고는 가진 것이 아무것도 없다.

나는 주로 아침에 일어날 때 이런 종류의 경험을 한다. 나는 베개 자국이 그대로 남아있는 얼굴과 읽은 것, 본 것에 찌든 눈빛을 관찰한다. 세수를 하고 찬물로 샤워하고 면도도 하고 그럴싸하게 옷을 빼입고 나면 차마 눈 뜨고는 못 봐

줄 것 같던 모습이 가끔은 고쳐진 것 같다.

언어를 적절하게 사용할 수 있는 비법 같은 것은 없다. 언어에 다시 활기와 젊음을 불어넣어서 만천하에 내보일 수 있을 만하게 만드는 법을 아는 사람이 있을까? 그런데 우리의 친구나 동료들은 우리의 침묵을 용인하지 않을 것이다. 우리가 그들에게 "미안해. 오늘따라 세상이 너무 낡고 잿빛으로 보여. 게다가 누가 내 물건을 훔쳐 갔지 뭐야. 오늘은 머릿속에 생기 없는 말과 시시한 생각밖에 없네. 내 아내가 돌아올 때까지 좀 기다릴 수 있겠어? 세탁소에 맡긴 세탁물을 찾으러 갔거든. 아마 내일까지 기다려야 할 거야. 왜냐하면 세탁소가 매주 월요일에 문을 닫거든"과 같은 말을 해도 괜찮을까? 만약 이렇게 한다면 그들은 끈질기게 자기의 문장을 우리에게 빌려주겠다고 할 것이다.

나는 그들의 관대한 제안을 거절할 것이다. 빌린 문장을 내뱉는 것은 부끄러운 일이기에. 물론 나는 그들이 빌려주는 문장이 내 입에는 잘 붙지 않다는 핑계를 대며 우아하게 자리를 피할 것이다. 옷이나 신발처럼 말을 서로 빌려 사용할 수는 없는 법이다.

수다쟁이가 나에게 큰 영광인 깨달음을 얻는 일은 거의

없다. 수다쟁이는 자신이 늘어놓는 연설의 파도에 심취해서 아주 중요한 주의력을 모두 잃어버리기 때문이다.

수다는 내뱉은 문장의 양으로만 결정되는 것이 아니다. 어떤 사람들은 단발적으로 자신을 표현한다. 꽥꽥거리고 짹짹거린다. 그들은 상대적으로 말이 없는 사람처럼 보여서 우리의 눈에 띄지 않는다. 그가 책임져야 하는 것은 그저 자신의 하찮음뿐이리라.

대화와 수다를 구별하기 어렵다는 사실은 인정한다. 그러나 나는 연속성과 불연속성, 일관성과 비일관성과 같은 몇 가지 기준점을 바탕으로 이 둘을 대조하고자 한다. 수다는 계속적이고 길게 늘어지고 끝이 없고 그 흐름이 모든 규칙을 따르지 않는다는 점이 특징이라면 대화는 중간의 침묵, 어조의 변화, 도입, 끝맺음 인사, 호흡하는 방식과 호흡을 유도하는 나름의 방식이 필요하다. 그러니까 대화는 불연속성의 특징을 갖는다고 할 수 있다. 사소한 사건이나 사고에 관한 대화라면 미소를 지으며 양해를 구하면 된다. 반면 수다는 추잡하고 아둔해서 천한 것으로 만족하는 무의미한 일들 속에서 뒹굴고, 그 내용이 텅 빌수록 발언 시간만 길어질 뿐이다.

이처럼 수다와 대화를 구분하기가 어려운데 이 둘을 구분하는 것이 중요할까? 그런데 이 둘을 구분할 때 느끼는 어려움에 적응하면 거의 대부분 분야에 경계를 지을 수 있을 것이다. 뛰어나고 독특한 음악과 쉽고 듣기 좋은 곡을 구분할 때, 아니면 진정한 사랑과 풍문만 떠들썩한 짧은 열애를 구분할 때도 적용할 수 있을까? 그런데 우리가 확신하지 못한다고 해서 판단과 결정을 내리지 못하는 것은 아니다.

나는 수다와 수다쟁이를 별개로 생각한다. 내가 수다에 대해 분노하기는 해도 수다쟁이로 의심되는 사람을 비난하는 것은 자제한다. 왜냐하면 그렇게 함으로써 말을 아낄 줄 알고 분별력 있게 말하는 사람들의 편에 서게 되기 때문이다.

대화법을 아는 이들과 어깨를 나란히 하려면 어느 정도 언어를 통제하는 것만으로는 충분하지 않다. 다시 말해 겸손하고 너그러운 태도를 갖춰야 한다는 뜻이다. 누군가를 수다쟁이라고 명명함으로써 우리는 우리의 영역에서 다른 사람을 배제하고, 그들의 말을 듣지 않을 권리와 그들의 발언이 우리와 관련된 것이 될 때까지 인내심을 가지고 기다리지 않아도 되는 권리를 스스로 부여한다. 수다에 관한 하이데거의 분석이 맞다면 우리에게는 매우 관대한 성향이 있다. 무슨 권한으로 타인에게 '진정성'을 요구할 수 있을까? 그리고 진정성, 그러니까 존재에 대한 고민이라는 것이 그에게 중요하지 않다면? 그리고 그 위대한 진정성을 갖출 수 있는 다른 방법들이 언어 이외에도 존재한다면?

나는 점점 더 확산되는 수다의 형태는 굳이 지적하지 않으려 한다. 이러한 수다는 과학이라는 핑계로 자연언어로부터 등을 돌리고, 있는 그대로 살아가는 세상과 우리 사이의 매듭을 마음대로 끊어버린다. 박식하다는 생각에 자아도취해 말이 길어지고 늘어난다. 수다는 끝날 턱이 없다.

나는 과학을 가장해 소위 자연언어를 망가뜨리는 상위언어(메타언어)가 무엇인지 잠시 설명하고자 한다.

나는 대화가 이루어지는 동안 참여자가 원한다면 자신이 겪어온 것과 지금 겪고 있는 경험에 관해 이야기하고, 그 경험을 통해 우리가 세상을 사용하는 방법을 풍부하게 하는 것이 당연하다고 생각한다. 독특한 사람과 보편적인 사람은 아주 자연스럽게 결속 관계를 맺는다. 이들은 추잡한 언행에 자신의 존재, 특히 자신의 직업을 내맡기지 않으면서 속내를 말한다. 육류가공업자, 교수, 의사, 뛰어난 기술자

등 그들의 얼굴에서 한 주 동안 무슨 일을 했는지 읽을 수 있어도, 직장에서의 지위에 관한 실마리가 이야기 중에 툭 튀어나오더라도 그들은 직업적 고충이나 만족도, 직업이 자신에게 미치는 영향, 계절이 바뀌고 해가 갈 때마다 겪는 직업적 경험 등에 대해서 떠들어대지 않는다.

　내 친구 중에도 의사가 있는데 그는 매번 자신이 병원이나 환자에 관해 이야기하기로 동의했다는 사실을 우리에게 상기시킨다. 그의 이야기를 들으면 마르탱 윈클러Martin Winckler(프랑스의 작가, 필명은 마크 자프랑Marc Zaffran. 의료계, 환자와 의료진과의 관계, 여성 건강 등에 관한 글을 주로 쓴다. -옮긴이 주)의 글을 읽는 것 같다. 반면에 많은 지인들은 자신의 직업에 관해 이야기할 때 색이 빠진 듯한 평범한 언어로 말한다. 이들은 우리가 가까이 다가가지 못하게 막고 새로운 경험을 공유하지 않는다. 그는 과학적 언어를 구실 삼아 우리를 미디어에 의해 짓밟힌 땅에 데려다 놓을 뿐이다. 또 다른 내 친구 역시 매력적인 사람인데 그는 작은 회사를 운영하는 사장이다. 친구는 우리에게 평범한 말투로 사업에 관한 이야기를 하는데 그가 사용하는 의례적인 표현들은 우리를 지루하게 한다. 이는 단순히 '타당성(가능성이 아니라)', 파이낸싱, 고용보호정책, 미디어 혁신 같은 단어들을 쓰는 것에 관한 문제가 아니다. 불행히도 우리는 요즘 유행하는 이런 표현들을 너무나도 잘 이해하고 있으니 말이다. 위험지표(대부분 적색일 때가 많다), 사회적 파트너(서로 다루기 힘들고 요구는 많이 하는 사이), 챌린지, 스폰서링(실제로는 찾기 힘들다), 유연성(이 말 뒤에 감추고 있는 게 대체 무엇인지), 시너지, 브리핑(차라리 컨퍼런스라고 하지, 왜?), '부정적 브랜드 이미지' 등은 이제 너무 익숙한 단어들이다. 조금 더 거칠고 직설적으로 말하자면 "어쩌구저쩌구 말도 많네"라고 할 수 있겠다.

우리는 개성이 있는 사람, 인생의 굴곡을 경험한 사람, 자부심이 뿜어져 나오는 사람의 이야기를 듣기를 원한다. 그러나 우리는 평범한 화자가 하는 빛바랜 말, 차마 들어주지 못할 정도로 형편없는 말, 다른 사람의 이야기로 대체가능한 말을 꾹꾹 참아가며 듣는다.

이제 나는 조금 더 놀라운 경험을 예로 들어보련다. 미용실에서 미용사가 머리를 감겨줄 때 우리는 단순한 말, 이치에 맞는 기본적인 말을 듣고 싶어 한다. 우리는 미용사가 우리의 두피를 마사지하고 샴푸 거품을 내고 머리카락에 볼륨

감을 더해줄 때 고마운 마음을 갖는다. 예상하지 못한 결과물을 보기 전까지는 말이다. 미용 업계에 종사하는 사람이 우리의 대화에 합류하면(메이크업 아티스트, 피부과 의사, 성형외과 의사도 이 카테고리에 포함시키겠다) 나는 내 실수를 깨닫는다. 우리 중 한 명이 누군가가 외모에 관한 질문을 한다면 우리는 전문적인 과학기술이나 미용 기술에 관한 이야기를 듣게 될 것이다. 지성 모발, 건성 모발, 주름살, 탈색, 이중턱, 달걀형 얼굴, 홍조, 블랙헤드, 피지 분비, 부종, 하지정맥, 속눈썹 연장, 볼륨 있는 입술 등과 같이 우리에게 익숙한 단어들도 있지만 '피부장벽', '리포좀', '바이오 프로테오 효모', '세라마이드'처럼 생소한 단어들도 있다. 내가 다소 과장하기는 했다. '체외충격파'나 '활성산소', 특히 '유효성분' 같은 용어 역시 젠체하는 것 같기는 하지만 앞서 언급한 단어들보다는 그 뜻을 쉽게 유추할 수 있다.

이처럼 최소한의 기본 용어를 바탕으로 우리는 영양과잉이나 노화의 신호에 맞서는 데 필요한 충분히 많은 정보를 알고 있다. 사업가, 의사, 간호사, 정치인, 미용사, 기자, 프로 운동선수와 같은 전문가들의 이야기를 강제로 들음으로써 배우게 된다. 다양한 분야와 다양한 층위의 언어가 존재하지만 우리가 꿋꿋하게 언어들의 장벽을 뛰어넘어 대화에 참여할 수 있는 것도 바로 이 덕분이다. 물론 이들이 전문용어로 가득 찬 말 주머니에서 낯선 단어들을 꺼낼지라도 말이다.

우리가 이런 대화를 즐겨야 하는 걸까? 차라리 순진하고 어리숙한 누군가가 이 단어들의 뜻을 따져 묻고 신사적인 언어를 써달라고 채근하는 편이 더 좋겠다. 그러면 그들이 우리에게 이해를 강요하는, 정말로 터무니없는 단어들, 누군가에 의해 만들어져서 앞으로 다시 들을 일이 없을 말 때문에 어리둥절해질 일도 없을 테니 말이다.

우리의 현실은 너무나도 익숙한 탓에 그 운명에 관해서는 아무것도 알려주지 않는다. 그렇지만 이런 현실 같은 언어로 우리의 존재에 관한 무엇인가를 알려주는 모임(이것이야말로 이상적인 대화의 형태가 아닐까)을 기대하는 것은 어리석은 희망일까? 누군가 우리에게 자신의 민낯과 갓 태어난 언어와 솔직하게 드러낸 독특한 사고방식을 온 마음을 다해 기꺼이 보여주고, 우리는 그에게 감사를 표하는, 그런 만남을 기대하는 것은 헛된 희망일까?

말의

다른

사용법

논의, 교신, 소통

나는 대화의 윤곽과 경계를 다시금 그려 보고자
한다. 논의는 소크라테스의 대화법처럼 가볍고
장난기와 재치도 있지만 망설임이나 머뭇거림은 피해야 한
다. 이처럼 엄격하게 구분하지 않는다면 논의는 정확성을
잃고 약속을 지키지 못하고 목적지에 도달하지 못하고 수
다나 농담이 되어버릴지도 모른다(물론 거기서 그친다면
그나마 다행이지만). 소크라테스의 질문을 떠올리자.

"신앙심이라는 단어, 용기라는 단어는 무슨 뜻인가?"

오늘날에는 신앙심과 용기 대신 '폭력', '인종차별', '관
용' 같은 단어들을 집어넣을 수 있겠다. 논의를 하는데 시
간이 오래 걸리기는 하겠지만 논의가 진행되는 동안 감독
자는 우리의 설명을 재촉할 것이다.

"아까 한 말과 다른 말을 하려는 건 아니죠? 아까 절대 반

박할 수 없는 것처럼 펼친 논리와 지금 펼치는 논리를 어떻게 동시에 입증할 수 있죠?"

대화에서는 누가 감히 이런 말로 대화의 매력과 신선함과 즉흥성을 깨뜨릴 수 있을까? 이러한 엄격함, 일관성에 대한 요구가 없다면 우리는 반론의 여지가 없는 절대적인 주장이나 단호한 거부에 내몰리게 된다. 그러면 우리가 아주 가까운 사이라도 때로는 이유 없이 다투거나 우리가 서로 다른 입장을 취해야 할 때도 겉으로는 화해한 척을 해야 한다.

대화하는 동안에도 진실을 향한 추구는 계속되지만 대화가 그 역할을 맡는 것은 아니다. 우리는 서로에게 칼을 겨누지만 공격을 피하고 회피하고, 공격을 다시 시도하는 즐거움에 빠질 때도 있다. 테니스를 치거나 체스를 둘 때도 혹은 별과 나무와 강의 아름다움에 심취해서 침묵하며 새벽 별이 뜨기를 기다리거나 나무 틈에서 몸을 떨 때도 마찬가지다. 그런 순간이면 우리는 항상 침묵한다. 왜냐하면 우리가 말을 내뱉는다면 그 단어들은 어린 포플라나무의 껍질보다 거칠 것이며, 우리가 선 테라스 아주 가까이에서 찰랑거리는 물보다도 조심성이 없을 것이기 때문이다. 바로 이렇게 침묵을 통해 내가 나눴던 대화들은 가장 아름답게 끝을 맺기도 했다.

나는 텔레비전에서 논의의 재능이 돋보이는 프로그램이 있다는 사실을 깨달았다. 다큐멘터리, 토론, 현장 보도, 뉴스, 가상의 이야기를 담은 드라마나 영화처럼 흥미로운 프로그램들 말이다. 그런데 이런 TV 프로그램이 대화를 대체할 수 있을까? TV 프로그램은 대중을 대상으로 하기 때문에 실제적인 친밀함은 자아낼 수 없다. 반면 대화를 통해 우리는 서로 알고 지내고 같은 감수성을 나누는 사람들을 중심으로 모임을 만든다.

TV 프로그램과 대화의 리듬 또한 다르다. 방송계 사람들은 옳건 그르건 간에 공백을 피해야 한다고 생각한다. 침묵, 머뭇거림, 얼버무리는 말이나 태도는 분명 평범한 시청자들을 지루하게 하니 말이다. 방송에서 시간은 너무도 귀해서 시간을 낭비하는 것은 방송에서 있을 수 없는 일이다. 정반대의 위험, 다시 말해 무절제한 수다 역시 방송을 위험에 빠뜨린다. 나의 이미지와 나의 말은 그것이 어떠한 것이든 화면에 비치거나 전파를 타고 전달되는 순간부터 권위를 얻게 되고, 시청자는 이 보너스를 악용한다.

라디오는 최고의 순간에 대화보다도 더 큰 신뢰를 쌓을 수 있다. 청자가 답할 수 없다는 사실은 그다지 중요하지 않다 (게다가 그건 바람직하지 않다). 중요한 것은 라디오에서 전해지는 목소리가 숨김없이 가장 투명하게 우리에게 와닿는 만큼 우리의 마음을 사로잡는다는 사실이다. 라디오는 1대 1의 관계, 세상의 근심을 모두 잊을 수 있는 내밀한 관계를 만든다. 이 관계에서 우리는 이상적이고 순진무구한 합치에 이르기 위해 고백을 털어놓아야 할 필요가 없다. 듣는 방식과 고백의 필요성이 관계의 성격을 결정하는 법이다.

연인의 대화는 길다. 연인은 다른 사람들에게 둘만의 비밀을 들을 권리가 없는 것처럼 세상으로부터 스스로 고립한다. 그저 평범한 삶을 사는 두 사람이 끝도 없이 이야기를 나누는 모습에 우리는 놀란다. 그런데 그들이 나누는 말을 대화라고 단언할 수 있을까? 그들의 듀엣은 새들의 지저귐에 가깝다. 끝없이 나누는 말은 그들이 다른 많은 사람 사이에서 서로를 만지고 서로에 대해 갖는 관심을 축하하는 방식이다. 사실 그들이 부모나 사회의 반대에 큰 목소리로 강하게 저항하지 않는 한 그들이 하는 말은 너무나도 달콤하고 부드러워서 바스라진다.

"사랑의 말을 들려줘요. 사랑을 말해줘요."

이렇게 모두가 사랑을 부르짖었던 시대가 분명 존재했다. 낭만주의 시대에 영원한 낭만주의가 관통하는 동안 사랑은 열렬한 사랑의 불꽃을 선언하고 친절한 증인 앞에서 미사여구를 떠벌이기 위한 구실이었다. 대단한 사랑의 말에 어울릴 만한 풍경을 세워야 했을 것이다. 그들의 애정만큼 거대한 강이나 그들의 열정처럼 격렬한 급류가 흐르는 곳에 말이다. 그렇지만 오직 가곡만이, 언어의 결핍을 채우기 위해 만든 그 곡조만이 그들의 마음속 동요를 표현할 수 있는 유일한 수단이었을 것이다.

깨어있는 교양인인 영국의 사상가 시어도어 젤딘Theodore Zeldin은 가족 구성원이 각자 일과를 시작하기 전에 서로 대화를 나누고 관계를 다시 가깝게 조이는 데 아침 식사 시간을 이용하라고 조언한다. 보다 일반적으로 말하자면 우리를 분산시키는 사회에서 식사는 관계 회복의 시간이 될 수 있다.

그런데 식사가 때로는 불안이나 동요를 일으키는 순간이 되기도 한다. TV 드라마나 영화는 아침 식사 풍경을 풍요롭고 편안하고 호의적으로 그려낸다. 이런 상황에서조차 나는 진실된 대화를 나누는 것이 망설여진다. 사실 아침 식사 시간의 대화는 완벽한 엄마, 이해심 있는 아빠, 사춘기 때문에 감정이 널뛰는 딸, 말대꾸하려는 아들 등 각자 역할을 맡아 참여하는 앵티미슴intimisme('친밀하다, 내밀하다'는 뜻의 단어인 intime에서 파생된 회화의 한 경향으로 가정 내 일상생활을 친밀하게 풀어낸 기조이다.–옮긴이주)적인 놀이에 가깝다. 차를 마시고 빵에 버터를 바르고 과일 주스를 따른다. 이처럼 숨 막히는 안락함은 생동감 넘치는 말을 무디게 해서 배역을 맡은 배우들이 자신의 존재감조차 느끼지 못하는 지경에 이른다. 내밀함은 대화에 도움이 될 수 있지만 앵티미슴은 대화를 소멸시킨다.

　이제 나는 엄격한 태도를 조금 누그러뜨리고 두 가지 유형의 대화 사이에서 잠시 망설이려 한다. 그중 하나는 무용이나 음악 같은 어려운 예술처럼 여겨지는 대화로 기교와 노하우가 필요하다. 이러한 대화는 가장 섬세한 영혼도 사로잡을 수도 있다. 나머지 하나는 대화 아래에서 상호작용이 일어나는 무의식적인 층위인 잠재적 대화를 찾아볼 수 없는 대화로 방종을 받아들이고, 나아가 방종을 추구한다. 사람(마음), 상황, 장소의 합치는 이러한 유형의 대화를 촉

진한다. 이러한 대화에서는 자발적인 호의, 함께하는 행복감이 말과 생각을 사용하는 것보다 더 중요하다.

이러한 두 가지 유형의 대화를 더 쉽게 설명하기 위해 나는 탱고를 연습하며 겪은 일화를 소개하려 한다. 나와 친구는 따로 춤을 배운 적이 없고 마음 가는 대로 춤을 췄다. 우리가 춘 탱고는 슬로댄스나 룸바와 크게 다를 바가 없었다. 파트너와 볼을 맞대고 나른해진 서로에게 기대어 몸을 풀었다. 펜던트 등이 어둠 속에서 천천히 흔들리고 있었고, 우리는 파트너에게 과일 주스나 술을 권했다. 그로부터 얼마 지나지 않아 우리는 진짜 탱고를 발견했다. 꽤 괜찮았던 우리의 단골 선술집이 아니라 초라하고 암울한 교외의 길거리에서 피아졸라와 그의 동료들이 즐기는 진짜 탱고 말이다. 그것은 가볍게 시시덕거리는 춤이 아니라 이별의 탱고였다. 정확하고 엄밀하고 기하학적인 그들의 움직임. 그들의 춤에 서려 있는 아카데미즘academism(진리와 아름다움을 추구하는 태도-옮긴이주)은 또 어떠했는지. 진짜 탱고는 방탕이 허락하는 범위에서 아무렇게나 움직이면서 젊은 여성의 몸에 들러붙었던 우리를 부끄럽게 만들었다.

나는 진짜 탱고 속에서 몇 가지 암묵적인 규칙에 따라 정성스럽고 세심하게 진행하는 대화의 성격을 발견했다. 그 규칙에 따르면 모든 문장이 각기 중요하며 대화의 참여자는 상대로부터 영혼이 담긴 신속하고 재치 있는 대답을 유도해야 한다. 이 까다로운 기술을 배운 훌륭한 인격의 소유자만이 이런 대화에 참여할 수 있다.

진짜 탱고를 보고 느낀 수치심으로 들끓었던 마음의 동요가 잠잠해지면 우리는 다시 익숙했던 탱고로 돌아온다. 그리고 춤을 추며 전처럼 즐거워한다. 우리의 춤과 다른 춤, 단 하나의 진정한 탱고는 예술가들의 몫으로 남겨둔다. 우리는 솔직하게 터놓고 말해야 할 때도 같은 전략을 취했다. 우리의 농담은 세련되지 않았고 비약이 심했다. 웃음소리 때문에 남이 하는 말, 하지만 극도로 집중해서 들어야 할 필요는 없었던 말을 일부 놓쳤다. 남들은(우리는 그들과는 다른 종자였다) 빛나고 언어를 멋들어지게 구부렸다가 펴고 생각과 모순을 예상외의 방식으로 결합하는 능력이 있었으며 그렇게 하는 기회를 누렸다. 마치 예리하게 손질한 칼날처럼 그들의 언어는 날카로웠다.

결국 앞으로는 대화를 이렇게 두 가지 방식으로 이루어져야 할 것이다. 하나는 이상적이고 거의 공상적인 대화, 우리가 경청해야 마땅한 대화여야 하며, 나머지 하나는 평범하고 혼탁하지만 수다에 무너지지 않는 대화여야 한다.

이처럼 대화를 이분법적으로 분류하는 근거를 더 제시하겠다. 두 번째 유형의 대화에서 중요한 것은 주고받는 말의 질이 아니라 대화가 이루어지는 장소와 상황이다. 수업 시간에 교사가 말하는 동안 학생들이 수다를 떨거나 대화를 나눈다면(사실 둘 사이에 큰 차이는 없다) 학생들은 주의를 산만하게 한다는 이유로, 교사는 중언부언한다는 이유로 서로를 방해꾼으로 생각할 것이다. 그런데 학생들에게 편하게 이야기하라고 멍석을 깔아주면 오히려 말을 멈추고 금방 흩어질 것이다.

나는 기숙사에서도 이와 비슷한 경험을 했다. 감시받는 자유 속에서 생활하는 기숙사생들은 밤이 되면 어둠 속에서 사감의 경계를 피할 수 있으리라 기대한다. 혹은 체육 시간에는 수업이 계속되리라 믿고 친구들이 소란스럽게 경기를 벌이는 틈을 타 몰래 빠져나온다. 비현실적인 시간인 영원 속에서 자신이 존재해야 할 이유를 더 이상 찾지 못하는 것은 일종의 시련이다. 그 시간 동안 주고받는 몇 마디의 말은 무기력한 상태를 벗어날 수 있게 해준다.

며칠 동안 보지 못한 친구와 수다를 나누며 그를 만지고, 그의 냄새를 맡고 아무런 이유도 없이 함께 웃는다.

"파리는 너무 커. 너는 시테위니베르시테르에, 나는 앙리 4세 고등학교에 있잖아. 우리가 비록 멀리 떨어져 있어도 우리의 우정은 영원할 거야. 우리는 서로의 이야기를 들으며 감탄하는 사이니까."

예술로서의 탱고, 요컨대 어려운 무대 탱고가 아닌 일반인들이 추는 탱고, 즉 아르헨티나 탱고에서도 같은 현상을 발견을 할 수 있다. 풀밭에 놓인 나무판 위에서 로트강이 흐르고 별이 노래하고 담배를 태우는 냄새가 나고, 잊을 수 없지만 벌써 기억 속에 아득해진 여름을 무대 삼아 우리는 춤을 췄다. 우리는 옆 동네에서 빌뇌브쉬르로트까지 자전거를 타고 온 여성들과 스텝을 맞췄고, 과일밭에 맺힌 과일의 향기와 그들의 땀 냄새를 맡았다.

그때의 행복한 추억이 아직도 나의 마음을 흔든다. 그럼에도 불구하고 상황이 맡은 역할이 너무도 중요하기 때문에 말 자체보다 우선된다고 생각한다. 언어도 마찬가지다. 자체적으로 효율성과 힘을 취하고, 대화에 고결함과 가치를 부여하는 언어 말이다. 앞으로 나는 정서적 삶에서 이루어지는 언어적 교류에 대해서는 덜 너그러워져야겠다고 생각한다. 그렇다고 해서 잠재적 대화 형태와 같은 경멸적인 언행을 하지는 않을 것이다. 그런데 내가 이 맹세를 지킬 수 있을까?

댄스홀에서 췄던 탱고를 생각하면 모든 대화를 너그럽게만 볼 수는 없다. 연인 사이의 애정 어린 속삭임, 상인들의 흥정, 아침 식사 시간의 중얼거림, 진료실 의자에 앉아 늘어놓는 환자의 혼잣말, 몇몇 라디오 프로그램에서 이루어지는 상호작용, 죽음을 앞둔 이가 남기는 마지막 고백, 기자회견, 대학에서 하는 실습, 정치적 회담에서 이루어지는 토론 등 모든 언어적 형태의 교류에 대화의 원칙을 적용한다면, 대화의 개념은 어떠한 효용성이나 독창적인 의미를 잃어버리기 때문에 너무도 모호해질 것이다. 따라서 언어의 기능을 명료하게 고찰해야 한다. 즉, 언어 기능의 범위를 명확하게 파악하고 비슷하지만 다른 말의 사용법과 구분하는 것이 필요하다고 생각한다.

더 막연하게 이루어지는 대화는 자유롭고 경쾌하고 영감을 받았지만 엄격함을 잃지 않은 어조가 특징적이다. 이런 대화를 하는 데는 의미는 있지만 궁극적인 목적은 아닌 생각들과 감상을 나누는 즐거움 외에 다른 동기는 없을 것이다. 왜냐하면 우리는 아무 말이나 하면 안 된다는 걱정과 환상 사이, 진부한 생각의 표면에만 머무르지 않고 열중하고 싶은 욕망과 어느 정도의 무관심 사이에 긴장이 지속된다는 사실을 알기 때문이다. 그리고 이렇게 다른 생각들 사이에서 발을 헛디딜 수도 있다. 얼마나 위험한 일인지! 유창한 말뿐만 아니라 혼란스러운 말이나 발음이 뭉개져서 알아들을 수 없는 말은, 상대를 설득하고자 하는 이의 간결한 말뿐만 아니라 무의미한 수다와 개성 없는 말투는, 가까운 사람에 관한 관심뿐만 아니라 말하면 안 되는 것에 대한 걱정은 모두 대화를 위험에 빠뜨릴 수 있다.

예술작품과 마찬가지로 대화를 지배하는 것은 대화 그 자체와 대화에서 비롯된 기쁨뿐이다. 다른 목적을 위해 대화를 사용하는 순간, 대화는 순수함을 잃어버린다. 나는 이러한 대화를 대화로 인정해야 할지 망설여진다. 한 가정의 부모는 학교 교육의 질과 현재의 취업난에 대해 걱정할 것이다. 만약 그들이 정보를 얻는 데만 치중한다면 그들이 나누는 말은 대화의 성격을 잃는다. 여러분은 아마 원탁회의나 좌담회에 참여하거나 참석한 적이 있을 것이다. 회의가 원활하게 진행되면 모든 발언자에게 공정하게 발언 시간이 주어질 것이다. 그러나 이런 회의는 현상 파악이라는 목적을 위해 마련된 자리기 때문에 토론자들은 각자의 의견을 나누는 것을 즐기겠지만 나는 그들이 대화를 나눈다고 생각할 수 없다.

그러나 친구와 함께라면 나는 그때그때의 상황에 따라 국제 정세나 위기에 처한 국가의 어려움에 관해 이야기할 수도 있으리라. 우연은 우리가 결국 다양한 주제를 다루기를 바라니 말이다. 친구가 좋은 쪽으로든 나쁜 쪽으로든 의견을 바꾼다면 생각의 흐름이 어떻게 바뀐 건지, 관심을 가지고 친구의 머릿속을 짚어보는 것은 늘 내가 기분 좋은 만남을 즐기는 방식 중 하나이기도 하다.

대화가 잃지 말아야 하는 기본적인 특징이 하나 더 있다. 바로 대화가 특정한 어조를 유지하며 하는 언어 훈련이라는 점이다. 이때 언어는 핵심적인 역할을 맡는다. 언어 훈련을 하더라도 감정은 배제하지 않아야 한다. 감정은 우리의 정신을 고취시키고, 내뱉은 문장에 색을 입히고 열정을 불어넣는다. 그러나 감정이 우리를 떨게 하지 않도록 주의해야 하며 울음과 빈정거림, 추임새에 특혜를 주지 않도록 해야 한다. 또한 감정이 정중한 대화보다 눈물이나 욕설을 선호하지 않게 해야 하며, 우리는 덜 공격적이면서도 더 감동적인 말투로 말해야 한다. 감정이 우리를 내면 깊은 곳으로 침잠시키게 두지 않아야 한다. 외설스러운 고해성사가 아닌 이상 고백은 대화를 풍부하게 한다. 나는 사람들에게 고백할 권리가 있다는 사실을 부정하지 않는다. 그러나 나는 때로는 사람들이 고백함으로써 대화를 버리고 다른 장르로 옮겨간다고 생각한다. 때로는 더 감동적이고 더 진정성 있는 다른 장르를 찾는 것이다.

나는 대화의 진정성을 결정짓는 이러한 어조가 위협받고 있다고 생각한다. 진정성 있는 대화에 관한 무심함은 문장 구조와 정확한 단어의 쓰임에 관한 무심함과도 일맥상통한다. 요컨대 사람들은 입말은 글말과 다르다고 생각한다. 그런데 나는 입말 역시 우리가 항상 동의하지는 않겠지만 다른 어순으로 구상해보아야 할 필요가 있다고 덧붙이고 싶다. 우리 현대인들은 무엇인가를 완벽하게 다루는 능력을 보여주고자 할 때 원래 하는 것과 다른 방식을 선택한다. 일에서든, 스포츠에서든 본래의 방식과는 다른 방식이 더 중요하다고 생각한다. 아니면 바쁜 척을 하거나 하찮은 일들을 빠르게 해치운다. 그들에게 문자, 팩스, 전화는 신속함을 보장하는 수단일 것이다.

대화에 있어서 자포자기의 상태가 된다면 다른 분야와 마찬가지로 전문가들의 도움을 받을 수 있다. 이들을 소통 전문가라고 하는데, 우리는 소통전문가의 능력을 의심하지 않고 그는 아주 쉽게 우리의 지지를 얻는다. 내 생각에는 대화는 아마추어의 손에 맡기는 편이 더 나은데, 왜냐하면 대화는 직업이 아니라 재능이자 자유 활동이며 뭔가를 팔아 먹을 만한 것이 하등 없기 때문이다. 사랑하지도, 심지어 욕망하지도 않고 사랑을 나누는 것은 거짓을 꾸며대는 일이자 부자연스러운 표정을 지어 보이는 것이다.

소통전문가, 사회자, 라디오나 텔레비전 프로그램의 진행자 중 어떤 이들은 사기꾼처럼 행동한다. 그들은 대화할 때 그저 말하고 싶은 욕구만을 따라 말하기 때문에 상대방의 가용성은 생각하지 않는다. 그저 말하고 싶어서 말할 뿐이니 말이다.

사람들은 소통과 소통을 보조하는 정보는 귀하게 대접한다. 더 많은 정보를 제공받아야 했다고 불평하지 말자. 대신 우리의 비판적인 정신을 이용해서 사람들이 하는 말, 간혹 결정적인 어조로 하는 말의 정당성을 시험해야 한다는 사실을 염두에 두자. 그저 내가 보기에는 정보와 대화가 같은 목표를 향하고 있지는 않다. 우선 정보는 빠르고 명료해야 하며 충분한 설명을 제공해야 한다. 둘째, 이런 필요를 충족하고 나면 정보는 바로 없어진다. 정보성 소통은 시작도 종결도 빠르다. 우리의 호흡과 속도를 맞춰야 하고, 묵주 알을 돌리면서 기도하거나 산을 타는 것처럼 어디서 매듭을 짓고 어디서 멈추고, 어디서부터 다시 소통을 진행해야 하는지를 잘 알고 있어야 한다.

정보와 대화를 여행과 비교해볼까 한다. 관광버스는 한 장소에서 다른 장소로 최대한 빠르게 이동한다. 많은 도시와 넓은 땅을 지난다. 아침에 꾸물거리다가 지각한 관광객들을 재촉한다. 숙소로 돌아오는 길에 버스는 예정된 시간에 정해진 장소에 승객들을 내려놓는다. 고장이라도 나면 일정이 방해된다. 미리 알려둔 일정표와 여정을 지키면 신속한 관광의 성공이 보장된다. 그러나 풍경이나 사람들을 구경하고 싶은 호기심 많은 사람은 다르게 행동할 것이다. 관광버스 기사를 절망하게 하는 예기치 않은 사고는 여행에 뜻밖의 즐거움을 더한다. 그는 돌아올 시간을 정하지 않는다. 만약 어떤 도시에 매료되면 늦을 수도 있고, 그리고 또 누가 아는가, 여행을 끝내고 거기에 정착하게 될 수도 있으니 말이다.

정보의 원활한 흐름을 막으면 오히려 대화가 풍요로워질 수 있다. 그러나 대화하는 사람의 말을 빼앗으면 정보를 주고받는 데 방해가 된다. 보다 일반적으로 이야기하자면 나는 사람들이 우리가 겪는 모든 문제를 해결할 수 있는 방안으로 어떤 정보를 제시할 때, 나는 그 소통에 대해 유보적이다. 연인이 헤어진다면 그것은 그들이 제대로 소통하는 법을 모르기 때문이다. 어떤 정치인이 임기를 훌륭하게 마쳤는데도 재선에 실패한다면 메시지를 전하는 법을 모르기 때문이다. 이런 정치인이라면 과거의 주술사처럼 훌륭한 홍보전문가를 고용할 필요가 있겠다.

이 현대판 주술사는 세계적인 대학에서 마케팅 교육을 받았을 것이다. 간혹 프랑스의 명문 비즈니스 스쿨 출신도 있다. 사회심리학 분야의 자격증을 보유하고 있을 것이다. 우리는 그에게 어울리는 옷차림을 현명하게 골라주고, 그는 좋은 발성법으로 목소리를 낸다. 나는 그를 전령이라고 부르고 싶다. 전령은 메시지를 전하기 위해 강을 넘고 들판을 지나는 소년, 편지를 잃어버리거나 전달받은 내용을 잊지는 않을까 걱정하며(실제로 종종 일어나는 일이다) 들은 말을 계속 되뇌는 소년이었다. 만약 이런 일이 생기면 전령은 다른 비슷한 말로 바꾸어 전하거나 대충 얼버무렸다. 도시나 성, 혹은 요새에 도착하면 전령은 숨도 고르기 전에 아름다운 부인이나 영주 같은 귀족에게 메시지를 전했고, 가빠진 호흡이 잦아들면 사람들은 그를 씻기고 치장하고 그를 잘 구슬려 환심을 산 뒤 새로운 메시지를 그에게 부탁했다. 그러면 소년은 아름다운 부인의 은혜와 영주가 걸친 부드러운 벨벳 망토를 기억하며 새로운 메시지를 가지고 들판을 내달리고 강물을 건넜다. 나는 나의 들판이나 나의 강가 주변에서 이런 전령을 본 적이 없었다.

나는 주변 사람들과 비폭력적이고 상대를 배려하고 애정이 넘치는 관계를 유지하는 것이 매우 중요하다고 생각한다. 편지와 마찬가지로 대화도 이러한 관계에 복종한다. 주고받는 행위가 최고의 순간에 이루어질 때 대화와 편지 모두 시간에 초연해진다. 시간에 떠밀리지 않고 시간의 흐름을 만끽한다. 우리는 상대에게 상냥한 모습을 보이고 싶은 욕망에 자신을 내맡긴다. 편지는 수신인의 관심을 붙잡아야 한다. 그렇지 않으면 수신자는 편지를 대충 읽거나 나중에 읽으려고 미뤄 둘 수도 있다. 편지가 재미있고 유쾌하고 감동을 줄 수 있으려면 번뜩이는 재치만으로는 충분하지 않다. 상대방과 지속적인 관계를 쌓아야 하므로 편지를 읽을 대상을 향해 경의를 표해야 한다.

"내 편지, 이 편지는 읽히고, 주의 깊게 또 읽히고, 때로는 다른 사람에게도 읽히는 고통을 받을 것이다. 마치 세비니에 후작 부인의 편지나 다른 서간문 작가들의 편지처럼 말이다."

편지도 역설이나 희극적인 요소를 담고 있지 않을까? 우리는 친한 사람에게 영향을 미치고 그 사람보다는 유리한 입장을 취하려고 한다. 명문가들은 자신의 고통을 고백하는 순간에도 표현을 다듬는다. 그러나 대화에서는 이러저러한 어려움을 피하는 것이 쉽지 않을 것이다. 건성이나 무관심에 무릎 꿇거나 경직되거나 뻣뻣한 모습을 보이게 된다. 비록 편지의 형태기는 하지만 이를 통해 교류가 계속되리라는 희망을 품을 수 있다. 상대가 아름다운 문체로 답장을 쓰고 싶어지도록 그의 마음을 자극하는 편지를 바치면 된다.

편지쓰기는 받는 상대를 고려해야 하므로 예의를 훈련하는 행위다. 상대의 격에 맞는 편지를 보내기를 바라기 때문이다. 우리는 상대에 따라 어떻게 이야기하는 것이 좋을지 생각하며 하나의 사건도 여러 방식으로 서술한다. 그렇게 재치 있고 쾌활하고 감성적인 교신은 종종 이루어지지만 상대가 나에게 실망하지 않을까, 아니면 영혼과 영혼을 이어주는 이러한 특별한 관계가 물질적인 존재로 인해 혼탁해지지 않을까 걱정하면서 우리가 잘 모르는 사람이나 우리가 선출한 당선자와의 만남은 뒤로 미룬다. 이 경우에는 대화가 편지로 한 약속을 이행할 수 없을 것이다.

나의 비교가 정당했을까? 고르고 고른 편지 몇 통과 일상적인 대화를 부당하게 비교한 것은 아닐까? 편지로 유명한 이들은 실제로 그런 평판을 받을 자격이 있을까?

명필가에게 모두의 의혹을 뛰어넘는 훌륭한 편지를 쓰기란 어려운 일이다. 말도 안 된다고 생각하는가? 명필가는 주어진 재능보다, 자신의 결핍을 충족하고자 하는 욕구가 요구하는 것보다 이미 더 많이 글을 쓰고 있다. 그럼에도 불구하고 지나치게 다듬어 쓴 편지들을 통해 더 많은 유명세와 명성을 얻고 싶어 한다. 그의 편지는 타인, 낯선 이들, 자기 글을 출판할 일이 전혀 없는 사람들에게 그들도 단 몇 통의 편지, 심지어 보잘것없는 편지들로도 익명성에서 벗어날 수 있다는 가능성을 심어준다.

아니면 명필가는 자기가 최우선으로 생각하는 것, 문학작품을 쓰는 것, 이미 출간되었거나 언젠가 출간될 작품들, 경쟁자들에 대한 평가, 다양한 출판사들 같은 것에 관해서만 말할 수도 있다. 하지만 그는 정말로 이런 사업적인 이야기가 우리의 흥미를 끈다고 생각할까? (직업이나 개인적인 편집증으로 작가에 관한 모든 것들을 수집하는 사람은 제외하고 말이다).

너무 고상한 편지를 읽으면 우리는 편지의 주인들이 쉬지 않고 내면의 동상을 공들여 닦는다고 비난한다. 진지한 편지를 읽으면 우리는 편지가 작가의 이미지를 손상한다고 비난한다. 소설가 스탕달Stendhal은 편지 속 허물없는 모습이 너무나도 친숙한 나머지 쥘리앵 소렐과 마담 드 레날(그의 소설《적과 흑》의 주인공–옮긴이주)이 영향을 받기도 한다. 빅

토르 위고Victor Hugo와 그와 가장 오래 교제한 연인 쥘리에트 드루에Juliette Drouet가 셀 수 없이 주고받은 편지들은 어떤가? 노년의 위고는 오랫동안 영감을 유지했지만 때로는 편지에 어물거리고 장황하게 말을 늘어놓았다. 두 사람이 주고받은 편지를 읽으면 위고가 스스로 총기를 잃었다고 느꼈던 것으로 보인다. 디드로는 독자를 지루하게 하는 법이 없다. 그가 품은 열정과 환상은 늘 우리를 열광시켰다(물론 《마담 보바리》의 플로베르Flaubert가 쓴 훌륭한 서신들에서도 이런 열정을 느낄 수 있으면 좋았으련만).

나의 관심을 사로잡는 편지는 대화와는 다르다. 그런 편지들은 혼란, 수치, 두려움, 분노에서 비롯된다. 독일군으로 차출되어 스탈린그라드 전투에 참전한 보르도 출신의 한 피아니스트는 동상으로 인해 손을 잃었다. 그는 더 이상 연주할 수 없다는 생각에 절망을 부르짖었다. 그는 미칠 것 같은 마음으로 의사, 간호사, 저명한 정신과 의사, 동창생, 수도사와 수녀에게 도움을 요청하는 수많은 편지를 보냈지만 모두 헛수고였다. 대화와 아무 연관성이 없는 여행기도 어떤 면에서 보면 이러한 지혜, 허울뿐인 질서정연함이 필요하다.

그럼에도 불구하고 나는 특정한 형태의 우아하고 점잖은 서신에서 찾을 수 있는 미덕을 확인하고 싶다. 우리는 편지를 쓰지만 편지의 대상을 알고자 하지는 않는다. 이는 그에 대해 실망하는 것이 두려워서가 아니라 상대가 누구든 간에 타인의 존재로 인해 기분 상하는 일을 피하기 위해서다. 대신 자신이 지닌 재치와 섬세함으로 상대방을 자신만큼 경쾌하고 창의적인 사람이 되도록 돕는다. 그 두 사람은 엄청난 수식어구와 본디 자기 소유의 사랑스러운 언어로 화단을 만들어 가꾸었다. 그 누구도 이 비밀스러운 편지에 대해 알지 못하지만 그들의 편지를 읽는 사람이라면 나의 말을 믿게 되리라.

취업 면접은 어떤가. 취업 면접이라 함은 직업을 구할 때 수반되는 것으로 같은 동기를 지닌 두 사람 사이에서 이뤄지는 형이상학적 대화와 아무런 관계가 없다. 취업 면접은 대화와는 정반대로 우리가 지닌 매력을 최대한 뽐내는 것이 허용되는 자리다. 대화에서는 원칙적으로 지켜지는 참여자들 간의 평등이 취업 면접에서는 깨진다. 한 사람은 면접을 '간청하고', 다른 사람은 그의 간곡한 청에 '응하며', 이따금 모든 것이 자신에게 달렸다는 사실을 더 확실히 보여주기 위해 일정을 미루는 데서 즐거움을 취하기도 한다. 그러니까 한쪽은 비참하게 구걸하는 사람이고, 다른 한쪽은 관대한 분배자인 셈이다. 취업 면접은 정해진 주제에 따라 이루어지기 때문에 여러 주제를 오가며 이야기하는 대화에서 느끼는 즐거움은 기대할 수 없다. 면접관에게 "줄무늬는 안 어울리시네요"라든지, "원래 평소에도 이렇게 우울한 얼굴이에요?"와 같은 부적절한 말을 하고 싶은 마음을 얼마나 참았는지 모른다. 우정 어린 대화가 우리를 한 장소에서 다른 장소로, 대로변에서 공원이나 카페로 데리고 가는 데 반해 취업 면접은 정해진 장소, 주로 사무실 같은 공적인 공간에서 이루어진다. 취업 면접은 정해진 시간에 시작해서 정해진 시간에 끝나며, 지원자가 면접관을 성가시게 한다는 인상을 줄 것이다. 친구와의 대화는 몇 분이 될지, 몇 시간이 될지, 아니면 동이 틀 때까지 밤새 계속될지, 아니면 커피에 크루아상을 담가 적시거나 너무 뜨거운 양파 수프에 입술을 데는 즐거운 순간에 끝날지 전혀 알 수 없다.

물론 '자유 면접'도 있다. 면접관은 기분에 따라 떠오르는 단어나 이미지, 또는 추억에 대해 말하라고 요구한다. 이런 전략은 내 취향과는 너무 달라서 나는 이런 면접은 거부한다. 내가 싫어하는 이런 류의 협력, 그러니까 기분과 상상력의 협력은 일부 초현실주의자들이 그랬던 것처럼 상상의 세계로 향하는 문을 열어야 한다. 이러한 연상작용은 우리의 정체를 드러내고, 우리의 내면으로 들어가 이러한 불법 침입을 통해 우리를 짓밟는 것이다.

소위 말해 '자유' 형식의 면접은 '야만적인' 면접이라 부르는 게 더 나을 법하다. 우리는 지원자들에게 미국의 장군들이 일본군이 점령한 섬을 차지하려는 병사들에게 하는 말처럼 경고해야 한다.

"제군들, 여기서 살아남을 확률은 적다. 적들은 잔인하다. 그들은 너희를 갈기갈기 찢어서 죽일 것이다. 너희는 선인장과 뱀들 사이를 기어 다녀야 할 것이다. 숨어서 적을 피하고, 적대적인 자연 속에서 몸을 숨겨야 한다."

우리는 지원자들에게 이렇게 말할 것이다.

"당신의 생존, 그러니까 앞으로의 일자리가 달렸어요. 분명한 건 그저 유예되었을 뿐 당신의 죽음은 이미 계획되어 있다는 사실입니다. 그렇지만 이 운명에 순응하세요. 독이 든 술잔이 주어질 때까지 기어가세요. 사람들이 당신을 완벽하고 다루기 쉬운 직원으로 착각하도록 위장하세요. 필요하다면 잔혹하게 다른 지원자들을 제거하고, 심지어 면접관을 공격해도 좋습니다. 면접관이 당신의 엄격한 모습을 높이 살 수도 있고, 당신이 강한 사람이라고 생각할 수도 있으니까요. 어떤 일이 벌어지든 간에 고개를 꼿꼿이 들고 독이 든 잔을 거부하세요. 세상이 너무 냉혹하다고 결론짓지 마세요. 어딘가에 선한 사람도, 천진난만한 시선도, 당신이 자기와 비슷한 부류임을 깨닫고 환희에 차서 당신과 이야기를 나누고 싶은 사람들도 존재하니까요."

노래하며

투쟁하기

정당, 노동조합, 시민단체 또는 집회에서 하는 정치적 발언은 대화 중에 하는 정치적 발언과는 차원이 다르다. 그 내용과 그 발언의 결과는 비슷할 것이다. 그러나 발언의 궁극적인 목적과 양식은 계속 구분해야 한다. 당원, 노조원, 시민단체 회원, 민중운동가 등의 발언은 진상 규명, 전략 수립, 위험에 대한 대처방안 수립 등을 위해 모인다. 그들의 발표는 아주 가까운 시일이나 먼 미래에 취할 행동의 예고편이다. 친구들 사이에 오가는 대화에서도 정치적 주제를 다룰 수 있고 같은 분노를 표출할 수 있다. 같은 신념을 공유하기 때문에 이런 대화를 하지만 이내 새로 개봉한 영화, 지인의 병, 시험 준비 같은 주제로 넘어갈 것이다.

이렇게 구별되기는 하지만 대화 역시 정치적 결과를 야기할 수 있고 세상의 질서를 바꾸는 데 이바지할 수 있다.

정치적 대화는 소수의 의견을 듣고 그 의견의 타당성에 귀를 기울이는 관례(항상 지켜지는 원칙은 아니지만)를 지키는 만큼 그 자체만으로도 일정한 형태의 민주주의를 구현한다. 예를 들어, 어린아이가 대화에 받아들여진다면 아이는 성인과 똑같이 경청을 받을 권리를 누릴 것이다.

역사적으로 살펴보면(특히 18세기와 19세기에는) 특정 계층에게 제한된, 그러나 그 범위가 모임에서 더 자유로운 발언이 오고 갔다. 자유를 외치는 목소리는 권력가들에게 닿았기 때문에 그들은 결국 이러한 정치적 발언에 귀를 기울여야만 했다. 사람들은 이제 습관적으로 다시 고개를 꼿꼿이 들고 어깨를 펴고 앞을 바라보고 대담하게 쳐다보았다. 비판적인 경계심은 행동과 투쟁에 발맞추는 공공연한 발언으로 바뀌었다. 이러한 공적인 발언은 대화와는 상당히 다르긴 했지만 모든 편견을 뛰어넘어 자유롭게 이루어졌고 세상의 흐름에 영향을 미치게 된다.

내가 앞서 정치적 발언과 대화를 상반된 개념으로 판단한 것은 너무 성급했다. 특정한 표현들 때문에 정말로 내가 주눅 들고 혼란에 빠지기는 했다. 내가 준비문에서 읽은 "문제제기와 의사결정의 프로토콜은 상호 평가 상황을 촉

진한다"와 같은 문장이 날 어지럽게 했다. 게다가 나는 소위 협의를 위한 간담회에 참석한 경험이 있는데, 그다지 유쾌한 기억은 아니었다.

간담회는 모든 참석자에게 발언권을 민주적으로 분배해야 했는데, 이를 위한 고민 때문에 콘서트가 되어야 했던 간담회는 차마 말로 표현할 수 없는 불협화음의 난장판이 되어버렸다. 그와 반대로 관련 진행자가 발언권 분배를 거의 고려하지 않아도 되는, 그것이 선결 조건이었던 간담회들도 있다. 이러한 간담회는 나에게 의견을 수정하라고 압박을 가했다. 특히 그 주제가 사람과 가까운 것일 때 의견을 강요하기도 한다. 이 간담회의 경우에는 자신들이 살고 있는 동네, 자신의 미래에 부분적으로 영향을 미칠 도시에 관한 것이었기에 더욱 그러했다.

다행히 실제로 가서 보니 현장은 미리 세워둔 계획을 재현하지는 않았다. 그 계획대로라면 주도적인 이념이 서로 대립할 수도 있었다. 진심을 다 바쳐 참여하는 사람의 감정적 측면과 육체적인 측면이 드러났다. 가깝거나 멀거나 끝도 없이 말하거나 갑자기 침묵하거나 공간에 물리적으로 존재하거나 혹은 사라지거나 (협박을 통해) 매수를 시도하고 회피하고 화해했다. 이 모든 행위가 하찮은 것은 아니지만 그렇다고 해서 이런 종류의 간담회에 대화와 비슷한 성격을 부여하기에는 충분하지 않다. 사람들은 한 공간을 함께 점유하는 순간부터 모든 만남에서 똑같이 할 법한 적절하고 관습적인 상호작용을 하고 자세를 취한다. 그러니 대화와 정치적 발언 사이의 다른 공통점을 찾아야 했다.

따라서 나는 정치적 발언과 대화를 구분해 보았다. 개인을 '동원'해서 시민 참여 과정을 가속화해야 했다는 사실을 분명히 확인할 수 있었다. 주민 공청회나 특별 간담회에 참여하는 동안 참여자의 협의가 계획 과정을 대신한다는 것을 확인하기도 했다. 이는 모든 과정에서 무엇보다도 당사자들, 다시 말해 주민을 잊지 않으려 한다는 것을 의미한다. 이처럼 윤리적이면서도 정치적인 의지는 인식론적 사고와도 맞닿는다. 당사자마다 상황과 관련된 정도는 분명 다르긴 하지만 모든 논쟁을 누르고 우위를 차지할 만큼 절대적인 지식을 갖춘 사람은 아무도 없었다.

민감한 도시, 우리에게 영향을 주고 우리가 살고 매일 만들어 가는 도시에서도 이러한 사실을 확인할 수 있다. 도시는 원칙적으로 복제될 수 없는 시민들의 모든 생각과 시각으로 구성된다. 도시계획 전문가와 사회학자(간혹 지배층일 때가 있다)는 자신의 지식 속에 도시 전체를 소유하고자 하는 집착에 굴복하곤 한다.

그러나 그 도시는 우리의 여정이 일어나는 공간도 아니요, 우리가 다른 공간으로 여기며 편입하는 공간도 아니다. 경탄할 만한 사실은 도시가 실체 없는 이름이 될 때까지 무한한 관점으로 쪼개지지 않는다는 사실이다. 도시는 확산한다. 도시는 펼쳐진다. 도시는 다른 산책가들의 도시이자 의심할 여지 없는 명성과 영광 그 자체이며, 아름다운 일체성을 잃지 않는 도시다.

그래서 이렇게 도시 연구(협의), 도시의 존재, 대화의 특성이 다시금 서로 연결된다. 어디에나 존재하는 전문가가 있다면(그의 지식과 자질은 의심하지 않는다) 그가 주저함이나 완곡어법을 종결지을 것이며, 그에게 모든 것을 미루면 협의할 필요도, 정보를 통해 이미 잘 알고 있는 도시에서 산책할 필요도, 대화를 길게 이어 나갈 가능성도 없을 것이다.

다행히 이런 사람은 존재하지 않는다. 우리는 이내 다시 박탈감을 느낀다. 우리를 끊임없이 놀라게 하고 호의와 대화 속에서 또다시 기쁨을 느끼게 해주는 익숙한 장소들을 걷고 싶은 욕망이 솟구친다. 도시의 운명이 향하는 방향을 현명하게 설정하고자 하는 갈망도 마음에서 커진다. 도시에 관한 생각, 도시의 발견, 대화와 우정이 여전히 호의적인 신호들을 또다시 나에게 보낸다.

시와 아이러니는 도시 계획을 위한 간담회의 순조로운 진행을 방해하지 않고 도시의 새로운 차원을 풍요롭게 할 때 자기 자리를 찾는다. 아무래도 도시 계획에 어울리지 않는 요소는 주민이지 않을까? 사람이 살지 않는 도시, 사람이 살 수 없는 도시를 짓는다면 모든 것이 더 간단했으리라. 하지만 주민을 생각하는 것은 컴퓨터 분야에 아프리카인들을 더 영입하고(윈도우 95의 시작음을 작곡한 영국의 음악가 브라이언 이노Brian Eno는 컴퓨터 분야의 문제는 아프리카인이 별로 없다는 것이라고 지적했다. 그는 아프리카인의 참신한 시각이 필요하다고 생각했다.─옮긴이주), 기계에 작은 모래알을 하나 넣는 것과 같다.

어쨌든 이런 상황에서 어떻게 신뢰를 쌓을 수 있을까? 당연히 우리가 경청하는 법을 알고 약속을 잘 지킨다는 사실을 증명하는 것만으로는 충분하지 않다. 나는 공청회 같은 만남이 있기 전에 선결되어야 하는 더 근본적인 신뢰가 필요하다고 생각한다. 그렇지 않으면 연애 관계에서도 그렇듯 의심이 대화를 망치고 원망을 불러올 것이다.

"청년, 노인, 부자, 빈곤층, 실업자, 기초생활수급자, 시인, 세무조사관 ……. 이들은 고립에 대해 무슨 할 말이 있을까?"

이들이 모두 고립된 채로 홀로 있다면 다른 사람들보다 지혜를 발휘할 수 없다. 한자리에 모여서 정보를 주고받으면 개인은 혼자 있을 때보다 더 나은 통찰력과 선의를 보인다. 이는 의심할 여지가 없는 사실이다.

"컴퓨터 분야에 아프리카인을 영입해야 한다."

구불구불한 길은 궤도에서 엇나가는 것처럼 보이지만 때로는 더 빠르게 해결책에 이르게 할 수도 있다는 사실을 인정하자.

이러한 유형의 만남을 예정보다 이르게 끝맺는 방법은 제기된 문제들이 근면한 정치가와 심리사회학자, 홍보전문가 등 실수를 저지르지 않는 전문가들의 중재 덕에 해결되리라고 믿고 기다리는 것이다. 전문가의 의견은 소홀히 여기지 않아야 하지만 그들이 완벽한 지식을 가지고 있다고 믿고 더 많은 권한을 부여해서는 안 된다. 왜냐하면 그들의 주장이 일관되고 충분한 논거가 있어도 어디서든 실수가 나타날 수 있기 때문이다. 의견을 뒷받침하는 논거는 규범과 모든 개인의 관습에서 비롯된 것이다. 규범과 관습은 모두 존중받아 마땅한 동등한 가치를 지니기에 대립할 때도 있다. 규범과 관습이 일치한다 하더라도 사람들(도시가 꼭 주민으로만 이루어지는 것은 아니고 단기 체류자나 관광객도 도시의 구성원이기 때문에 주민보다는 사람이라고 하는 게 맞겠다)의 목소리를 경청해야 한다.

바로 이러한 이유 때문에 도시에 관한 의견을 나누는 장은 주저함과 번복, 변덕을 허용하고 어떠한 목표를 정하고 이를 달성하기 위해 엄격하게 진행하는 대화와 근본적으로 다를 바가 없어 보인다.

이런 종류의 모임을 통해 뚜렷하지는 않지만, 또 나로서는 쉽게 인식하지 못하지만 나는 한 가지 특성을 확인했다. 바로 불완전하다는 점이다. 분명 공청회 같은 자리에서 뭉그적거리거나 말꼬리를 잡고 늘어지거나 단순히 재미를 위해 새로운 생각들을 늘어놓는 것은 삼가야 한다. 끝나지 않는 토론을 할 구실을 주는 계획은 정체되며, 그런 경우 의사

결정은 외부에서 이루어지게 된다. 사실 언젠가는 결단을 내리고 이 모임을 마무리지어야 한다는 사실을 알고 있기 때문에 시간을 여유 있게(그것도 상당히) 계획해야 한다. 계획의 진행 과정을 추측하면 모순점을 확인할 수 있다. 선택된 계획은 실천 단계에서 당연히 수정될 수밖에 없다. 이는 처음의 좋은 의도가 변질되어서가 아니다. 진행 중인 모든 일의 특성이 본디 그러하며, 모든 생각과 계획과 실천 사이에는 피할 수 없는 균열이 존재하기 때문이다.

그렇지만 이렇게 불완전하다고 해서 계획이 중단된다거나 준비가 부족한 것은 아니다. 도시 계획의 불완전성은 계속 진전하고 변하고 때로는 우리의 계산을 눈속임하는 현실의 산물이다. 그런데 이러한 특성은 민감한 도시를 태어나게 한다. 또한 발전을 멈춘 도시의 모습은 어떨까? 경직되고 결국은 죽은 도시가 되고 말 것이다. 그르노블과 몽펠리에, 리옹이 끊임없이 위험을 감수하면서 새로운 영역을 넓혀 나가는 것도 바로 이러한 이유에서다.

내가 도시라는 객체에 대해 말하는 것은 그 도시 안에서 활동하는 주체에도 해당된다. 그 도시는 끊임없이 주어지고 사라지며 언제나 예측할 수 없는 곳에 있다. 확실히 나는 그 주요한 장소 중 하나에 거주하고 있지만 그 도시는 여전히 여기, 저기, 또 다른 곳에 존재한다. 두 친구 사이에 이루어지는 대화처럼 우리는 항상 더 멀리 나아가게 된다. 우리는 본질에 가 닿아서 우리의 문제를 다루었다고 믿고 이튿날엔 우리의 시선에서 신선함을, 우리의 말에서 생동감을, 우리의 열망에서 깊이를 되찾으며 마침내 우리의 시야는 다시 드넓게 펼쳐진다. 모든 것을 다 털어놓았다는 후련한 감정을 느낄 때면 우리의 우정은 살아있는 모습으로 우리를 놓아준다.

불완전함은 부분적으로 지치지 않는다는 감각과 연결되어 있다. 불완전한 도시를 더 인간적인 도시로 모두 함께 발전시키고자 하는 우리의 의지는 지치지 않는다. 끊임없이 우리에게 우리에 대한 경고를 보내는 민감한 도시는 지치지 않는다. 이 두 가지 불완전함을 단결시키기 위한 우리의 숭고한 노력도 지치지 않는다.

신 과

말 을

놓 을 수

있 을 까 ?

우리는 어떤 상대와 대화할 수 있을까? 같은 문화를 공유하는 사람? 그렇다면 상대의 수가 제한적일 것이다. 아무 의미 없는 말도 잘 들어주는 사람? 그렇다면 성과를 우선시하는 사람들은 제외해야 할 것이다. 물리적 혹은 상징적 폭력을 거부하는 사람? 아무래도 그렇지 않은 이들은 대화보다 힘이 앞설 테니 고려할 기준이긴 하다.

조롱꾼은 우리를 주눅 들게 할 수도 있다. 상냥한 사람은 우리에게 자신감을 북돋아준다. 여러 사람들과 교류하다 보면 남의 말을 잘 듣지 못하는 사람들이 있다는 사실을 받아들여야 한다. 이런 사람들은 제기된 문제에 적절하게 답하고 마치 대화의 어려움 때문에 장난을 치기라도 해야 한다는 듯 약간의 악의나 장난을 곁들이기는 하지만 우리는 그들이 오랫동안 우아하게 대화를 나눌 능력이 없다고 종종 느끼곤 한다.

나는 궁극의 '타인', 다시 말해 말 그대로 '신'과 나누는 대화를 상상해본다. 신의 무한한 타자성은 나의 의욕을 꺾는다. 왜냐하면 우리가 누군가와 대화를 나누려면 우리 둘의 성격이나 원칙이 어느 정도 비슷해야 하고, 어느 정도 사이가 가까워야 하며, 공통된 언어를 사용해야 한다. 그런데 신과의 대화, 나아가 서로를 마주 보고 대담을 할 수 있다고 해도 그것이 얼마나 생산적일까? 대화의 범위는 상대방과의 거리가 인정되고 허용되는 정도에 따라 확장되는 법이니 말이다. 대화하려면 상대와 나 사이에 공동의 관심사가 있어야 한다. 신과의 대화에서는 선과 사랑의 승리, 요컨대 신의 영광이 그 관심사가 되겠다. 거리감은 문제가 되지 않는다. 신은 나의 가장 내밀한 부분이며 내 존재의 가장 깊은 곳에서 나를 만들고 정의하기 때문이다.

신과의 대화하라고 하면 자신의 고통, 근심, 바람을 털어놓는 신자의 수다를 떼놓고 생각할 수 없다. 신에게 하는 말의 내용은 어리석은 말의 내용과는 좀 다르다. 진정한 수치심은 어리석음이나 시시함과는 구별되기 때문이다.

그에 반해 기도는 인간과 창조자를 진정으로 이어주는

통로인 것 같다. 기도에서 충격적인 부분은 청자에게 주어진 역할이다. 기도를 듣는 것보다 더 자연스러운 것은 없으리라. 만약 경청할 만한 가치가 있는 말이 따로 있다고 한다면 그것은 당연히 무한히 선하고 전지전능한 존재의 말이리라. 그러나 신이 듣는 것과 답하는 것의 차이가 너무 커서 신은 대화에서 말하기가 금지된 존재로 보일 정도다. 신자의 말은 또 어떠한가. 신자는 찬양과 시적인 형태로 말을 건다. 이 또한 대화의 특징에는 해당하지 않는다.

그러니까 우선 듣는다. "여호와여, 말씀하옵소서. 주의 종이 듣겠나이다", "아들아, 들으라", "이스라엘아, 들으라. 우리 하나님 여호와는 오직 유일한 여호와시니". 말이 있기 전에 기도가 있고, 이후 그 기도가 말이 되고 울부짖음이 대화가 될 것이다.

아르스 사제가 다소 경솔하게 "기도는 사람에게 하는 것처럼 신에게 말하는 것이다"라고 말하기는 했지만 모든 기도를 말로 표현하기는 어렵다. 신의 응답은 보통 언어적으로 이루어지지 않으며 현성용, 즉 신체적으로 거룩한 모습을 드러내는 형태로 나타난다.

"성호를 긋는 것은 그리스도를 드러내는 것이자 신의 눈

아래서 그리스도와 함께 다른 그리스도, 즉 신의 다른 아들이 되는 것이다."

신은 그의 삶, 그의 행동, 얼굴의 빛, 사랑하고 고통받는 힘을 통해 존재를 증명하며, 이 모든 것은 언어적 특성에서 벗어난다. 신이 말을 한다면 그것은 찬송일 것이다.

"그러니 나는 당신을 찬양하고 당신의 권세를 영원히 노래하겠습니다. 이 땅의 주위를 도는 온 우주가 실로 당신이 이끄는 모든 곳에서 당신을 따르고 있으며 기꺼이 당신의 지배를 받습니다. 그 누구도 정복하지 못할 당신의 두 손은 얼마나 훌륭한 종을 쥐고 있는지요! (중략) 그 종을 통해 당신은 온 우주의 이성을 지휘하는데, 당신이 지휘하는 우주의 이성은 거대한 별과 먼지처럼 작은 빛들과 섞여서 모든 존재를 관통하며 흐르고 있습니다."

파스칼의 글 말고도 조금 덜 유명한 신에 관한 글들을 읽다 보면 주 예수와 예수 재림의 계시를 받아들인 존재 사이에 오고 간 진실한 대화 속에서 그들이 우리에게 말을 거는 것 같은 기분이 든다. 마치 우리에게 말을 거는 도시 안에서 걷다 보면 우리의 발걸음이 도시의 억양과 빛에 따라 바뀌는 것처럼 말이다.

신은 순수한 행위이다. 신은 우리에게 '자기를 계승하라고' 격려한다. 그러나 이를 수행하려면 신의 너무 인간적인 형태를 취하는 위험을 감수해야 한다. 장노엘 브장송 신부는 우리가 '신의 계획에 열광'하기를 바랐다. 오늘날 '열광'의 비장한 측면은 이미 잊혀졌다. 그런데 우리는 다소 경박하게도 최근 개봉한 영화와 요즘 인기 있는 카페에 '열광'한다. 신도 우리 인간처럼 단기 계획과 수 세기, 수 천 년에 걸친 장기 계획을 나눠 세웠을까? 예를 들면, 정부가 세운 '5개년 계획'처럼, 아니면 우리가 별장 매입이나 인테리어 공사를 계획하는 것처럼 말이다. 브장송 신부는 우리에게 "기도는 자신을 동원하는 것, 즉 자신을 바치는 것"이라고 부르짖었다. 거리 시위나 노조 시위에서 동원이라는 말을 하도 자주 사용하다 보니 이제는 이 단어에서 자신을 바친다는 의미가 퇴색되었다.

　　여러분이 나의 짓궂은 고찰을 용서해주리라 믿는다. 이 고찰을 통해 신에 관해, 신이 우리에게 요구하는 것에 관해 말하는 게 얼마나 어려운지 알 수 있으리라. 보다 일반적으로 말하자면 행하는 것은 몇 줄의 관례적인 문구로 요약할 수 없다. 다행히 대화는 너그럽게도 우리에게 아무것도 요구하지 않는다.

신은 우리보다 더 많이, 더 멀리 들을 수 있지만 신과 대화하기란 쉽지 않다. 심지어 죽은 자와 대화하는 것보다도 어렵다. 사실 그토록 우월한 존재의 자질과 위상은 가장 오만한 사람까지도 마비시킬 만한 힘이 있다. 공통의 언어, 비슷한 관심사, 무한대에 관한 생각들과 일상의 작은 근심거리들 사이의 공통분모를 찾아야 한다. 신의 문화는 거대하다. 신은 너무나도 많은 것을 해왔고 봐왔고 너무 잘 알아서 우리가 얼마나 미약한 존재인지를 스스로 깨닫게 한다. 신의 도래는 이미 그 자체로도 큰 사건이다. 천둥 같은 소리로 우리의 귀를 멀게 한다. 거대한 성운으로 우리의 눈을 멀게 한다. 아니면 이와는 정반대로 아무런 기척도 내지 않고 조용히 우리에게 다가온다. 그러면 우리는 신이 여기, 우리 바로 옆에 있다는 사실에 깜짝 놀란다. 천사들이 우리에게 알려주기만 했더라도 그렇게 놀라지는 않을 텐데 말이다. 하지만 천사들은 여기저기서 너무 바쁘니 그럴 리 만무하다. 한가한 천사는 찾을 수 없다. 천사들에게 도움을 청하는 것만으로는 충분하지 않다. 게다가 요란한 등장 음악 따위 없이 최대한 비밀스럽게 우리 곁에 오는 것은 본디 가장 위대한 존재의 고유한 특성이기도 하다.

대화는 우리가 통상적으로 신과 소통하기 위해 사용하는 방법은 아니다. 우리는 신에게 고백하고, 가장 사소한 것부터 가장 큰 것에 이르기까지 모든 죄를 자백한다. 우리는 많은 죄를 짓고 살기에 고백에는 오랜 시간이 걸린다. 우리는 찬송한다. 신을 영원히 사랑할 수 있을 것 같기에 찬송에는 더 오랜 시간이 걸린다. 그렇게 진정한 대화는 점점 미뤄진다. 작가들은 이렇게 주저하지 않는다. 사실 그들은 신을 주제 삼아 아무 말이나 떠들 권한을 스스로 부여했지만 사실은 여러분이나 나보다 신을 더 만나지 못했다. 작가들이 빛나기 위해 사용하는 것은 수사적인 기교이며, 그들은 이제 아무 거리낌 없이 강과 도시, 기계에 발언권을 나눠준다. 신에게도 말을 부여하면서 이중적인 관점, 하나는 우월한 존재, 원칙적으로는 객관적이고 동요하지 않는 존재의 관점으로, 다른 하나는 인생에 발이 옭매인 인간의 관점으로 사건을 서술한다. 나는 작가 샤를 페기Charles Péguy에게는 더 너그러워지련다. 샤를 페기가 말하는 신, 사랑과 이해심이 충만하고 우리와 그토록 가까운 신은 자연과 초자연의 결합을 치켜세우며, 내가 그토록 높은 곳에 있는 분에게 기대하고자 하는 것이 바로 신 자신이라고 나에게 분명히 말한다.

나는 신과 나눈 대화를 최대한 가장 정확하고 꾸밈없이 재현하고자 한다. 나는 등장인물을 찾으려 애쓰는 작가가 아니다. 나는 천사들 틈에 내 자리가 틀림없이 있다는 사실을 증명하는 서류를 작성하고 있는 것도 아니다. 나의 말은 어쩔 수 없이 막연하게 들릴 것이다. 신과의 만남은 내가 자는 동안 이루어졌다. 나는 신이 나를 부르는 소리를 들었고, 신과의 대화는 형식적인 의례를 벗어나 막힘없이 시작되었다.

나는 신에게 내가 겪는 어려움에 대해 말했다. 그렇지만 우리의 대화는 거기서 그치지 않고 아주 빠르게 더 높은 차원으로 넘어갔다. 신이 우리의 일상에 관심이 있는지, 정말로 신이 항상 세상만사의 중심에 있는 원로 중 최고 원로인지 알고 싶어서 나는 최근에 읽은 현대희곡 작품을 언급했다. 신은 그 작품을 잘 아는 것 같았고, 나는 그의 반응에 동의했다. 이후 대화는 예고도 없이 끝이 났다. 나는 신이 다른 이들도 만나야 한다고 생각했기 때문에 서운해하지는 않았다.

잠에서 깨자 나는 환상에 속아 넘어간 것은 아닌지 확인하고 싶었다. 나는 우리가 나눴음 직한 말들을 종이에 적어 나갔다. 하지만 이내 아무것도 쓸 수 없다는 것을 깨달았다. 꿈에서 깨면 적어도 몇 개의 파편이라도 남는 법인데 말이다. 그래서 무신론자가 보기에는 우스울지도 모르겠지만 나의 경험을 이렇게라도 적어 보았다. 우선 신은 얼굴을 보여주지 않았다. 그에게 수염이 있었는지 없었는지, 눈동자가 밝은색이었는지, 어두운색이었는지 말할 수 없겠다. 비록 육체적인 형태는 없었지만 존재 자체는 의심할 여지가 없는, 순수한 존재였다.

신이 말할 때는 한 글자 한 글자를 발음하는 소리가 들리지는 않았지만 나는 신의 음성을 뚜렷하게 들었고, 신이 한 말에는 의미가 있었다. 본디 비물질적인 것은 언어의 형태로 구현할 수 없는 법이며, 따라서 전사하기란 더더욱 불가능하다. 한 영혼과 다른 영혼 사이의 대화는 경솔한 언동, 나아가 현대적인 외설을 피해 보호받아야 하는 법이다.

한때는 나를 그토록 매혹했던 대화였건만 이후로는 흥미를 갖기 어렵다는 사실을 깨닫게 되었다. 그것은 내가 사람들과 나누던 대화와 신과 나눈 대화를 무의식적으로 비교하고, 후자에 비하면 전자가 너무도 평범하다고 생각해서 그랬던 것일지도 모른다. 어떤 경험을 평가하고 감정하는 것은 비슷한 다른 경험들과 연관해 비교할 때만 가능하다. 다시 말해 다른 성격의 대화 상대를 한 번 만나고 나니 나의 일상이 나에게 함께 대화를 나눌 기회를 허락한 미천하지 않은 사람들과의 대화를 깎아내렸기 때문에 나는 신과의 대화에 대해 흥미를 잃었던 것이다.

사실 나는 내가 믿는 척하는 만큼 확신할 수 없었고, 이러지도 저러지도 못하는 삶은 나에게 걱정을 안겨주었다. 나는 신을 만나기 이전의 삶, 훨씬 단순했던 삶을 되찾고 싶었다. 내가 신과 나눴다고 생각한 대화가 그저 망상이 아니었다면, 그 대화는 내가 바랐던 모든 행복과 이익을 주었어야 한다. 그리고 나에게 선을 베푸는 것이 신에게는 기쁨일수 있었겠지만(나는 신이 마지못해 임무를 수행할 수도 있다고는 생각하지 않는다), 그러한 임무로부터 신을 해방함으로써 나는 마음의 평화를 찾을 수 있었을 것이다. 그렇지만 이제는 어떻게 그 행복에 도달한단 말인가? 나는 경계를 완전히 늦추지 않기 위해 정해진 시간에 일어났다. 신과 대화하는 주기가 길어졌음에도 불구하고 친애하는 나의 신은 나를 여전히 놀라게 했다. 마침내 나는 해결책을 찾았다. 바로 수면제를 먹는 것이다. 그렇게 멍한 상태가 되었고, 나는 그토록 귀한 손님이 찾아오는 소리도 제대로 들을 수 없는 지경에 이르렀다. 초자연적인 빛이 완전한 어둠에 구멍 하나조차 뚫지 못했다. 사실 내 지인들은 즐겼을지도 모르는 신과의 대화에서 해방되었다.

이후 나는 그 정도로 무의식에 깊이 빠져드는 것을 그만 두었다. 그러나 다시 신과 대화하지 못했다. 내 작전이 나를 찾아온 신(신도 분명 씁쓸한 마음을 느꼈으리라)에게 충격을 준 건지, 수면제 때문에 나라는 사람이 바뀌어서 신을 받아들일 수 없게 된 건지, 아니면 나의 인생에서 이상한 시기를 지났고 현명하게 그 시기를 마무리 지은 것인지 아직 모르겠다.

나는 조금 더 분명하게 말해야겠다. 신과 우리가 부모와 자식의 관계라는 이유로 반말이나 높임말 중 하나를 선택해야 할 필요는 없다. 나는 신과의 대화로 내가 겪은 동요를 생각했다. 그 후유증으로 신을 만난 이후 빙글빙글 돌고 재잘거리고 신랄한 말로 현혹하려 하고 몇 줄의 문장을 따라 춤을 추었다. 이제는 적절하지 않은 행동들이다. 나는 강렬한 충격과 이후에 찾아온 박탈감, 그리고 다시 침착함을 되찾고자 했던 노력을 떠올려 본다. 우리 중 어떤 사람들은 혼란스러운 경험으로부터 회복하지 못하기도 한다. 그래서 아무것도 말하지 못하고 입을 다물어버리기도 한다. 충격으로 눈이 먼 이들이 길을 되찾는다면 그것은 기적이리라. 불타버린 그들의 피부를 어떻게 식히고 어떻게 상처에 붕대를 감아야 할지는 아무도 모른다. 그렇지만 그들은 안다. 다른 사람들은 자신 안에 있지만 자신이 모르는 존재의 말, 이성을 초월하는 존재를 만나면 쓰려고 아껴두었던 말을 사용한다. 그러면 또 다른 이들은 이제 그다지 놀라지 않는다.

어떤 시험에 들게 하든지 간에 그들은 신이 아무 존재도 아닌 것처럼 그 시험을 받아들인다. 신은 그들에게 명한다.

"배가 고프거든 먹으라. 다정함이 필요하거든 사랑하라."

그들은 약간의 재치와 순진함으로 이렇게 생각한다.

"주님도 나처럼 생각하는구나. 반대로 말하셨으면 놀랐겠다."

만약 신이 한가해 보였다면 그들은 저녁 식사에 신을 초대했을지도 모른다. 다른 이들은 보이지 않는 신의 방문을 받은 적이 없지만 그렇다고 해서 그들의 신앙에 상처를 입지는 않는다. 그들은 가장 일상적인 행동과 맹세를 통해 매일 성령을 경험한다. 만약 신이 그들의 마음속에 살지 않는다면 그들이 자발적으로 그토록 올바르게 행동할 리 없으리라.

사 라 진

시 인 들 과

대 화 하 기

나의 스승들은 문학은 수세기에 걸쳐 펼쳐지는 끊이지 않는 대화라고 말했다. 몽테뉴는 스토아학파 철학자들과 대화를 나눴고, 파스칼은 몽테뉴와, 볼테르Voltaire는 파스칼과 대화한다. 나는 그들의 대화에 특별히 초대된 영광을 누리며 그들을 지켜보고 탄복한다. 그들 대부분은 세상에서 사라졌으니 이제 마음껏 대화를 나눌 수 있으리라. 그런 상황에서 신체의 크기나 비대한 자아는 이야기를 듣고, 미학과 감정을 공유하는 데 아무런 방해가 되지 않는다. 그들은 이제 실질적인 경쟁자가 아니기 때문에 서로 발톱을 드러낼 필요도 없었고 유명인으로서의 허세도 부리지 않으리다.

그보다 더 앞선 시대의 사람들의 목소리는 그들에게 다채롭고 지적인(청춘을 만끽하는 것처럼 지식을 누릴 것이다) 웅성거림으로 다가갈 것이다. 그 웅성이는 소리를 지각하는 한 그들은 예술과 문학이 죽지 않았다는 말과 상관없이 자신만의 확신을 가질 것이다. 그들은 훗날 어떤 젊은 작가들이 자신을 그림자 속에서 끄집어내어 질문하고, 자신의 이야기를 감사한 마음으로 듣고, 산책길이나 꿈길을 같이 걷고, 진정한 불멸성을 약속해주리라는 사실을 알고 있다. 그 약속은 전쟁 중에 목숨을 잃은 병사에게 하는 지키지도 못할 약속이나 아직 살아있는 자에게 과도하게 표현하는 경애심과는 다른 것이다. 그들은 이러한 사실을 잘 알고 있기에 평화롭게 사라질 것이다. 그리고 위대하고 유명한 대문호들과 만나 어깨를 나란히 할 것이다.

필연적으로 위험할 수밖에 없는 작품을 시도할 용기가 있는 사람은 얼마나 복 받은 자인가! 위험한 작품은 불발에 그칠 수도 있고, 이해받지 못할 수도 있고, 무의미하게 여겨질 수도 있다. 작가는 작품의 초안을 이미 구상했기 때문에 자신만의 세상의 편협함으로부터 구원해줄 고귀한 정신들을 자주 만나게 될 것이다.

도시는 변두리에서 변두리로 영속하며, 바다는 흩어지지 않지만 끝없이 펼쳐진 해안과 드물게 항구에 맞닿는다. 작가는 흙도, 부식토도, 비료도 필요 없지만 무엇보다도 감사와 사랑의 행위를 필요로 하는 산맥에서 도시와 바다가 보여주는 관대함을 찾을 것이다. 그렇지만 얌전하게 검소하게 겸허하게 대문호들 사이에 자리를 잡으려면 어느 정도의 익명성에 동의해야 하며, 과도하게 개성을 드러내지 않아야 한다. 화가 발튀스Balthus가 말한 '모든 것, 심지어 안경과 신발까지도 이름을 새기고 상표를 달아야 하는 사회'에서는 실천하기 힘든 임무이기는 하다. 그림자 속 사람들, 맨발로 하늘을 향해 나아가는 겸손한 사람들, 보이지 않는 것을 보기 위한 안경이 아무런 도움이 되지 않는 사람들에게는 우스꽝스러운 요구일 것이다.

　작가를 '만나고', '찾아가고', '다시 찾아가는 것'. 나는 이런 표현들은 문자 그대로 이해한다. 작가와의 만남은 우리가 즐거워하며 읽고 나서는 다시 열어 보지 않아도 환상적인 추억을 간직하게 하는 책 속에서 이루어지는 것이 아니다. 작가와의 만남을 통해 우리는 그들의 내면에 가닿고 그들과 친숙해질 것이며, 이러한 계획에는 시간이 필요하리라는 사실을 알고 있다. 간혹 작가와의 만남이 아주 짧게 이루어질 때도 있다. 친구에게 하는 것처럼 인사 한마디만 나누는 게 전부일 때도 있다. 가끔은 우연히 읽은 몇 문장 덕에 작가의 상냥하고 특별한 목소리를 다시 들었다는 행복감을 느끼기도 한다. 때로는 위험하기는 하지만 일과 중에 중요한 일을 잠시 미루고 마음속에 난 길을 돌아보기도 한다. 같은 시대를 살아가는 작가라면 상황은 더 극적으로 변할 수 있다. 동시대 작가의 죽음은 우리를 위해 그가 써주었을 수도 있는 아름다운 글들을 앗아간다. 우리는 그가 우리에게 실망을 안겨주었다고(특히 그가 스스로 목숨을 끊었을 경우) 원망하기도 한다. 그와 반대로 한때 많은 사랑을 받은 작가가 고령이 될 때까지 작품활동을 이어가기도 하지만 후기 작품들이 그다지 문학적 가치가 없거나 불필요한 말들로 채워지는 경우도 있다. 그래도 우리는 여전히 충성스러운 독자이고, 나이가 들고 재력을 잃은 친구에게 하듯이 그를 여전히 찾는다. 그에 대한 부정적인 평가를 들으면 맞는 말임을 알면서도 골이 날 것이다.

지나간 시절, 요컨대 즐거웠던 시절을 회상하는 것은 쓸모없는 일이 아니다. 지난 세월로부터 어떤 욕구를 꺼내 간직할 수 있을까? 우선 한 번 더 언어에 관심을 가질 필요를 느낀다. 그렇다고 해서 일상의 언어로부터 자신을 분리하는 것은 아니다. 막연하고 일관되지 않은 말을 하는 것을 부끄럽게 느끼며 대화의 상대를 존중함으로써 언어에 주의를 기울여야 한다는 것이다. 이러한 조심성은 형식에만 국한되지 않는다. 몸을 쭉 늘렸다가(쥐가 나지 않게) 다시 웅크렸다가 상대에게 활짝 열어 최상의 컨디션으로 대화하는 것이다. 스포츠처럼 마치 테니스 선수가 집중해서 최고의 경기를 펼치는 것처럼 말이다.

나는 이런 생각, 내 취향에 비하면 너무도 일반적인 생각을 저버린다. 나는 가장 내밀한 곳으로 들어간다. 솔직히 말하자면 나는 수많은 것을 잃었다는 사실을 알고 있었다. 나는 요즘 나름의 매력이 있는 작품, 내 눈에는 다른 작품과는 달리 독특하고 독창적인 작품들을 쓰고 있다. 과거에 내 작품들은 다정하게 미소 짓는 젊은이들 사이에서 서로 영향을 주고받으며 생겨났다.

어쩌다 왜 이렇게 되었을까? 이제 나는 문학을 비롯한 세상에 새로운 가치를 부여할 수 있는, 꿈을 꾸는 소년이 아니다. 어릴 적 나는 환상과 치기 어림에 사로잡혀서 몽테뉴와 속삭이며 그의 말을 몰래 빼돌리는 파스칼을, 세비니에 후작부인과 미뉴에트를 추며 그녀가 딸을 너무 걱정한다고 나무라는 라 로슈푸코La Rochefoucauld 공작을, 내내 뚱한 표정을 지으며 시대를 비난하는 생시몽 가의 공작을, 마침내 장 자크 루소와 화해하는 볼테르를 상상했었다! 특히 학창 시절 문학 선생님이 그립다. 선생님은 자신의 권한으로 우리를 위해 화단을, 프로방스 지역의 전통춤을, 상냥하고 서로 조화를 잘 이루는 천재들의 아카데미를 만들 수 있었던 마법 같은 분이었다.

재 담

내가 재담가를 정식적인 자격이 있는 인물로 불러도 될까? 재담가는 과도하게 넓은 말의 자리를 부당하게 차지하지 않았던가? 그러나 대화는 모든 참여자가 평등하게 발언 시간을 나눠 가져야만 하는 것은 아니다. 게다가 주의 깊게 듣는 행위도 대화에 참여하는 행위이니 말이다.

매력적인 재담가는 본능적으로 우리의 공감을 자극한다. 그는 함께 있는 것만으로도 모난 분위기를 부드럽게 만든다. 그는 사람들의 관심을 독차지하지 않으면서도 사람들을 서로에게 상냥하게 대하도록 만든다. 재담가는 우리의 감탄을 지나치게 강요하지 않는다. 마지막 말이 끝나면 그는 자기가 만든 유쾌한 분위기에서 물러날 것이다. 이런 화자의 말을 들을 때는 지루함을 느껴 본 적이 없다. 재담가는 폭발적으로 쏟아지는 단어의 파도 앞에 무릎 꿇지 않는다.

재담가의 말은 섬세의 극치다. 그가 조금 더 길게 이야기할 때는 침묵하며 준비한다. 그동안 우리는 편하게 숨을 고르고 차분하게 다음 이야기를 기다린다.

재담가의 특히 빛날 수 있는 상황들을 소개하겠다. 재담가가 강연자 역할을 맡으면 그가 솜씨를 엄청나게 발휘하지 않는 한 우리는 실망할 수도 있다. 그는 강연을 잡담으로 만들 것이고, 대학의 대강당은 이런 전환을 다소 놀란 채로 지켜볼 것이다. 나는 그보다는 그가 누군가의 응접실에서 친구들과 함께 나누는 말을 듣는 것을 선호한다. 그는 어색한 분위기도 없이 편안한 소파에 앉고 쿠션과 벽지, 몇 가지 소품들은 그를 조심스럽게 맞이한다.

밤이 되면 램프의 불이 켜지고 우리의 얼굴에는 명과 암이 동시에 존재하게 된다. 재담가의 말은 밤이 내려앉으면서 우리 마음속에 싹튼 걱정을 이내 해소해준다. 그렇게 그는 아주 섬세하게 말을 내뱉는다. 그러나 나는 그가 냉소적이고 날카롭고 공격적인 모습을 드러낼 수 있다는 사실을 안다. 재담가는 요란을 떨지 않고 떠난다(그리고 동시에 대화는 끝난다). 그와의 작별은 아주 세련된 의식을 보는 듯한 느낌이 들 것이다. 사실 재담가와 함께한 시간은 감미로운 시간이다. 일관되지 않은 시간의 파도를 드물게 빗겨나간 순간이다.

재담가는 재치 있는 말을 한 듯한 인상, 각자의 재밌었던 기억을 떠올리게 한 듯한 인상을 남긴다. 그는 누군가 방에 들어오거나 나갈 때 다른 사람들이 눈치채지 못하게 엷은 미소를 띠며 눈인사를 건넨다. 파스칼이 그리스도에게 감사하며 바친 '그를 위해 피 한 방울을 흘리노니'라는 문구를 여기서는 '그를 위해 눈길 한 번 주노니' 혹은 '과거를 떠올리게 하나니' 정도로 바꾸어 재담가에게 붙일 수 있겠다. 분명히 재담가는 한 사람 한 사람과 오래 이야기를 나누지는 않지만 그 누구도 빠뜨리는 법이 없다. 그는 이리저리 날아다니고 옮겨다니다 숨을 고르고, 다시 새벽의 오바드와 저녁의 세레나데를, 마리오 치코의 노래를, 협주곡을 들려준다.

나는 유쾌하고 매혹적인 재담가의 초상을 그려보았다. 어떤 사람들은 그처럼 수준 높은 솜씨와 겸손함을 보여주지 못한다. 그들은 재담이 무슨 직업이라도 되는 것처럼 과도하게 훈련한다. 철학가 블라디미르 장켈레비치Vladimir Jankélévitch는 이런 사람들을 보고 남의 마음을 사로잡으려고 마치 직업 훈련을 받은 전문 매혹가처럼 행동한다고 비판했다. 그런 점에서 나는 장켈레비치의 의견에 동의한다. 전문 매혹가는 향수를 전문으로 만드는 조향사, 희극을 전문으로 하는 희극배우, 수사학을 전공한 웅변가처럼 매력과 매혹을 전공하는 사람을 일컫는다. 향기의 세계에 빠져 살고, 다른 감각보다 후각이 뛰어나고, 이상적인 향의 에센스를 붙잡아 두지 못한다는 생각에 진심으로 마음 아파하는 조향사가 있다면 나는 그를 좀 더 너그러이 대할 것이다. 오븐과 빵 바구니, 밀가루를 소중히 여기고 같은 제빵사를 연인으로 두는 제빵사도 마찬가지리라. 그들이 특정한 감각을 예민하게 단련하고 눈을 가늘게 뜨는 방식이나 반죽을 접는 방식처럼 작업과 관련된 동작을 본능적으로 개발할 때, 나는 그들의 직업적 능력과 기술을 높이 산다.

반면 매력을 특정한 상태로 고정시키고 몇 가지 기술을 이용해 그 상태를 기계적으로 재현하는 재담가는 비난을 면치 못한다. 매력은 상황에 따라 달라지며 말로 정의하기 힘든 요소와 뒤섞이면서 발현된다. 자기가 어떤 매력을 지니고 발산하는지 모를 때 그 사람은 도리어 더 매력적으로 보인다. 자신의 매력을 의식하지 않고 모른다는 사실이 그 매력의 가치를 증명한다. 의식하게 되는 순간 숭고한 순수함을 잃고 평범한 세계, 도구화된 세계, 매사 이익을 따지면서도 지금의 처지보다 가치를 더 높일 수 없는 그런 세계로 다시 들어가게 된다.

예전에 자신이 뛰어난 유머 감각을 지녔다고 홍보하는 짧은 광고를 보고 적잖이 놀란 적이 있다. 그렇게 노골적으로 자신의 유머 감각을 주장하는 사람이 유머 감각이 있을 리가 있을까. 그러니까 별장이나 새 차, 아니면 멋지게 긴 수염처럼 좋은 유머 감각을 가졌다고 뽐내는 사람을 만나면 피하는 것이 상책이다!

과거에는 세례식이나 성찬식 때 만담가(나는 보통 콤비를 선호한다)를 불렀다. 만담가가 있으면 사람들이 지루해하지는 않을까 걱정할 필요가 없었다. 그렇지만 웃음은 매력처럼 영원히 지속되는 것이 아니다. 웃음은 오해, 이상한 조합, 극복한 두려움에서 비롯되었을 것이다. 연설가는 재담가와는 정반대로 가끔 사람들의 눈을 속이기도 한다. 연설가는 논거를 뒤집는 법과 문장 사이에 적절하게 호흡하는 법을 잘 알지만 나의 반감을 산다. 왜냐하면 살아있는 말은 매력이나 웃음과 마찬가지로 어떤 인물에 불과한 것이 아니기 때문이다. 연설가의 말은 생명체나 인간에 달라붙은 기계적인 과정일 뿐이다.

지금까지 길게 늘어놓은 나의 주장을 통해 여러분은 내가 재담을 대화의 가장 즐거운 형태로 생각한다는 사실을 이해했으리라. 재담가가 아닌 그저 말만 많은 연사는 우리를 성가시게 하지만 재담은 유익하고 칭찬할 만한 유형의 대화로 여길 수 있겠다. 재담은 여유를 부리고, 주제를 벗어나고, 예상치 못하게 우회하는 데서 즐거움을 찾고, 일부러 먼 길로 돌아간다. 왜냐하면 성과를 내고 가독성을 높이고 유용해지고자 하는 의지와 건조하고 빈약하게 자신을 표현하고자 하는 의지를 거스르는 것이기 때문이다. 사람들이 재담보다는 '개입'이라는 단어를 선호하는 것도 바로 이 때문이다. 사람들은 개인으로 혹은 단체로 개입하기 위해 연단에 오른다. 개입이라는 것은 특정 권한을 바탕으로 상황을 노련하게 이끄는 작업이다.

개입은 혼자만의 장광설이다. 하나의 목소리만을 필요로 한다. 질문이나 예절에 어긋난 소음으로 개입을 방해하거나 끼어들거나 마법에 걸린 상태를 깨는 것은 부적절한 일이리라. 그런데 우리는 모두가 발언권을 평등하게 나눠 가지고 공동의 체계를 만드는 데 참여하는 대담이나 토론보다는 무질서하게 말을 주고받는 것을 선호한다. 전자 같은 유형의 언어적 교환은 무기력하고, 심지어 애매모호한 말들로 귀결된다. 재담 중에 오가는 유쾌한 의견들은 우리에게 삶과 주변 사람들과 우리가 확실하거나 모호하게 느끼는 불안을 깨닫게 해줄 수 있다.

미사여구만 장황하게 늘어놓는 요설가는 우리가 대강의 줄거리를 이미 알고 있는 진부한 생각들을 쌓아놓고 우리를 지루하게 한다. 진짜 재담은 자신만 연주할 수 있는 레퍼토리가 있어야 한다.

내가 만난 매혹가들 중 가장 매혹적인 사람은 나이가 지긋한 분이었다. 그는 몇몇 문장들을 내뱉었다. 그러다가 하던 말을 잠시 멈추고 고개를 든 뒤 아름다운 백발을 부드럽게 매만졌다. 우리는 숨이 찼나 보다 생각했는데 그 순간 그는 다시 활기를 띠었고, 새로운 이야깃거리를 만들어냈고, 환희에 차서 우리와 소통했고, 장난기 많은 아이처럼 눈을 반짝였다. 그의 몸짓은 너무도 가벼워서 심지어 우리 위로 날아올라 하늘로 떠날 수 있는 것처럼 보일 정도였다. 아무도 그가 펼치는 희극이 그의 나이에 걸맞지 않는다고 감히 지적하지 못했다. 나는 그에게 격려받은 것 같았다. 그가 우리에게 말하는 방식, 자기만의 길을 즐겁게 만들어가는 방식은 우리에게 분명한 메시지를 남겼다.

"나처럼 하세요. 품위를 지키며 말년을 보내세요. 언젠가 그저 가벼운 숨결만이 당신에게 남게 된다면 그래도 본질은 잘 지켰다고 생각하세요."

재담가는 이 사람처럼 유머 감각을 잃지 않는다. 재담가는 점잔 빼는 태도, 비탄에 젖었다기보다는 교활하고 간사한 쪽에 가까운 슬픈 얼굴은 좋아하지 않는다. 게다가 친구들에게 둘러싸여서 강물의 속삭임을 들으며 막 배를 타고 떠나려는 순간에 어떻게 웃지 않을 수 있단 말인가, 어떻게 익살을 부리지 않을 수 있단 말인가. 이렇게 그는 청중과 자신으로부터 거리를 둔다. 재담가는 청중을 안심시킨다.

"나를 향한 여러분의 관심에 감사드립니다. 그러나 내가 여러분께 하는 모든 말을 곧이곧대로 받아들이지는 마세요. 내가 떠나면 나를 잊고 이전의 삶으로 돌아가세요. 두 다리에 힘 꽉 주고 세관을 통과할 때는 평정심을 잃지 마세요."

청중 중 누군가는 자신이 강연장과 연사를 헷갈렸다고 생각할 것이다. 그들은 이렇게 반발할 것이다.

"웬 헛소리야. 겁을 먹었나 보군. 자기가 하는 말의 결과에 책임도 지지 못할 사람이네."

이런 청중은 '진정성' 있는 강연자를 선호한다. 동에 번쩍 서에 번쩍하며 일사천리로 전쟁터를 쓸어버리고 적을 섬멸하라는 임무를 완수하고 나면 다른 전장으로 떠나는 강연자 말이다. 그런 강연자들은 케케묵은 환상, 몽상, 애매모호한 은유가 가득한 지식의 장, 온갖 악취가 나는 지식의 장을 정화하고자 하는 야망을 품고 있다. 한때 그들은 '인식론 특공대'의 세계에서 가장 진지하기로 유명한 자와 타협했다.

인식론자는 여담을 많이 하는데, 이 또한 인식론자가 타고난 특성이다. 그가 아이라면 이웃에게 가서 어떤 이야기를 전해달라는 심부름을 받고 이웃집에 가서는 본론으로 들어가기 전에 이런저런 잡담을 쉬지 않고 늘어놓았을 것이다. 참을성 없는 이웃은 "핵심만 말해, 핵심만"이라고 말할 것이다. 인식론자가 교사라면 자신이 수업 중에 전달해야 하는 본질은 중요하게 여기지 않고 부차적인 것들만 오래 설명할 가치가 있다고 생각할 것이다. 그런 생각이 들면 그는 더 이상 어떤 의무감도 느끼지 않고 새롭게 얻은 자유를 남용할 것이다. 그의 잡담은 학생들 사이를 돌아다니다가 불이 붙은 훌라후프가 되어 학생들을 한 명씩 가두고 주위를 빙글빙글 돈다. 그는 이제 여러 개의 훌라후프를 큰 훌라후프 하나로 합친다. 마치 모자에서 스카프나 비둘기를 꺼낸 뒤 사라지게 만드는 마술사처럼 말이다.

그는 가끔 주어진 재능에 비해 자신을 과대평가한다. 프로그램에 계획하지 않은 더블 악셀 점프를 시도한다. 그리고 넘어지고 관중의 도움을 구하지 않고 당황한 기색도 없이 다시 일어선다. 사람들이 자신의 실수를 손가락질하면 그는 이렇게 변명한다.

"이 이미지가 다른 이미지를 연상시킬 것이라는 사실을, 궁극의 원이 나의 의지를 따르지 않으리라는 사실을 내가 어떻게 예측하냔 말이죠."

인식론자는 간혹 존재에 대해 이야기하는데 나는 그의 언사를 잘못 이해하곤 했다. 나이가 많아서 이제는 삶을 새로 나아가는 대신 지난 삶을 회상하는 것일까? 우리와 좀 더 친밀한 관계를 만들고 싶었던 것일까? 어쨌든 이 이유들은 모두 나름의 설득력이 있다. 나는 다른 요소들을 생각하는데, 그러다 보면 그것이 하나의 전략처럼 보인다. 사적인 영역과 공적인 영역의 경계, 비밀과 수치스러운 경험의 경계, 상상과 현실의 경계, 자기 고유의 것과 보편적인 가치를 지니는 것의 경계를 넘나들며 그는 우리를 가지고 놀고 당황하게 한다. 우리가 어릴 때 하던 놀이처럼 말이다. 술래를 정한 뒤 술래의 눈을 가리고 그 주변을 빙빙 돈다. 불쑥 튀어나오고 크게 소리쳐서 술래를 헷갈리게 한다. 그는 이런 놀이를 하는 것처럼 우리를 어지럽게 한다. 그는 존재를, 의심할 여지가 없는 확실한 것들을 의심하게 만든다. 우리가 이러한 의심 속에서 즐거움을 느끼고 생각을 달리할 수 있을까?

강연에서는 청중의 눈과 귀에 거슬리는 별난 버릇들이 재담에서는 청중을 매혹시킨다. 우리는 기분이 상하지 않는다. 왜냐하면 우선 재담에서 우리가 기대하는 것은 지식을 함양하는 것이 아니며, 이런 기벽들은 우리와 연결된 실질적인 존재가 보내는 신호로 받아들여지기 때문이다. 만약 그가 무표정을 위한 치료를 받고 이러한 버릇들이 사라지면 우리는 실망할 것이다. 재담가도 이 사실을 잘 알고 있다. 그래서 그는 쓸데없이 헛기침하기, 읽지도 않는 책 넘기기, 순서가 잘못 인쇄된 쪽 찾기, 잘 보이도록 안경알 닦기 등과 같은 다양한 행동을 한다.

현학적인 강연은 나를 그다지 만족시키지 못한다. 강연을 맡은 강연자의 재능을 부정하지는 않겠다. 그러나 이미 쓴 원고를 어쩜 그리도 당당하게 읽을 수 있는지 모르겠다. 그 원고는 청중이 혼자서도 대충 훑어보고 아주 평온하게 주해를 할 수 있는 것인데 말이다. 그보다는 그냥 우리가 존재하는 와중에 하는 모호하고 두서없는 대화를 선호한다. 대화 도중에 하는 큰 실수, 할 말 없이 무기력한 상태, 머뭇거림 같은 것이 대화에 매력을 더한다고 생각한다. 만약 강연 중에 연사가 이런 모습을 의도적으로 자주 보인다면, 그의 거짓된 자연스러움은 환상을 심어주는 불꽃놀이처럼 나를 분노를 자극할지도 모른다.

그런데 내가 틀렸다. 곧이어 나는 그가 구체적인 법칙을 따르는 특이한 유형의 연사라는 사실을 이해했다.

'인간은 오직 순수한 영혼이 되기 위해 육체, 다시 말해 피부와 뼈와 다량의 수분으로 구성된 유기체를 버린다.'

이런 식의 은유는 나를 황홀하게 했다. 그런데 강연이 정해진 운명을 있는 그대로, 그것도 가장 훌륭한 방식으로 받아들였다면 내 마음에 들었을지도 모른다. 목걸이를 하고 흰 장갑을 낀 안내원이 강연자의 목을 적셔줄 물이 담긴 물병을 은쟁반 위에 올려 날랐어야 했다. 강연자는 천천히 연단의 계단을 올랐어야 했다. 말을 뱉기 전에 정신을 집중해 깊이 생각했어야 했다. 몇 달 전부터 정해진 시간과 장소에서 강연이 진행된다는 공지가 있었다. 그러니까 강연 장소를 옮긴다거나 다른 발표 같은 것으로 대체하는 것은 대안이 될 수 없었다.

이 강연이 연사의 경력 중 하나가 될지도 모른다. 강연에 참석한 사람들 중 몇몇은 "아우스터리츠 전투에 참전했다"고 적는 제1제정 시대의 군인처럼 자신의 이력서에 이 강연에 참석한 경험을 기록할 것이다. 강연이 끝나갈 즈음에 그 대단한 연사는 무거운 발걸음을 이끌고 연단의 계단을 내려왔다. 그러나 보이지 않는 좌대 위에 그가 여전히 서있는 것처럼 보였고, 나는 그에게 버스를 탈지 택시를 탈지 감히 물어볼 생각조차 할 수 없었다.

가장 신중한 사람들은 성대한 복귀를 위해 흰색의 탈부착형 칼라나 흰담비 모피로 장식된 밝은 회색 프록코트를 걸쳤다. 프록코트는 제정시대에 유복한 집안에서 태어난 사람들이나 20세기 초에 태어난 사람들의 기억 속에 생생히 남아있는 옷이다. 프록코트는 가장 젊은 사람들의 호리

호리한 몸집을 돋보이게 해주었다. 회색은 약간의 진중함을 느끼게 해준다. 그렇지만 코끼리의 회색, 히말라야산맥의 회색은 매력적이다. 흰색의 탈부착형 칼라는 목사나 판사가 자주 착용하는 것인데 여기서는 계단식 강당에서 지켜온 엄격함을 잃어버렸다. 가장 부주의한 사람은 정장 두어 벌만으로도 만족한다. 사실 소수에 불과하지만 일부 여성들도 강연을 여는 혜택을 누렸다. 청중 앞에 서기 위해 그들은 고전적인 옷차림을 선택했다. 너무 정숙한 올림머리를 하기도 했다. 불타는 듯한 적갈색의 머리를 풀어 헤치면 청중들이 그 강렬함에 눈이 멀지도 모르니 말이다.

철학, 정치경제, 국제관계 같은 주제는 우리의 강연자가 하는 말에 중압감을 준다. 강연자는 자신이 경직된 태도와 비현실적인 모습을 잘 유지하기 위해 노력한다. 그는 불운한 신의 아들이 강생 후 치러야 했던 대가를 생각하며 살아 움직이는 존재가 되지 않기 위해 애쓴다. 나는 그가 발휘한 기량을 높이 산다. 아리스토텔레스의 범주와 칸트의 의무론은 적당한 양의 지방이나 색채가 없어도 알아볼 만한 가치가 있었다.

강연자로서는 가스코뉴 지방이나 남프랑스 지방의 특색

있는 사투리를 사용하지 않아야 할 필요가 있었다. 강연자의 불그스레한 볼이나 길고 화려한 수염이 청중의 불행한 경험주의적 삶을 연상시키지 않아야 한다. 우리는 한 개인과 마주한 것이 아니라 중압감을 주는 실체, 초월적 자아와 함께 있다.

여성 연사는 남성 연사보다 장점이 있다. 여성의 섬세함은 잊을 수 없으리라. 안마리 프티장 교수는 한 학기 동안 프랑스 르네상스 시대의 여류시인인 루이즈 라베_{Louise Labbé}의 작품에 등장하는 인물에 대해 강의를 진행했는데, 우리는 그녀의 강의를 듣는 동안 숨을 돌릴 틈이 없었다. 수업이 진행되는 동안 그녀는 여류시인 그 자체로 분하였다. 어떤 때는 우울했고 어떤 때는 격노했으며 어떤 때는 부끄러워했다가, 어떤 때는 도발적이었다. 그러니까 그녀는 강연자가 객관적이고 냉정한 태도를 지켜야 한다는 암묵적인 규칙을 위반했다. 그녀의 수업을 정말 강연이라고 할 수 있을까? 그녀의 수업은 공개 세미나 형식으로 몇 주 동안 진행되었고, 강연도 그 규모에 맞게 시작되었다. 하지만 누구도 그녀의 강의를 능가하지 못했고, 아무도 그녀 뒤에 발표하러 나서지 않았다. 프티장 교수의 강연은 한 번 듣고 나면 머릿속에서 증발해 버리는 수많은 강연과는 달리(아주 감동스럽게도) 잊을 수 없는 처음이자 마지막 경험이었던 것 같다.

모든 것을

협상할 수

있을까?

이제 협상에 관해 이야기할 차례가 되었다. 협상은 시민과 시민이 속한 체제, 아이와 부모, 교사와 학부모, 고용주와 피고용인, 환자와 의료진 사이에 이루어진다. 협상에서는 선善을 확인할 수 있다. 지위의 한계를 넘어서기 위해 비밀이나 혼란을 이용하는 권력의 민낯을 공개하는 방법, 대의에 대한 이해를 바탕으로 참여하고 계획된 것을 실현하고자 시도하고 긴장과 좌절을 구명하고, 가끔은 해소하는 방법 말이다. 법률만능주의는 능숙한 소송인에게 이익이 될 수 있겠지만 사회생활의 직접성을 해칠 위험이 있다.

그 장단점이 무엇이든 간에 이 새로운 말의 사용법 즉, 협상은 확산되고 정련되고 우리의 영혼을 차지하고, 어떤 점에서는 많은 영역의 대화를 대체한다. 대화는 너무 논리적으로 전개되는 것을 싫어하는 반면 협상은 논거가 필요하다. 표현의 아름다움에는 관심을 거두기를 바란다. 핵심을 겨냥하고 형식을 따질 때는 엄격하게 한다. 대화는 헤매고 방황하는 데서 즐거움을 찾지만 협상은 경로를 곧게 유지해야 한다. 협의점을 찾거나 소송인(당사자) 중 한 명이 원하는 결과를 거두면 협상은 끝이 난다. 당사자 간의 대립이 있을 때 대화는 처벌받아야 할 사람과 면제될 사람을 정하는 역할을 하지 않는다. 대화는 몸짓의 아름다움을 추구하고 언어에 생동감을 더하는 것을 목표로 하기 때문이다. 협상은 결론에 도달하고 논거의 교환을 종결해야 한다. 반면 우리는 계절과 해를 뛰어넘는 끝없는 대화를 꿈꿀 수 있다.

새로운 커플들은 인생의 성공을 꿈꾸고 당장 완수해야 할 계획들을 서로 제안한다. '자기의 삶을 세우는 것'은 당연한 것처럼 보인다. 인간은 태어날 때부터 이 과정을 시작하고, 이러한 목표가 없이는 삶이 무너지기 때문이다. 자아실현을 하고 싶은가? 그런데 이처럼 자신을 증명하고자 하는 바람이 강제적인 규칙처럼 여겨지는 것은 실로 공포스럽다. 누군가는 이런 이상에 관심을 두지 않는다. 자기가 할 수 있는 한도 내에서 나쁘기보다는 좋게 살아가기 위해 노력할 뿐이다. 이런 사람들은 무슨 일이 닥치더라도 세상과 타인을 향해 나아갈 것이다.

내가 명확하게 이해하지 못하는 몇 가지 이상적인 기준이 있다. '가장 강렬한 감정을 추구'하는 것, 따라서 연인이나 배우자에게서 강렬한 감정을 얻지 못하면 다른 곳에서 찾는다는 것이다. 이 말은 모든 이별을 합리화하기에 충분히 막연하고, 충분히 모호하다. 그 누가 감정의 강도를 잴 수 있겠는가! 게다가 세상은 전쟁, 전쟁의 충격, 역경, 불의, 예술작품, 보기 드문 선인이나 악인과의 만남 등을 통해 우리에게 끊임없이 영향을 미친다. 인간은 외부의 영향에 쉽게 흔들릴 만큼 민감한 존재이기에 우리는 종종 자신도 모르는 사이에 그런 격렬한 감정을 느끼지 못할 때가 있다. 따라서 더 심한 다른 감정의 동요를 찾고자 한다면 무감각해져야 한다.

여기서 감정의 강도에 대해 이야기할 필요가 있을까? 가장 가벼운 문제들, 뭐라 말할 수 없는 미소, 장난스러운 문장이 주는 놀라움은 기분 좋게 마음을 스치고, 내가 두려워하는 무기력한 상태에서 나를 깨운다.

이처럼 가능한 한 가장 이상적인 삶을 추구하는 것은 가끔씩 쓸데없는 동요를 불러오기도 한다. 이상적인 삶이란 어떤 대가를 치러서라도 최고의 연인이나 배우자를 만나고자 하는 것, 우리의 감정을 흔들지도 못하는 사람 곁에서 인생의 아름다운 시기들을 허비할지도 모른다는 극심한 공포를 느끼는 것, 그래서 그를 혹은 그녀를 떠났다가 결국 그만한 사람이 없다면 다시 '전 연인'에게 돌아오는 것. 그러니까 매번 변화하고, 새로운 길에 접어들 때 심사숙고 후에 결정을 내리고 협상하고 상대가 우리에게 줄 수 있는 것과 내가 그에게 양보할 수 있는 것을 명확하게 파악하는 것이다.

대화나 사랑하는 사이의 고요한 합의는 우리로 하여금 모든 것이 당연하고 상황에 따라 잘 해결될 것이라고 믿게 만든다. 우리는 다른 것들에 관해 이야기하고 이 침묵 덕에 본질을 건드리지 않고 피한다. 가장 독선적인 이들은 불공평한 상태가 자신에게 득이 되면 이를 영원히 지속시킨다. 아니면 이 두 사람(한 가족의 구성원들, 즉 부부다)은 품위가 떨어진 삶을 영위할 것을 받아들이기도 한다. 나는 한 가족의 구성원들에게 자신의 권리와 자신을 합당하게 지킬 가능성을 제대로 인지할 수 있는 능력이 있다는 사실을 부정하지 않는다. 그러나 일종의 법률만능주의는 웃음거리가 되기도 하고 한 부부의 관계에 부정적인 영향을 미치기도 한다. 협상의 정신은 남몰래 부부 사이에 하는 사적인 대화나 때로는 더 혼란스럽지만 여러 존재가 뒤얽히고 바로 일어나는 갈등(부부 싸움으로 번지기까지 한다)보다 우선된다. 자신에 대한 과도한 걱정(삶의 궁극적인 기준으로 우리 자신을 평가한다면 우리는 사실 매우 정상적인 존재일 것이다) 때문에 대립이 되풀이되고, 그러면 협상의 기회는 늘어난다. 협상하는 사람은 적어도 일시적으로라도 부부 사이에서 빠지는 셈이다. 최후에 양보하는 사람이 되지 않기 위해 고민하는 협상가처럼, 아니면 공정하지 않은 심판처럼 자신이 두 사람 사이의 관계 밖에 있다고 생각한다.

한 가족의 구성원들은 마치 새로 독립한 까다로운 주권 국가처럼 각자의 관할 영역과 자기 고유 영역의 경계를 세우고 서로 존중한다. 그렇다면 각자의 영역을 침범할 때 이를 처벌할 제도화된 기본 규칙으로는 어떤 것들이 있을까?

"그런 상황이 생겼을 때 누가 발의를 하는가? 그러니까 결정권자는 누구인가?"

나의 친구들은 필요할 경우 끈질기고 능숙한 협상 후에 자기 가족의 상황에 따라 규칙의 내용을 수정하기도 한다. 차라리 불가침조약(아무래도 독소불가침조약을 떠올리지 않을 수 없는데, 전쟁의 위협 속에서 살아온 나라들만이 이런 조약에 서명하지만 양심의 가책 없이 이를 쉽게 어기기도 한다)을 공식적으로 선포하는 편이 이로울 것이다. 자기 행동을 정당화할 규범을 명확하게 할 필요를 느끼니 말이다. 나와 친구들은 경솔하게 행동하고 후회할 것을 인정하면서도 다른 사람에게 조언을 구하지 않고 자발적으로, 그리고 즉흥적으로 친구들을 초대하고, 콘서트 티켓을 사고, 여행지를 정하는(이 경우 조금 더 신중하긴 하겠지만) 것을 선호한다. 그러면서도 나는 내가 어떤 분야에서 가장 뛰어났는지 스스로 물어보지 않아서 신칸트주의자들을 분노케 할 것이다. 그리고 아무리 경솔한 선택을 내린다고 할지라도 나는 우리를 이어주는, 그러나 언제나 결함이 생길 위험이 있는 연결고리를 느슨하게 풀지는 않는다.

이러한 상황에서 부부가 미래에 대해 긍정적인 시각을 계속 유지하고자 한다면 각자 상당한 에너지(매 순간 우리를 필요로 하는 사회에서는 절대로 허비하지 않아야 하는 그것)를 쏟아부어야 한다는 점은 인정해야 한다. 그런데 자발적으로 나아가다가 발을 헛디뎠다는 것을 깨달을 때만 잠시 멈추는 편이 낫지 않은가?

성공적인 협상을 위해서는 중재자(오케스트라의 지휘자처럼 구는 사람이 간혹 등장하기는 하지만 일상적인 대화에서 중재자는 필요 없는 존재다)가 필요하다. 이스라엘–팔레스타인 분쟁 당시 헨리 키신저Hnery Kissinger 전 미 국무장관이 중재자 역할을 하며 즉각적인 효과를 본 것처럼 실제로 중재자는 존재한다. 결혼생활과 가족생활 문제를 전문으로 하는 정신과 의사 말이다. 나는 그들의 능력과 수완을 인정한다. 그러나 의사의 도움을 받으려면 '환자'가 스스로 안락한 정신과 진료실로 뛰어갈 필요를 느껴야만 한다. 그런데 우리가 선의의 도우미들이 부부와 가족의 영역에 밀려 들어오게 한다고 볼 수 있을까? 다른 분야에서는 전문가의 도움을 받는 것이 더욱 당연하게 느껴진다. 교사의 가르침 덕분에 아이는 모국어를 배우고 모국의 문화를 접한다. 시체 염습을 담당하는 장례지도사도 있고 자동차를 고쳐주는 수리공도 있다. 그러나 냉랭해진 부부 사이가 아니라 결혼생활 중 예기치 않게 발생한 사고들만 처리하는 수리공, 곪은 상처가 아니라 감정의 생채기만을 치료하는 간호사처럼 문제 수습을 돕는 사람만 늘어나는 사회는 어떤가? 도움을 받는 것이 지나치게 일반화된다면 그 사회의 건강과 안

녕은 오히려 악화될 것이다. 다시 말하건대, 중재자 없이도 올바른 토론을 통해 영구적인 합의에 도달할 수 있을까?

전문가가 아닌 다른 중재자들에게 의지하고 싶다는 생각도 들 것이다. 지인이나 친척 말이다. 부부 그 자체를 중재자로 삼으려 할 수도 있을 것이다. 예를 들면, 불화나 이해 갈등을 넘어 영속하는 도시처럼 혹은 참여하는 개개인의 보잘것없는 말솜씨에도 불구하고 계속 이어지는 대화처럼 부부도 각각의 개인을 초월하는 부부 고유의 삶을 살기 때문이다. 부부는 여러 사건을 겪으며 하찮게 되어버린 목가적인 개념으로는 더는 전락하지 않는다. 이제 부부는 그 자체만로도 존재하기 시작한다. 부부는 침전되고 이미지와 행동이 축적되어 육중해진다. 이기적인 마음과 미적지근한 태도로 관계를 위기에 빠뜨리고 혼자 달아나려는 사람을 충분히 비난할 수 있을 정도로 단호해진다(어찌 보면 눈이 멀고 무심해졌다고도 할 수 있겠다). 두 사람은 놀란다. 자기와 관련 없는 문제들에 끼어든 이 제3자는 누구인가? 부부 공동의 애정이 있을 때만 존재하는 이 사람은 누구인가? 부부 관계 밖에서 진짜 삶을 시작하지 못하게 막고 감히 꾸짖는 이 배은망덕한 사람은 누구인가? 마치 그들의 권태를 이기지 못하는 것처럼 이 반죽음 상태의 반역자가 벌인 투쟁은 수포로 돌아간다.

때로는 부모가 아이들을 증인으로 삼기도 한다. 아이들에게 부모의 언쟁에 가담하라고 하는 것은 크나큰 짐이다. 부모는 아이들에게 어느 정도 자율성을 양도하고, 가족 내에서 중요한 결정을 하는 데 참여하라고 종용한다. 그 결과 아이는 현재 상황과 앞으로 닥칠 결과에 대해 잘 알지도 못하는 채로 매우 중요한 선택을 회피할 기회마저도 박탈당한다.

부부 또는 가족 간의 협상에서 잠재적으로 나타날 수 있는 균열을 지적하는 것만으로는 충분하지 않다. 조금 더 나은 행동 방식과 대화 방식은 없을까?

나는 시어도어 젤딘이 대화에 관한 저서에서 보인 낙관주의에 공감하지 않는다. 젤딘은 아이들과 문제가 있을 경우 일요일 아침 식사 시간을 이용해 아이들과 함께 그 문제의 원인과 아이들과의 갈등이 미치는 영향을 파악할 것을 제안했다. 이웃에게 오렌지 마멀레이드 한 통을 갖다줄 때나 베이컨과 달걀후라이를 곁들인 브런치를 만들 때, 자녀에게 어제 늦게 들어왔냐고 물어보거나 시험 기간이 다가

오지 않느냐고 말을 걸라고 한다. 아니면 자주 가던 강가에서 아내와 함께 산책하면서 대화의 물꼬를 트라고 제안한다. 우수가 서린 물길을 따라 걸으며 행복했던 지난날의 추억을 하나씩 꺼내다 보면 화를 내지 않고도 공격적인 태도 없이 현재 직면한 문제에 대해서 말할 수 있게 된다. 다시 손으로 아내의 허리를 감싸고 걸으며 강가의 정자에서 잠시 서서 애정 어린 포옹을 나눌 것이다.

젤딘은 가장 아름다운 장면을 절대 보장할 수는 없다고 덧붙였다. 어린이에게는 너무 이른 시간(이미 오전 10시인데)인데 나이 든 부모의 말을 듣고 있을 리가 없으며, 베이컨과 달걀 요리를 왜 넉넉하게 하지 않았느냐고 원망할지도 모른다. 아내는 어떨까? 단조로운 물길을 따라 쉬지도 않고 걷는 것을 더는 참지 못하고 새로운 연인과 함께 다른 풍경을 보는 미래를 꿈꿀지도 모른다.

현재로서는 시대에 뒤떨어진 다른 행동 방식을 제시해도 될지 모르겠다. 예전에는 가족이 모여서 빨래를 하는 것이 유행이었다. 빨래는 웃음을 자아낼 수 있고 은유적으로 이해될 수 있는 개념이다. 빨래는 우리 몸과 접촉한 가장 사적인 것, 이불, 속옷, 돌로 지은 집이 튼튼하게 서있을 수 있게 하는 낡은 헝겊들이다. 빨래터에서 사람들은 커다란 양동이와 빨래방망이에 물을 끼얹고 화를 내고 응수하고 젖은 바닥 위를 미끄러지듯 가고 넘어지려다 멈춘 이상한 자세에 부끄러워 하고, 그걸 보고 웃고 원한과 용서의 마음을 번갈아 품고 몸과 사물들을 이용한다. 이 모든 것이 지금 보기에는 꿈만 같은 이야기다. 이러한 행동들은 우리가 행복과 불행이 뒤얽힌 삶의 모습 그대로를 받아들이고 약해진 몸과 마음을 보완해야 가능해진다.

다른 이들은 오늘날에도 예전처럼 부드럽고 비장하게 자신의 고통을 표현한다.

"그가 더 이상 입을 열지 않아."

"내가 하는 말을 귓등으로도 안 들어."

"나는 걔보다 개 친구들이 더 좋더라."

"그냥 방에 틀어박혀서 게임만 하더라고."

단순한 마음들은 대화처럼 협상에도 의존하지 않는다. 수줍어서, 소심해서 그들의 말은 머뭇거린다. 갑작스러운 동요만이 무관심한 사람, 이기적인 사람, 무례한 사람을 질책할 수 있을 것이다.

토 론 하 는

사 회

맹목적으로 복종하거나 생각 없이 본능을 따르는 것보다 토론하는 것이 낫다. 토론은 좋은 대화거리를 던져준다. 이런 소재가 없이 나누는 대화는 무의미하고 지엽적인 수준에 머무를 수밖에 없다. 토론은 나를 혼돈과 게으름에서 구제한다. 누군가 내게 질문을 던지고 문제를 제기한다면 모호한 생각과 편견(내가 진짜로 생각한 것이 아닌)에 더는 의존할 수 없게 된다. 그중 몇 가지를 버리고 좀 더 틀이 잡힌 생각을 제시할 것이다. 왜냐하면 이런 생각은 선입관과 경험, 사람들의 다양한 시각에 맞서고 따분해질 수 있는 대화에 생명력을 더하기 때문이다.

"그럼 어떤 생각이 이길까? 새로운 생각은 자기 앞에 놓인 함정을 피할 수 있을까?"

정치, 문학, 관습 등 자연스럽게 대화를 활기차게 할 주제와 대상은 너무나도 많다.

하지만 다뤄야 할 정보와 주제가 너무 많다고 해서 수박 겉핥기식으로 대충 언급하고 넘어가서는 안 된다. 제3세계의 국가부채, 현대미술, 학교폭력, 대중매체 속 폭력, 도로 교통 안전, 한부모 가정, 스트레스, 실직, 노화, 청소년, 신흥 부자와 신흥 빈곤층, 부부 관계, 이혼, 학교 붕괴……. 이 주제들 모두 우리가 신중하게 고려해야 마땅한 것들이다. 그러나 그저 급하게 훑어보기에 급급한 것이 안타까운 작금의 현실이다. 그러니까 토론 그 자체가 아니라 잡다한 주제에 관해 토론하고자 하는 경향이 잘못됐다는 것이다.

더 심각한 문제가 있다. 우리는 토론이 아닌 다른 말의 사용법을 경시하지 않는가? 말은 실용적인 측면에서 긴급한 사안을 다루기 위해 사용하는 도구에 그치지는 않는다. 말은 우리 내면의 리듬을 연주하는 음악이다. 우리는 말이 지니는 신비로운 난해함을 인정하고 받아들인다. 말은 물질이자 실체이며 구조를 결합하거나 형태를 가지고 노는 놀이에 불과한 것이 아니다. 말은 우리 안에 살며 우리에게 질문을 던지고, 우리를 붙잡고 탐구한다. 그렇게 말은 우리의 통제를 벗어나지만 주의를 벗어나지는 않는다.

그렇다면 언어의 신성한 의무를 우리가 어떻게 다할 수

있을까? 우리가 학교에서 무엇을 기대할 수 있을까? 세상과 진보에 열린 학교는 역사와 기술, 지식, 인간의 새로운 열망을 외면할 수 없다. 학교는 학생이 경쟁을 기본 규칙으로 삼는 어려운 미래를 준비할 수 있도록 돕는다. 분명한 언어를 갖추고 신속하게 문제를 파악하고 새로운 기술을 어려움 없이 다룰 수 있다면 미래에 더 잘 대비할 수 있을 것이다. 그런데 경쟁력은 뛰어나지만 인간중심적인 사고가 빈약할 수도 있다. 그래서 현시대에 더 열린 학교라면 변화와 혁신에 덜 민감하고 조금 뒤처지더라도 걱정할 필요가 없다고 생각한다. 가장 빨라야 할 필요도, 가장 효율적인 답을 제시할 필요도 없는 분야, 참과 거짓, 효율과 비효율을 따지지 않는 분야에서 여전히 모험을 해나가면 된다.

토론하는 사람 역시 여러 이유로(완벽하게 쓸모가 없다는 이유로) 명상과 대화를 의심한다. 명상은 말을 침묵에 가둘 정도로 신중한 말로 이어진다. 대화는 반짝이고 깡충깡충 뛰고 흩어지고 옆으로 돌며 재주를 부리며 인간의 걱정과 불행을 잊게 해준다.

조금 더 겸허한 말의 훈련, 암송 훈련을 생각해보자. 암송할 때는 강세도 바꿔서는 안 된다. 가축들 사이에 흑사병이

창궐하면 제물로 불쌍한 당나귀를 바치는 것처럼 한 단어를 한 단어로, 한 줄을 한 줄로 되풀이해야 한다. 암송은 머리로 외우고 마음에 새기며 소리내어 말하고, 내뱉은 말을 듣고, 다시 집에 돌아와 홀로 암송하는 데서 즐거움을 추구하는 행위다.

우등생들을 위해 암송을 반대로 하는 시험도 있다. 바로 지정된 글의 내용을 반대로 암송하는 것이다. 이러한 시험의 무례한 태도는 나를 분노케 한다. 이러한 시험을 치른다는 것은 앙리 베르그송Henri-Louis Bergson이나 폴 발레리 같은 작가가 제대로 글을 쓰지 않았다는 것인데, 발레리와 베르그송이 수다스럽긴 하지만 이들은 단 몇 줄로도 핵심을 충분히 표현할 수 있었을 것이다. 다행인 것은 심사자와 응시자, 그러니까 우리 모두 낭비된 단어들을 고치는 법을 안다는 사실이다.

과거와 비교해 토론은 많이 달라졌을까? 현대적인 형태의 토론도 과거의 토론, 다시 말해 전통 교육에서 높이 평가하던 논술, 강의, 논쟁같이 위엄 있는 토론 장르의 영향을 받지 않았을까? 우리는 전통적인 토론을 통해 찬성과 반대의 입장을 심사숙고하고 논거를 제시하고 반대 의견을 내는 상대방을 궁지에 빠뜨릴 수 있는 결론에 도달한다. 현재 분사, 과거분사, 탈격 독립구, 종속절(상황, 원인, 양보, 장소, 양태) 등 정밀한 문법을 지키고 주어에 따라 엄격하게 격변화를 해야 하는 라틴어는 그 자체만으로도 수고를 들이지 않고도 청중의 정신과 귀를 만족시키기에 충분한 강한 설득력을 지닌다. 많은 학생들이 학업을 마쳐도 변호사, 공증인, 법조계 종사자, 지방 행정 감독관, 정치인 등이 되어 라틴어 구절들을 사용한다. 심지어 의사까지도 효과적인 치료법을 연구하는 대신 환자의 질병에 대해 현학적인 논문을 쓰며 자신의 의무를 이행했다고 생각한다.

살갗, 감정, 분노, 풍요로운 음식, 증명하고 괴롭히는 기쁨의 웅변에는 이토록 유창하게 말하는 데서 오는 만족감과 쾌씸하게 생각되는 상대방을 향한 모욕만이 담겨있을 뿐이다. 우리는 단어들로 상대방을 붙들어 둔다. 그의 멱살을 잡고 대가를 치르게 할 거라고 장담한다. 소송인(진짜 직업과는 무관하다)은 대강당에 들어서기 전에, 농민 대표 회의에 마련된 좁은 발판에 올라서기 전에, 대법원 법정에 들어서기 전에 때로는 검투사처럼, 때로는 정의의 수호자처럼 보이도록 자신이 등장하는 장면을 꼼꼼하게 연출한다.

논고하기 전에, 시적인 선언문을 낭독하기 전에 그들은 청중이 조용해지기를 기다린다. 오늘날 사람들이 이러한 예식, 다시 말해 정당한 이유 없이 조용히 하느라 시간을 낭비하는 데 동의할까? 빨리 본문으로 들어가라고 요구하지 않을까?

때때로 발언자가 소송의 동기를 잊는 일도 있다. 소송이 그저 극적인 행동을 하기 위해 취한 핑곗거리인 경우도 있으니 말이다. 그래도 그의 편에 선 청중은 무엇보다도 소송인의 공연을 높이 평가할 뿐 소송 이유에 대해서는 무관심해진다.

그러니까 우리의 기억에 남는 것은 유명한 목소리일 뿐 논거의 적합성은 그다지 중요하지 않다. 우리의 배우가 몸과 마음을 다 바쳐 자신의 역할에 충실하기를 바랄 뿐이다. 그가 극적인 효과, 감정의 폭발, 옷자락을 빙빙 돌리는 것을 소홀히 하지 않기를 바란다. 그리고 더욱더 애절하고 원한을 품은 듯한 어조로 말하기를 기대한다.

우리는 연사가 진부한 이야기 속을 나아가길, 천천히 걸어가길 기대한다. 똑같은 주제에 대해 우리는 그들의 기술을 따라 하면서 그들을 구분할 수 있게 될 것이다. 소송 역시 기념비적인 행위다. 영감을 받은 한 남자는 그보다 앞서 다른 사람들이 해왔던 것과 똑같이 우리 앞에서 결혼의 가치를, 죽음과 배신에 대한 두려움을, 여성의 매력을 논한다. 새로움에 심취하고 예측할 수 없는 놀라운 사건을 매 순간 바라는 현대 사회와는 대조되는 양상이다. 현대인은 대부분 새로움에 과도하게 중독되었다. 어쩌면 이는 자신을 끊임없이 위협하는 권태로부터 깨어있기를 바라서일지도 모른다. 연사와 청중은 자신에게 익숙한 길을 다시 가는 데서 즐거움을 찾았고, 게다가 다른 데로 모험을 떠나봤자 별 소용이 없다고 생각했다. 파스칼이 새로운 길을 가려는 사람을 보았다면 아마 말렸을 것이다. 이미 다 알려진 이야기이며 단지 그것을 말하는 방식이 중요할 뿐이라고. 우리가 가지고 노는 것은 항상 똑같은 공이지, 중요한 것은 원하는 곳으로 공을 보내는 솜씨일 뿐이다.

나는 오늘날 웃음을 자아내는 이 행동들의 기이함을 분명하게 짚고자 한다. 사람들은 프랑스를 위협하는 위험들에 대해 언급할 때 과거의 독일처럼 독재자가 정권에 오를 수 있다는 점은 생각하지는 못하고 카틸리나(카틸리나여, 도대체 언제까지 악용하려 하는가! 키케로의 카틸리나 탄핵 연설 중의 한 대목으로 루키우스 세르기우스 카틸리나Lucius Sergius Catilina는 로마 공화정 말기의 정치가로 키케로를 암살하고 로마 공화정을 전복하려 시도한 '카틸리나의 음모'로 유명하다. -옮긴이주) 같은 사람이 나타나기를 꿈꾼다. 사람들은 길고 긴 문장들로 우리를 괴롭힌다. 사실 문장의 길이는 시제를 능통하게 사용하는 능력과 무한 반복을 통해 안정감을 주는 형식과 관련이 있다. 누구도 그들의 과장된 표현과 언어, 살집 있는 그들의 체형을 감히 비웃지 못할 것이다. 더구나 우리는 연사가 말하기 시작한 순간부터 그의 비대한 체형이나 덥수룩한 수염 따위는 잊어버린다. 연사는 불을 마음대로 다루는 존재가 된다. 플루트, 첼로, 트럼펫으로 모든 파트를 연주할 수 있는 악장이 된다.

무엇이든 닥치는 대로 토론하고자 하는 우리의 열정을 진정시키기 위해 말을 줄이고 우선 잘 아는 것에 관해서만 말하는 수다스럽지 않은 토론 문화도 존재한다. 모든 주제를 건드려야만 하는 토론과는 다르다. 이러한 토론의 참여자는 세련되지 못하고 거친 언어, 자기가 겪은 노동과 배고픔, 추위와 연관된 사실적인 언어를 사용한다. 이들은 말하기가 인간 고유의 속성이기에 말할 뿐이다. 마치 옷을 입는 것처럼, 뜨거운 햇살을 피해 그늘에서 쉬어가는 것처럼, 아기를 안아 올려 무릎 위에 앉히는 것처럼, 시청 문에 붙은 표지판을 읽는 것처럼 말이다.

　이데올로기적 측면과 실용적인 측면, 오페라에서 낭독하듯 노래하는 서창과 선언을 구분하기란 쉽지 않다. 이런 식으로 철학도 두 가지 방식으로 확장할 수 있다. 어떤 사람들의 말에 따르면 철학은 우리에게 선량한 시민이 되는 법, 타인에 대해 연대 의식을 갖는 법, 서로를 관대하게 대하는 법, 선과 악을 정확하게 구분하는 법, 주저 없이 선인을 돕고 악인을 벌하기 위해 선과 악, 선인과 악인을 제대로 구분하는 법을 가르쳐주어야 한다. 지난 10년간 봐 온 것처럼 윤리에 의지하는 것은 이러한 형태의 가르침을 정당화하는 것처럼 보인다. 독일의 철학자 에드문트 후설Edmund Husserl은 자신의 임무를 사회 질서를 지키는 데만 국한하는 것은 철학이 영원한 초심자라는 사실을 잊는 것이라고 말했다. 후설은 연구하는 매 순간 자신이 주장해도 괜찮다고 믿은 것들에 대해 자신의 근본적인 의심을 이용했다. 그는 다시 기초의 기초, 가치관의 가치를 다시 세워야 했다. 기초, 즉 기원은 심연에서 은둔한다. 모든 것을 지탱하는 것은 아직 세상에 드러나지 않았다.

이러한 연구는 시간적인 여유를 필요로 한다. 영웅적인 결정을 통해 행동하고 계획을 세우는 시간을 잠시 멈추어야 한다. 사회는 우리에게 신속하고 간결한 대답을 요구하며, 그 사이에 추측해 내놓은 증거들은 확신을 잃는다. 소크라테스는 평생 동정심과 용기가 무엇인지 자문했다. 그는 그 과업을 우리가 전제조건을 다 세우기도 전에 끝마쳤다. 니체를 보면 하나의 철학을 얼마나 다양한 방법으로 다룰 수 있는지 알 수 있다. 우리는 귀족정치, 또는 반대로 인본주의 정치를 위해 부끄럼 없이 사용하는 일부 관례적인 문구에서 인용할 수도 있고, 니체가 영원 회귀와 권력에의 의지를 통해 전할 수 있었던 메시지에 대해 날이 갈수록 더 심한 곤혹에 빠질 수도 있는 위험을 무릅쓰고도 더 진중한 자세로 자문할 수도 있을 것이다.

철학적 해석은 삶의 기술을 통찰하는 개론서나 시민교육을 위한 수단이 아니라 위대한 작품에 몰두해야 가능하다. 철학자는 예술가와 마찬가지로 자신의 철학을 자기 자신에 빗대어 설명한다. 우리는 세상과 사회, 우리를 대신해 해결해달라고 강요하는 문제들과 철학자를 '연결'하면서 그를 이해하려고 노력하지 않는다. 나는 앞서 암송을 언급하기는 했는데, 철학적 해석은 서창(오페라나 종교극에서 대사를 말하듯이 노래하는 형식–옮긴이 주)이라고 하는 편이 더 어울리겠다. 서창은 원문에 충실하고 섬세하며 단어 하나도 놓치지 않는 꼼꼼한 해석이기 때문이다. 서창은 지나친 수다는 허용하지 않으며 말없이 경탄하는 자세를 유지한다.

서창과 대화 사이에 진정한 공모란 존재하지 않는다. 단지 대화가 서창을 위험에 빠뜨리지 않을 뿐이다. 왜냐하면 대화는 의미를 생산하고 만물의 기초를 규정하고자 하는 욕심을 부리지 않기 때문이다. 그렇기 때문에 대화는 느림, 신중한 태도, 명상을 하며 한 발짝 뒤로 물러선 입장을 존중한다. 반면 토론(토론에 참여하는 행위)은 이러한 입장과 태도를 위협한다. 왜냐하면 토론은 우리에게 참과 거짓, 선과 악, 가증스러운 것과 바람직한 것을 구분해 알려주기 위한 것이며, 그 외는 토론에서 모두 쓸모없는 말로 여겨지기 때문이다. 따라서 존재와 무, 비존재를 둘러싼 끝없는 이야기는 군중을 향한 연설이 될 수 없으며 사회의 진보에 이바지하지도 않을 것이다.

★ ★ ★

나는 보다 평범한 일상에 관한 고찰로 되돌아가고자 한다. 과거의 토론 문화는 우리를 더 자율적인 존재로 만들고자 하는 목적을 지녔다. 왜냐하면 토론은 우리가 한 약속에 대해 논하라 하고, 때로는 대의에 대한 이해를 바탕으로 우리의 약속을 수정하라고 요구했기 때문이다. 그런데 지금도 그럴까? 우리는 점점 더 복잡하고 더 많은 문제에 직면하고 있기 때문에 증명된 자격을 갖춘 전문가들에게 도움을 청하게 된다. 사랑하고 아이를 키우고 사랑에 충실하고 풍요로운 삶을 살고 건강을 돌보는 문제들에 대해서 말이다. 남들이 전문가의 의견을 지켜보고 이를 경건하게 적용하는 반면 다행히 우리는 나름의 방식으로 해석하고 행동으로 옮길 때는 우리에게 내재한 빛을 따라 행동한다.

웃고

마시고

노래하기

대화는 활력이 없어서 아무도 참여하고 싶어 하지 않거나 매 순간 다시 태어나는 대신 길게 늘어지면 사멸하거나 도약하지 못한다. 불가항력적인 상황에서 폭력, 야만, 보복에 대한 두려움은 대화를 고갈시킨다. 과묵한 사람이 우리를 불편하게 한다면 함께 말해야 할 필요성에 대해 의심의 불씨가 피어오른다. 나는 분명하지는 않지만 대화가 방해되는 다른 순간들도 떠올려 본다. 웃음이 그중 하나다. 웃음은 명랑한 분위기를 만들고, 우리를 숨 쉬게 해주는 듯하다(엄숙함 때문에 숨이 막히고 싫증이 날 수도 있으니까). 또한 우리가 유쾌한 순간에 대화에 끼어들고 싶어 하는 것처럼 보이게 한다. 대화는 다양한 형태로 존재하고, 그중 일부는 계속 유지되기 힘든 것이 사실이다.

웃음은 참을 수 없다. 히스테리성 웃음은 대화의 조화로운 전개를 끊거나 논거를 흐리게 한다. 우리의 몸은 거의 완전히 통제력을 잃는다. 숨을 쉬지 못할 정도로, 표정을 관리할 수 없어서 더는 미소 띤 얼굴이 아니라 잔뜩 찡그린 얼굴이 될 정도로, 괄약근이 풀릴 정도로 웃는다. 사람들은 "이제 제발 그만 웃겨"라고 말한다.

"그만 웃겨. 숨 좀 쉬고 정신 좀 차리게."

분명히 그들은 거듭해서 그만 웃기라고 부탁하지만 사실 진심에서 우러나오는 말은 아니다. 그들은 다시 소란스러운 대화를 이어 나간다. 설득력 있는 말, 우아한 생각, 독백, 참신한 표현, 꼿꼿이 든 고개, 냉소가 깃든 입술과는 거리가 멀다. 모델 같은 몸매의 여자가 우리의 '방임행위', 살려달라고 요란법석을 떠는 언행을 금지한다. 웃음과 웃음이 맞붙는 육탄전에서 우리의 몸은 불완전함을 여실히 드러냄으로써 고통받지 않을 뿐만 아니라 날 것 그대로의 모습, 때로는 저속한 모습을 보여줌으로써 즐거움을 느낀다. 이 대화에 참여한 사람들은 무례함이라는 요리로 가득 채운 만찬이 끝나지 않기를 바란다. 그들은 기름지고 따뜻한 웃음 속에서 편안해진다. 분위기를 냉각시키고 식욕을 떨어뜨리는 의미 있는 말들로 이 즐거움을 깨는 위험을 감수하지 않는다.

그래서 나는 웃음을 생각하면 어느 정도 질이 보장되는 대화를 전제로 한다. 나는 사람들이 모여 적절함과 지혜를 함께 보여주는 대화의 즐거움에 대해 이야기하고자 한다. 나는 웃음이 사회적 차별에 대한 염려와 허영의 표시라고 생각하지 않는다. 운동선수가 근육과 정신이 조화를 이루는 신체의 균형 속에서 수영하고 달리는 데서 즐거움을 느끼는 것처럼 일상과 일상의 걱정들로부터 도피하고 싶은 바람 속에는 사소하지 않은 즐거움이 있다. 또한 세상의 저주와 미숙한 행동들이 자아내는 웃음도 있다. 그러니까 누군가와 함께 웃기보다는 그를 웃음거리 삼아 웃는다. 영화 속 주인공이 창피를 당하는 장면에서 우리는 웃음을 터뜨리는 동시에 배우의 연기력에 감탄한다.

이때 두 가지 웃음이 한데 뒤섞인다. 찰리 채플린이 연기한 캐릭터 트램프는 돈 많은 남자의 여자를 쫓아다니지만 매번 허탕을 친다. 식당, 거대한 저택, 심지어는 일하던 공장에서도 쫓겨난다. 영화 속 주인공은 정말이지 우리의 동정심을 불러일으킨다. 슬랩스틱 코미디를 재발견한 작가로 알려진 자크 타티Jacques Tati의 영화는 주인공은 근대화된 세상에 적응하는 법을 몰라서 혹은 적응하고 싶지 않아서 저지르는 실수를 한데 모아 보여주는데, 우리 역시 주인공처럼 첨단 기술에 어느 정도 반감을 느낀다. 어떻게 표현하든 간에 짓궂은 행동, 고장 난 기계, 계속되는 몰상식한 언행은 적절하게 자제된 대화의 정중함과 반대된다.

한자리에 모인 사람들이 배꼽이 빠지게 웃고, 또 서로 웃는 모습에 또 웃음을 터뜨리는 동안 그들은 자연스럽게 함께하는 행복감과 연대감을 느낀다. 이러한 직접성을 지속시키는 데 순간의 감정을 말로, 원활하고 예의 바른 대화로 옮길 필요는 없다. 우리는 상대방에게 융화되는 느낌과 애정 어린 친밀함을 느끼면 대화에서 즐거움이나 매력 있고 굴곡 있는 사연 같은 것은 바라지 않게 된다. 나로서는 이러한 기대가 오히려 수상쩍게 느껴진다. 같이 웃는 것은 곧 서로 잘못을 눈감아주고 큰 소리로 고함치고 같이 벽에 오줌발을 갈기고 깃발을 번쩍 들어 올리면서 사는 것이다.

이제는 상대의 사회적 지위나 위세를 생각하지 않고 모든 상황에서 빈정대는 진정한 조롱꾼과 비교해볼까 한다. 웃음꾼은 보이고 싶은 특정 이미지나 자신의 직업을 이용해 남을 웃기려고 하는 사람이다. 웃음꾼은 조롱꾼만큼 공정하지도, 용기가 있지도 않다. 웃음꾼은 사람들에게 자신의 재능을 보여주고 인정받기를 원한다. 웃음꾼은 아첨하고 남들의 가치관, 나아가 편견에 동조하기도 한다.

웃음꾼은 기름과 배설물과 불투명한 액체로 차있는 사람들의 뱃속과 내면을 깨우고, 사람들은 자신이 감히 인정할 수 없는 부분을 그가 드러내 보였다는 사실에 쾌감을 느낀다. 아니면 그 사람들이 싫어하는 사람이나 제도를 물어뜯는다. 권력자들의 경멸적인 언동이나 거만함을 거론할 때 웃음꾼은 모든 책임을 진다. 오늘날의 학교, 교회, 군대, 정치, 법, 가정교육 등과 같이 부여받은 권력이 소멸된 대상에 관해 농담할 때 웃음꾼은 좀 더 가벼운 마음으로 임한다. 이런 대상들이 무슨 영향력이 있겠는가? 웃음꾼은 사람들이 공동의 억견에 동조하는 순간 위험을 감수하고 불손한 태도를 보여야 한다고 생각한다.

반면 조롱꾼은 그와 반대로 사람들의 허를 찌르는 데서 즐거움을 느끼며, 앞서 서술한 것처럼 청중의 호의를 경계한다. 조롱꾼은 푸념하는 사람들과 자신은 다르다고 생각하지만 사실 그들과 다를 바가 없다!

코미디 공연을 볼 때는 어떤 일이 일어나는가? 배우들은

(비극과는 다르게) 관객과 마주 본다. 마치 대화를 시작하는 것처럼 관객들은 배우의 몸짓과 농담을 보고 웃음을 나눈다. 무대에 있는 배우는 첫 관객들의 반응을 염두에 두어 몸짓과 말투를 바꾸기도 한다. 우리의 일상도 크게 다를 바 없다. 한 무리에서 가장 '웃긴' 친구는 무대 앞으로 나서고 나머지는 입을 벌리며 놀란 채로 있거나 때때로 자기가 좋아하는 레퍼토리를 선보일 채비를 하기도 한다. 대화가 다시 잦아들면 흥을 돋우는 사람, 분위기 메이커, 시치미를 뚝 떼면서 농담을 던지는 웃음꾼이 관심을 독차지하고 다른 사람들에게는 끼어들 틈을 거의 주지 않는다.

웃을 것인가 대화할 것인가, 이는 참으로 난감한 딜레마다. 강력한 매력을 가진 두 가지 중 하나를 버려야 한다니! 나는 특히 웃음과 대화의 대립을, 그 미묘한 차이를 강조하고 둘 사이에 타협점, 나아가 둘의 결합을 그려볼 것이다. 우리를 휩쓰는 엄청난 웃음은 무에서 솟아오를 수 없다. 모호한 문장이나 잘못 이해된 문장, 놀라게 하는 이미지, 들리는 소리가 웃음을 자아낸다. 웃음은 모호한 기대에 부응한다. 이제부터 우리는 신체의 전율과 언어의 비행 사이의 아름다운 경쟁의식을 보게 될 것이다.

웃음이든 대화든 둘 다 전속력으로 어떠한 처벌도 받지 않고, 협곡과 크레바스와 절벽으로 굴러떨어진다. 그러면서 무엇을 뒤집어놓는지 개의치 않고 극단적으로 즐거워하며, 소란이 일어나는 동안 정중함이 파편으로 쪼개질 때까지 형편없는 취향을 붙잡고 있다. 그러나 감히 말하자면 웃음이 주도권을 가질 것이다. 왜냐하면 우리에게는 더는 입을 열 힘이 남아있지 않을 것이기 때문이다. 그러나 슬퍼하지 말자. 이것은 언어가 아름답게 소멸할 수 있는 한 가지 방법이니. 언어는 웃음의 연회에서 절대 벗어나지 못하리라는 사실을 알면서도 요란스럽게 터지는 웃음과 함께 마지막으로 머무를 수 있는 최후의 안식처로 향한다.

음식과

대화

나는 보잘것없는 음식이 곧 고양된 생각과 지적
인 언어를 의미하던 유감스러운 시대를 살았다.

당시는 머리와 수염을 정돈하고 단정한 옷차림을
하면 재능이 없다고 여겨졌다. 심각한 신체적 결함과 부랑
자 같은 꼴불견은 천재성으로 해석되기도 했다. 물론 그 천
재성은 이제 막 싹틔우기 시작한 것이 아니라 닳디 닳은(누
군가는 왕실에서 물려 내려온 보석 같다고 했다) 것이라고
여겨졌지만 말이다. 당시에는 음식에 관심을 두는 것은 진
부하고 경멸받아 마땅한 것, 부르주아의 것에 관심을 쏟는
것처럼 여겨졌다(마치 가진 것 없는 사람들이 세련된 음식
을 싫어했던 것처럼 말이다). 당시에 '간단한 다과회'가 유
행했다. 내 친구들은 아무렇게나 준비한 음식(냉동식품으
로 만든)의 맛을 대담하게도 뽐냈는데 술을 곁들이면 그 음
식들도 충분히 먹을 만해졌다. 제대로 된 식기 한 벌도 없었

고, 혹 있어도 지저분한 포크와 나이프뿐이었다. 우리는 순서도 없이 뒤죽박죽으로 음식을 내놨다(심지어 쟁반 채로. 정말이다!). 다들 아무런 생각도 없었다. 친구들 중 누군가는 돗자리에 드러눕거나 푹 꺼진 소파에 앉았다. 우리는 우리가 지적이고 문화를 이끌어간다고 생각했다. 우리 모두 추하고 더럽고 수다스럽고 못되고 거만하게 굴어도 된다고 고상하게 생각했다.

대부분 문화센터(혹은 '공연'이 끝나고 초대받은 식당들)는 이런 접대 방식에 완전히 등을 돌리지는 않았다. 내 생각에는 아마도 손님을 맞이하는 방식은 단순한 디테일의 문제가 아니라 철학이기 때문이다. 다시 말해 세상, 음식, 기본, 타인, 시간에 우리가 존재하는 방식과 어떻게 맞물리느냐에 관한 것이다. 화려한 무대가 끝나면 그 이름에 걸맞은 음식을 대접했다. 마치 양으로 평범함을 가리려고 준비한 듯한 거대한 샐러드, 약불에 정성껏 오래 끓인 것이 아닌 게 분명한 통조림 스튜, 시중 아이스크림(그것도 하드 종류), 비싼 송아지 고기를 대신 해 얇게 썬 칠면조 고기가 나왔다. 나는 아름다운 안티고네 여신이나 숭고한 햄릿을 생각하며 민망함을 느꼈다. 나는 그들을 걱정했다. 안티고네, 가냘프고 피할 수 없는 안티고네가 질 나쁜 지방덩어리를 먹지는 않을까? 햄릿이 볼품없는 수프 때문에 딸꾹질하면서 형이상학적인 불안을 느끼지는 않을까? 식사 시간이 충분히 즐거웠는지 질문을 받을 때마다 나는 방심하지 않으려 애썼다. 유쾌한 분위기가 시시한 요리에 좋은 변명이 될 수 있으니 말이다.

급속 냉동 생선을 뒤덮은 인스턴트 소스는 거의 가증스러운 수준이다. 만찬의 흥을 돋우라니 당치도 않다. 라이스 푸딩은 설익었다. 당신이 말하는 흥겨운 분위기라는 것을 두 가지로 나누어 보면 그나마 이해가 되겠다. 첫 번째는 옆 사람 말이 들리지도 않고 말을 걸 수도 없을 정도로 시끄러운 소란을 흥겨운 분위기라고 이해할 수 있겠다. 결국 나는 주최자 측에 이렇게 나의 바람을 이야기할 수밖에 없었다.

"차라리 중국인이나 파키스탄인이 하는 식당, 아니면 브르타뉴 출신이 하는 크레페 식당, 그것도 아니면 이탈리아인이 하는 레스토랑에 초대해주세요. 제가 흥겨운 분위기를 더 돋우지 않아도 된다면 어디라도 좋습니다."

사람들은 나를 재주부리는 곰으로 여기는 듯했다. 나는 그저 이전에는 높이 평가되었던, 프랑스어만큼 지지받아야 마땅한 식문화의 보존과 보호에 유리한 증언을 할 수밖에 없었다.

한 번 더 나는 처음으로 시초로 돌아간다. 인간의 아름다운 창조물들을 기리는 이 모든 연회와 철학적 성찬, 다시 말해 언어(대화)와 인류 역사의 초기부터 이미 발달하기 시작한 식문화가 결합하는 현장으로 말이다.

좋은 음식이 재능을 줄까? 흔히 아는 소문에 의하면 예술가들은 미식을 즐길 때 가장 반짝인다고 한다. 나는 훌륭한 식사 자리에서 저명한 작가들이 나누는 대화의 질을 알아보고 싶었다. 그래서 식사의 즐거움을 경멸하지 않는 모임에 참여했다. 캐비어, 랍스터, 새끼 양고기, 질 좋은 샴페인이 테이블을 빛냈다. 그들은 고급 레스토랑에서 모였다. 당대 최고의 문인들이 한자리에 모였다. 청중으로서 기대할 수 있는 최고의 그림이 아닐까 싶었다.

그런데 이들은 폴 발레리가 즐기던 잘 나쁜 소문, 험담, 음란한 이야기에 사족을 못 썼다. 그들은 장 지로두Jean Giraudoux, 생존 페르스Saint-John Perse 등 많은 프랑스 문인들과 염문을 뿌렸던 장 부알리에Jean Voilier와의 만남에 대해 떠들어댔다. 자기 작품 중 일부는 실패했다고 용기 있게 시인한 장 샬롱의 말은 믿어도 괜찮을 것이다. 그는 1963년부터 1983년 당대 프랑스 유명인들의 비화를 모아 엮어《파리 일기》을 내놓았는데 그의 진정성은 의심의 여지가 없었다. 장 샬롱의 친한 친구들은 그를 피했고 샬롱은 기삿거리를 모으는 게 쉽지 않았을 것이다. 배우 조르주 롤랑은 쇄골이 부러졌다. 장마리 루아르는 육필 원고를 잃어버렸고, 장 프랑수아 조슬랭은 휴가를 떠났다. 쥘리앵 그린이 보기에 마르그리트 유르스나르는 '고대 시대의 사강'같았다고 한다……. 쥘리앵 그린은 유르스나르에게 '당신이 이 대리석상에서 가져갈 수 있는 것은 밑에 깔린 비계뿐'이라고 했다. 프랑수아 모리악François Mauriac과 영화감독 장 콕토Jean Cocteau도 (이미 잘 알다시피) 사이가 틀어졌다.

이런 험담은 확실한 적대관계나 질투, 저열한 마음에서만 비롯되지 않는다. 오히려 그보다는 자신을 돋보이게 하거나 치부를 과감히 도려내거나 혹은 남몰래 킬킬거리며 비웃기 위한 가장 확실한 방법이지 않을까? 악의적인 의도와는 별개로 그저 한 사람을 묘사할 때 험담을 하기도 한다. 초상화는 지금 존재하지 않는 인물을 최대한 진짜처럼 재현할 때 우리를 사로잡는다. 그 인물이 물리적으로 존재할 때, 그림으로 그려질 때, 사용한 색과 느껴지는 감정이 언어로 표현될 때 그 말은 우리를 사로잡는다. 표현력이 가장 좋은 사람은 틀림없이 청중을 매혹한다. 베리에르르뷔송(루이즈 드 빌모랭의 고향으로 연인이었던 앙드레 말로와 함께 이곳에서 노후를 보냈다. -옮긴이주)에서 앙드레 말로가 축제에서 흥청망청 노는 동안 루이즈 드 빌모랭은 치밀어오르는 화를 겨우 감췄다. 말로는 '모든 것에 대해, 나폴레옹과 조세핀, 마리아 칼라스, 드골, 티무르, 비잔틴 제국의 황제들에 대해' 말했다. 어찌 보면 강연과 회의와 만찬이 한자리에서 이루어진 그 모임에서 나는 식사의 멋과 호화를 누렸다. 참석자들 사이에 오가는 대화에서 숭고한 지성은 잘 보이지 않았다. 장 샬롱도 아마 내 의견에 동의했으리라.

"이제서야 남들에게 남의 의견에 관심을 끄다니, 참으로 잘된 일이군!"

그리고 그는 다른 페이지에 이렇게 썼다.

"쥘리앵 그린과 알랭 다니엘루와 아침을 먹었다. 그들의 대화를 기억하는 건 불가능하다."

"위대한 사람들을 만나는 게 다 무슨 소용일까? 차라리 그들의 책을 읽는 게 낫다. 대화가 아무리 명랑하기로서니 내용도 없고 심지어 위대한 작품들에 담긴 재치도 찾아볼 수 없다니. 몽테뉴가 '스토아학파 철학자들'과 파스칼이 몽테뉴와 할 수 있는 한 가장 활발하고 가장 결렬하게 대화를 나눈다면 그 모습이 아마 이들과 같았으리라."

그리고 나 역시 막스 뮐러Max Müller가 나를 이런 연회에 초대했을 때 이런 환상에 속아 넘어가지 않았던가? 나는 환상을 믿을 만큼 마음이 약하다. 왜냐하면 상황이 이전의 그 만찬과 완전히 똑같지는 않았기 때문이다. 우리는 서로를 증오할 만큼 아는 사이는 아니었다. 우리는 누가 우리를 어떻게 묘사하든지 간에 자기 자신을 증명해야 할 필요가 없었다. 이런 행운이 앞으로 우리가 살아가는 동안 다시 오지 않으리라는 사실을 알았다. 그리고 쉬라 지역의 와인은 그 지역의 포도원처럼 본디 그래야만 하는 것처럼 마음을 가라앉혔다가 흥분시키는 효과가 있었다.

나의 첫 경험은 가장 성공적이지는 않았다. 나와 내 친구는 남서부 지방 출신의 그저 그런 소년들이었다. 카오르 출신과 리부른이나 아젱 출신 사이에 말다툼을 일으킬 소재가 있다는 사실을 까마득히 잊은 채 우리는 파리에 도착했다. 우리는 둘 중 한 명의 집에서 한 달에 두 번 만나기로 약속했고, 그날 모임을 주최하는 사람은 최고의 식사를 준비하기로 했다. 일단 우리는 즐거워졌다. 우리는 허풍을 떨었다. 각자 자기의 희망, 거대한 도시에서 겪는 어려움과 다양한 감정들에 관해 이야기했다. 그날의 와인은 결코 무시할 수준이 아니었다. 우리는 이런 만남을 쓸데없는 것들 때문에 놓칠 수 없었다. 그러다 마법이 풀렸다. 요리는 적어도 내 입맛에는 맞았지만 특별한 것은 아니었다. 남서부 음식이 너무 많았다. 그 당시는 모든 종류의 오리 요리가 파리 전역에 있는 레스토랑에서 유행이었다. 여러 방식으로 입천장을 부드럽게 감싸는 맛있는 수프를 만들 수 있었겠지만 우리 둘 다 수프를 준비하지 않았다. 와인은 말을 둔탁하게 하고 바보 같은 웃음을 자아내는데, 우리는 와인을 너무 많이 마셨다. 그리고 또 뭐가 있었더라…….

우리는 사춘기 시절 추억을 또 꺼내었다. 이미 뻔질나게 되풀이했던 터라 신선할 리 없었다. 생트푸아라그랑드나 미라몽드기옌에 있는 선술집의 단골 아저씨들처럼 끝도 없이 럭비 이야기를 했다. 우리는 이제 막 스물다섯 살이 넘었을 뿐인데 벌써 자기 공도 헷갈리는 늙은 참전 용사처럼 굴고 있었다. 이튿날이면 심한 숙취에 시달리고, 이번에는 마음에서 우러나와 잡은 다른 약속을 이 모임 때문에 망쳐버린다.

이제 조금 이르긴 하지만 결론을 내리려고 한다. 경쾌한 대화를 나누는 데는 기름진 식사보다 검소한 식사가 더 적합하다. 물론 결론을 내리기에는 조금 이른 감이 있다. 십대 소년티를 제대로 벗지 못한, 세련되지 못한 개인들, 일로 지쳐버린 개인들이 참석하는 만남, 특별한 노력 없이 준비한 테이블에 대해 섬세함을 논할 수 있을까?

음식문화와 관련해 완벽함을 추구하는 것은 모순되게도 열정적인 대화에 방해가 된다. 모임의 주최자는 걱정을 떨치지 못하고 맛있는 음식을 준비했다는 이야기를 들은 초대자들은 자기 앞에 놓일 저녁 식사의 가치를 판단하기 위해 기다리고 있을 테니 말이다. 팀의 운명을 결정짓는 럭비 시합(경기 내용이 훌륭한)이나 내가 참여한 연극 작품의 공연 전에 나는 이런 불편한 감정을 느낀 적이 있다. 우리는 초대해준 주최자에게 고마움을 느끼지만 우리가 친구 중 누군가의 작품을 보면 기계적으로 칭찬을 하는 것처럼 의례적으로 주최자에게 하는 말들을 그가 흡족해하며 받아들이는 것은 적절하지 않으리라. 그러면 도의에 어긋나기 때문이다. 주최자는 어떠한 위험도 무릅쓰지 않는 쉬운 길을 택할 수도 있었다. 해산물 스튜와 오징어구이(기타 연주를 곁들여서) 같은 스페인 음식을 대접하거나 최고급 해산물 레스토랑에서 나올 만한 랍스터나 왕새우, 또는 다른 해산물들로 채운 플래터를 선보여 우리를 즐겁게 해줄 수도 있었을 것이다. 만약 그랬다면 이런 술수에 의존했다는 사실에 부끄러움을 느낄 것이다. 그는 자신이 잘 만드는 요리 중하나도 내놓지 않을 것이다. 여러분도 알다시피 지방에서 성공을 거둔 연극은 파리에서도 전체 좌석이 매진되고, 배우들은 주머니에 손을 넣은 채로 웃음과 전율, 감동을 확신한다.

모임의 주최자는 이날 새로운 요리를 시도했다. 이제는 흔한 요리가 되어버린 트러플 버섯을 곁들인 스크램블드에 그 대신 샤블리 와인을 이용한 관자 요리였다. 관자는 껍질이 없었다. 그는 욕심을 내려놓고 냉동 해산물을 샀다(하지만 그는 '생물과 비슷'하다고 했다). 그는 차마 속임수를 시인할 수는 없었다. 그는 떨고 있었다. 손님들은 한치도 주저하지 않고 요리를 먹기 시작했다. 하지만 그의 두려움은 사라지지 않았다. 음식이 입맛에 맞을까? 아니면 예의가 솔직함과 도덕성을 침범해 버린 걸까? 그는 이제 크레이프 수제트를 집어들었다. 크레이프 수제트는 간단한 앙트르메처럼 보이지만 잘 만들려면 숙련된 기술이 필요하다. 사실 위험은 다른 데에 도사리고 있었다. 와인을 곁들이는 문제였다. 왜냐하면 와인 페어링이 상황마다 다르기 때문이다. 아무리 좋은 와인이라고 한들 특정 빈티지가 좋다고 장담할 수 없고, 아주 사소한 요소에 따라 서빙 온도가 달라지기 때문이다.

생기발랄한 태도가 금지되지는 않았다. 아니, 불안하게 균형을 잡는 작은 보트를 우리의 말로 위험에 빠뜨리지 않는다는 조건하에선 이런 태도가 오히려 더 바람직했다. 마침내 시험이 성공적으로 끝났고, 우리는 불확실해져 버린 사회에 속해서 축하 인사를 나눈다.

"모든 게 나쁘지는 않았어."

그렇지만 고난은 아직 끝나지 않았다. 그날 밤에도, 이튿날에도 우리는 사건 당사자가 아닌 증인으로서 참석했던 시간이 어떻게 구성되었는지를 기억할 것이다. 공평한 판결을 내리려면 우리는 충분히 뒤로 물러서 거리를 두고 생각해보아야 한다. 이처럼 어떤 주최자들은 예선 통과를 축하하다가도 결선에서 낙제하기도 한다.

그러나 다른 상황들과 마찬가지로 이번에도 저녁 식사가 모두가 집중하는 유일한 관심 대상이 되어버렸다. 우리가 남들의 이목을 끌지 않고 정해진 것보다 더 큰 비중을 차지하지만 않는다면야 말도 주고받을 수 있었다. 나는 야생적인, 그러니까 미리 계획되지 않았던 식사 자리에 초대받았던 적도 몇 번 있었다. 야생적이라고 해서 함께했던 사람들이 세련되지 못하거나 벨벳 바지를 입고 밀림이나 논밭에서 날법한 강한 냄새를 풍겼다거나 하는 것은 아니다. 그들이 사냥꾼은 아니었으니 말이다. 물론 그중 몇몇은 사냥을 취미로 하긴 했지만 사냥으로 잡은 먹잇감을 요리해 먹지는 않았다. 그렇지만 이들은 열정이 이글대는 눈빛, 싸움꾼의 용모, 지적 관심사라고는 전혀 없는 영혼(그들 중 몇몇은 기술직에 종사하고 있었다)을 지녔다. 나는 그 영혼이 짐승을 썰든, 심지어 식탁에서 바로 고기를 썰어서 사람들에게 거의 공평하게 나눠주든 무엇을 하든 간에 우리 조상들의 영혼이라 생각했다. 그들은 먼 과거 인류의 조상과 같은 배려심과 열정으로 식탁을 풍족하게 채운 음식들을 대했다. 돼지고기와 닭 간을 갈아 반죽해 구운 파이, 멧돼지 고기, 토끼 고기, 돼지머리 고기, 큰 소시지, 말린 소시지, 돼지 다리 햄, 그 옆에는 믿을 수 없으리만큼 다양한 치즈들. 그리고 이 모든 음식들과 곁들여 마실 수 있는 넉넉한 양의 와인이 확실히 준비되어 있었다.

평범한 만찬 정도로 보였을 수도 있다. 그다지 경이로워할 만한 점은 없었다. 나는 말은 삼가야겠다고 생각했다. 파이 한 조각을 향해 손을 뻗거나 와인을 건네달라고 할 때도 고개를 까딱이며 신호만 보내야겠다고 생각했다. 사람들은 호들갑을 떨지 않고 음식을 먹으며 소매에 묻은 기름기를 다른 쪽 소매 끝이나 날이 잘 들지 않는 칼로 긁어냈다. 나는 그들이 꽤 굶주린 상태였고 당장의 식욕은 달래졌으리라 생각했다. 시간이 지나면 그들도 이런 자리에서 내가 자주 만나는 다른 사람들과 비슷하게 행동할 것이리라.

만찬이 시작된 지 세 시간이 지났을 즈음, 온 테이블이 아주 조용했다. 쩝쩝거리는 소리, 칼로 빵을 자르는 소리, 병 따는 소리만 들렸으니 말이다. 세 사람이 한 마디 짧은 인사조차 건네지 않고 그저 손 인사만 하고 자리를 떴고, 그중 누군가는 소리내어 트림해서 식사에 대한 만족감을 표시하는 게 좋겠다고 생각했는지 트림을 했다. 내 차례가 되자 나는 떠날 채비를 하며 몇 마디 말을 빠르게 내뱉었고 그마저도 끝을 얼버무렸다. 나를 보는 이들의 눈에는 놀란 기색이 역력했는데, 그 눈빛에 나는 실수를 저지른 것 같은 기분이 들었다.

그 자리에 있던 참석자 중 두 명은 나와 같은 건물에서 일했다. 앙투안은 자기 집으로 우리 부부를 초대했다. 이전의 이상한 모임과는 전혀 다른 식사였다. 식사는 더욱 훌륭했고 최대한 가장 평범하게 진행될 것이었다. 식전주를 마시는 순간부터 앙투안은 공쿠르상을 받을지도 모르는 요즘 유행하는 책에 대해 말하며 우리를 편하게 해주었다. 앙투안의 아내는 우리 아내가 선물로 준 꽃을 소중히 놓아두었다. 이보다 더 평범할 수 있을까! 그리고 나는 이전에 했던 식사를 이렇게 해석해보았다. 일종의 제물로 바치는 식사, 속세의 언어가 맡는 역할을 혼란하게 하는 음식과 먹거리에 영광을 바치는 식사였다고. 그날 사람들은 사제가 신도들 앞에 성체의 빵을 들어 올릴 때나 성전을 보여줄 때만큼이나 말이 없었다. 그들은 너무나도 자연스럽게 암묵적인 규칙에 복종했다. 그들의 강렬한 시선, 애원하는 손, 고기를 잘게 찢는 이, 그리고 그들이 느끼는 황홀경은 식사가 비현실적인 전례로 바뀌었다는 사실을 깨닫게 해주었다. 그들은 부끄러워하지도 않고 일말의 조심성도 없이 식탁에 닿을 정도로 추한 코를 그릇에 박았다. 이런 모습에 대해 말하는 것, 심지어 웃으면서 말하는 행위는 성스러운 것을 모독하고, 비밀로 남아야 하는 것을 드러내는 것이며 무례하게 구는 것이었다. 나는 내 자신이 그 신비로운 현장의 일원이 될 만한 사람이라고 생각했다.

　나는 위험한 생각으로 돌아왔다. 식사, 때로는 모든 감각을 즐겁게 하는 축제가 되는 식사는 말하고자 하는 욕망, 재능과 재치를 더 멋지게 뽐내고자 하는 내면의 욕망을 일깨운다. 그러나 식사가 성스러운 전례로 바뀌고 공동 미사가 진행되면 우리가 내뱉는 말들은 미사를 잘 드리는 것 말고는 어떠한 목적도 수행하지 않는다.

　요즘 나의 다양한 경험들 때문에 나는 판단을 내릴 때 조금 더 신중해졌다. 특정 상황에서는 식사가 말을 해칠 수 있다. 우리가 종교적 예식의 불확실하고 영리한 구조에, 그 예식의 신성한 놀라움에, 그 안의 운율에 민감할 때 말은 나름의 역할을 계속 수행하지만 내가 보기에는 매우 사소한 역할이다. 말 때문에 눈앞에 펼쳐진 광경, 그 자체로 가치가 있고 최후에는 우리의 감사도 필요하지 않게 되는 광경으로부터 주의가 분산되어서는 안 된다. 노골적으로 제공되는 음식을 통해, 아무런 꾸밈 없이 입(주둥이)안으로 들어오는 음식을 통해 먹을 것과 마실 것들, 우리 존재와 식욕, 규범을 잊은 시선의 기본적인 요소들 사이의 불순하고 미개한 마주침 속에서 나는 다른 경험을 했다.

자연스레 이어지는 정제된 대화는 불가능했다. 그리고 이러한 상황에서는 그런 대화가 바람직하지도 않다. 대화는 황홀경을, 절대 떨어질 수 없는 만남을 망칠 수 있다. 언제나 억압된 우리의 원시성, 그러나 몇 시간 만에 우리를 완전히 삼켜버리는 원시성을 약화할 것이다.

우리가 고찰할 만한 더 일상적인 상황들도 있다. 절대 지루해지지 않는 대화, 생동감 넘치는 대화가 아주 적절하게 곁들여진 세련된 식사 말이다.

침묵은 당혹감에서 비롯되지 않는다. 그보다는 훌륭한 음식 앞에서 한결 고상하게 주의를 기울일 때 우리는 침묵한다. 그리고 이야깃거리가 고갈되었다고 느낄 때 우리는 제공된 음식에 대해 과장 없이, 분별력 있게 적절한 평을 남기며 다시 말을 잇는다. 다른 음식을 언급하는 것도 대화를 이어 나가는 효과적인 방법일 수 있겠다. 훌륭한 식기와 멋진 테이블 세팅, 손님들의 우아한 자태, 와인이 주는 즐거움, 조화로운 크리스탈 잔이 저녁 식사를 함께하는 친구들을 특정한 태도로 말하게끔 한다. 그들 중 누군가 진부한 말이나 시시껄렁한 농담을 마구 쏟아낸다 해도 훌륭한 식사가 그 자리에 있는 다른 이들의 마음을 너그럽게 만든다. 우리는 단지 단어들뿐이 아니라 뛰어난 와인의 맛과 향, 부적절한 눈짓, 훌륭한 취향의 장신구에도 영광을 돌린다. 억지로 끼워맞추는 말은 화자의 광채와 아름다움을 앗아간다. 마치 나타나자마자 사라지는 숙명을 지닌, 잠깐 반짝이는 몇 줄의 문장처럼 말이다.

대 화 ,

대 화

그 리 고

또 대 화

나는 나를 돕고 나를 추측해서

내 생각을 알리게 해줄 누군가가 필요하다.

사람들과 함께 사는 법을 배우되

사람들과 다르게 생각하라.

_슈발리에 드 메레 Chevalier de Méré

이제 나는 예측하지 못한 다른 방향으로 대화의 흐름을 끌고 갈 사건들에 관해 이야기할까 한다. 많은 대화들이 평범하지는 않았지만 예정된 경로대로 잘 흘러간다. 그러나 내가 당사자였던, 특히 증인으로 개입된 놀라운 사건들을 이야기하는 것이 흥미로울 듯하다. 이 사건들은 산다는 것이 적응하고, 즉흥적으로 행동하고, 단순히 반복하는 것이 아니라 창조하는 행위라는 사실을 증명한다. 이번 장은 마치 간청처럼, 마치 무엇인가를 창조해낸 곳처럼 느껴졌던 대화에 헌정한다.

소설가이자 수필가인 로제 바이앙Roger Vaillant은 특별한 일이 생기지 않는 한 집 밖을 나서는 일이 없다고 썼다. 그의 문장을 나에게 적용하자면 이렇게 쓸 수 있겠다. 나는 나 자신이나 타인에 대해 무언가를 배우지 않는 한 대화에 섞일 수 없다고. 독자 여러분, 당신에게 아무런 일도 일어나지 않았다면 그것은 당신이 운이 없었거나 아니면 열의가 없었거나 아니면 부주의한 탓에 그동안 참여했던 대화에 약간 기묘한 일들을 유도하는 법을 몰랐던 것이라고 결론지을 수 있겠다. 아니면 당신의 죄책감을 덜기 위해 그날 신중함을 벗어나지 못했던 단어들을 탓할 수도 있겠다.

나는 아주 즐거운 시간 끝에 나에게 그로록 많은 놀라움을 주고, 그리고 사실상 꽤 유쾌했던 시간을 선사하는 대화에만 놀란다. 많은 이들은 이런 대화를 더 중요한 문제들에 집중하기 전에 잠시 쉬어가는 휴식쯤으로 여길 것이다. 그러나 나에게는 그 자체가 생명이며, 그 대화만으로도 더 많은 감동과 위안을 주는 것들이 나를 가득 채운다.

나는 무질서하게 튀어 오르는 단어들과 변덕스러운 기분이 만든 별의별 부산물들이 난잡하게 엉킨 대화를 여기 풀어놓고자 한다. 왜 그렇게 묘사를 많이 하느냐고 묻는다면 나는 가장 섬세한 분석과는 달리 묘사는 장식을 심고 배우를 배치하고 돌발 사건들을 서술하고 그렇게 우리를 증인이자 거의 그 사건의 당사자로 만들기 때문이라고 답하리라. 이 이야기들은 미지의 땅에 대한 이해를 돕는 탐험가처럼 대화에 관한 우리의 경험을 확장한다.

나는 타고나기를 소심하고 과욕을 삼가며 지나치게 노력하는 성격이 아니다. 그래서 앞뒤 따지지 않고 온 힘을 다하는 극단적인 사람을 보면 특히나 눈길이 간다. 어떤 사람은 술을 과하게 마시고, 다른 어떤 사람은 야망과 열정 혹은 극단적인 희망을 지나치게 품는다. 지치지 않는 수다쟁이가 이런 부류에 속한다. 내 친구 앙투안 랑티에리는 그중 가장 놀랄 만한 인물로 자기가 말하는 시간과 듣는 사람의 인내심을 절대 염두에 두지 않는다. 그는 자기의 의무와 즐거움도 잊어버린다. 나는 호기심 어린 눈으로 그를 바라본다.

"도대체 이 사람은 어디까지 갈 수 있을까? 언제쯤이면 이야기를 멈추고 나에게 '이 정도면 됐어. 이제 그만 떠들래'라고 말할까?"

나의 아주 의미 있는 경험담을 풀어 보려 한다. 에크랑 국립공원에서는 한 걸음 한 걸음을 매우 신중하게 내디뎌야 한다. 그곳에서 다른 데 체력을 허비하는 것은 매우 경솔한 행동이다. 나는 새벽부터 앙투안이 이야기판을, 중동 지역의 전쟁 위험에 대해 펼치는 모습을 지켜보는 것을 좋아한다. 함께 산을 오르기 시작한 지 몇 시간이 지나자 그가 부주의함의 대가를 치를지도 모른다고 생각했다. 정오가 되어서도 그는 계속 재잘대고 있었다. 나는 그가 지치기를 기대하고 있었다. 하지만 그는 저녁까지도 생기를 잃지 않았다. 평지로 내려와서 나는 그에게 세 가지 치즈를 넣은 퐁뒤를 먹으러 가자고 했다. 내가 그의 수다에 항복할 때조차 그는 승리에 방점을 찍을 한마디를 비축해 두고 있었다. 그는 다른 여행객들을 우리 테이블로 초대해서 달변으로 그들을 대접했다.

나의 패배와 앙투안의 승리에 대한 생각이 내내 머릿속을 떠나지 않았다. 원래 내가 앙투안보다 운동을 더 즐겨하고, 그날 나는 쓸데없이 체력을 허비하지도 않았는데 지다니. 어쩌면 말하기보다 듣기가 에너지를 더 소모하는 일인지도 모른다. 아니면 다른 가설을 생각해야 할지도 모른다. 수다는 앙투안에게 일종의 흥분제였다. 수다를 떨지 않았다면 그는 코스를 완주하지 못했을지도 모른다. 내가 그저 체력에만 의존하는 동안 그는 수다의 힘을 빌렸다.

나는 한 번 더 그를 시험하고 싶었다. 나의 집착에 놀라지 마시길. 내가 관심을 가졌던 것은 앙투안뿐만이 아니었다. 수다의 윤곽, 수다가 미치는 영향, 수다의 원천을 알고 싶었다. 나는 최고급 술을 곁들인 식사에 앙투안을 초대했다. 식사가 끝나갈 때가 되었는데도 그는 횡설수설하지 않았다. 조금 더 밀어붙이기 위해 나는 어려운 문제를 끄집어냈다. IMF의 금리 문제였다. 그는 그 주제에 대해 아주 명료하게 많은 이야기를 늘어놓았는데, 나는 그가 유럽연합의 정치인들보다 나을지도 모르겠다고 생각했다.

그를 또 한 번 시험에 들게 하려는 생각은 이제 접었다. 수다의 충동성을 이해하겠다는 명목으로 산의 숭고한 침묵을 희생시킬 수 없었다. 우리 집 와인 저장고는 다른 모임과 다른 손님들을 위해 아껴두는 편이 좋겠다고 생각했다.

대화를 끝내는 것은 우리를 괴롭히는 관계를 끊어내는

것처럼 힘든 일이다. 우리는 끝내고 싶은 마음을 비칠 수 있도록 침묵의 순간을 기다린다. 그렇지만 그 순간은 우리가 입을 떼기도 전에 다른 말로 채워지고 만다. 우리는 연극이나 연설을 완벽하게 끝맺는 것처럼 아름다운 결말을 꿈꾼다.

그렇지만 대화를 끝낼 수 있는 순간은 아무도 알아채지 못한 채로 지나가 버린다. 우리는 무관심한 척하면서도 돌연 반대 의사를 표현한다. 우리의 대화 상대는 등을 돌려 떠나고 싶은 마음 대신 맞서 싸우고자 하는 마음에 사로잡힌다. 남의 집에 방문했을 때는 집주인이나 그의 가족이 우리가 벗어놓은 외투를 가져다주기를 바란다. 추운 겨울에 그대로 나갈 순 없으니 말이다. 식당에서는 계산서를 요청하는 것만으로도 충분하다. 물론 내가 전액을 계산해야 한다는 부담이 있지만 말이다. 그런데 그 순간 여기저기서 종업원을 찾는다. 나에게 잘 보이고 싶거나 궁금증이 많은 학생이 교단으로 다가와 새로운 질문을 던지지 않는 이상 나는 선생으로서 수업을 끝낼 수 있는 권한이 있다. 술집은 그나마 수월한 것 같다. 술집에서는 귀찮은 사람으로부터 몰래 벗어나는 것이 그다지 어렵지 않다. 약간의 기술이 있다면 수다쟁이와 함께 무리로부터 조심히 떨어져나오거나 수다쟁이와 함께 바에 가서 그곳에 그를 내버려두고 자리를 떠도 된다.

나는 어떤 이를 평가할 때 그가 얼마나 명민하게, 그리고 즐거운 마음으로 대화에 참여하느냐를 기준으로 평가하지 않는다. 나의 대가족, 사촌 형제들, 삼촌들, 사촌의 친구 혹은 어르신들은 문학·정치·철학 소모임이라고 거창하게 이름 붙일 수 있는 모임을 만들었다. 모두가 의무적으로 하나의 소모임에는 참여해야 했다. 내 사촌 앙토냉은 자신이 말할 차례가 되면 급하게 우물거리며 진부한 이야기를 되풀이했다. 그도 이런 사실을 알기 때문에 말을 아꼈다. 그런데 어느 특별한 날, 그는 경탄할 만한 달변가의 면모를 드러냈다. 삼촌 중 한 분이 극심한 고통 속에서 힘들어하다 세상을 떠나셨다. 우리 삼촌은 마지막 순간까지 자신의 역할을 의연하게 해나갔다. 앙토냉은 삼촌의 헌신과 삼촌이 겪은 고통을 충실하게 묘사하며 아주 훌륭한 추도사를 바쳤다. 장담하건대 이런 종류의 인사말을 준비하는 일은 결코 쉬운 일이 아니다. 그리고 이런 상황에서 사람들은 특정인에게 지나치게 유리하고, 나머지 사람들에게는 지나치게 불공평한 듯한 유언에 문제를 제기한다. 소송을 거론하고 일명 '총애를 받은 이'와 연을 끊겠다고 말한다. 앙토냉은 모든 것을 바로 잡고 화난 사람의 마음을 달래고 양보를 얻어내는 법을 알았다.

글도 마찬가지다. 작가가 고통스럽게 쓴 지루하고 긴 에세이나 자기 이야기를 마음껏 표현할 수 있는 끝도 없는 인터뷰로 그를 판단하지 마라. 작가는 분노에 차서 권력가를 흠집내기 위한 비방의 글은 단 한 시간 만에 완성할 수도 있다. 열띤 어조로 과격하게 써 내린 글은 한 줄 한 줄이 억압받는 이들의 마음에 새겨질 것이다. 대화를 하려면 한가한 시간이 필요하고, 포기할 줄도 알아야 하며, 상황에 대해서는 어느 정도 초연해야 한다. 이는 대화의 장점이기도 하다. 하지만 누군가는 시간 여유가 있을 때 무엇을 해야 할지 모르는 멍한 상태가 되기도 한다.

★ ★ ★

누군가 말을 독차지하고 다른 사람에게 발언권을 양보하지 않을 때 우리는 그가 부당한 주장을 하고 있다고 생각한다. 일시적이기는 하지만 모두가 나눠 갖는 공유 재산을 그 누구도 사유화할 권리는 없기 때문이다. 그런데 우리는 다른 이유로 분노한다. 우리가 토론의 품격을 높일 수 없고, 만약 어떤 사람이 영웅처럼 등장해 분위기를 환기하고 우리도 그를 뒤따라 용기를 내어 몇 마디 말을 덧붙인다고 해도 발언권을 독점하는 사람들은 우리의 목소리를 들을 생각조차 하지 않는다. 내 지인 중 로베르도 이렇게 행동하지만 루이라는 친구가 제지할 때까지 아무것도, 그 누구도 그를 말리지 못한다. 루이는 로베르에게 교훈을 줄 생각은 전혀 하지 않는다. 그저 그를 웃음거리로 만들고 싶을 뿐이다. 루이는 자기가 아는 위험성이 높은 투자처에 대해 알려준다. 미련한 로베르의 귀가 팔랑인다. 루이는 아주 악명높은 투자자다. 꽤 많은 자산을 탕진했으니 말이다. 말 많은 로베르는 자신감을 잃고 아주 드물게 우리처럼 관망한다. 그렇다고 해서 로베르의 탐욕이 비싼 대가를 치렀다고 할 수 있을까?

★ ★ ★

그는 할 말이 있다고 생각했다. 그러나 그가 몇 마디 말로 입을 뗐을 때 아무도 그에게 귀를 기울이지 않았다. 게다가 대화라는 악장을 연주하기에 그가 지닌 악기는 너무나도 연약했다. 그가 끈질기게 이야기를 이어가자 삼삼오오 모여있던 사람들이 그를 향해 몸을 돌렸다. 그렇지만 그것은 그의 목소리를 더 잘 듣기 위해서가 아니라 그가 대담하게 내뱉은 볼품없는 소리에 놀라고 기분이 상해서였다. 어느 좋은 날, 그는 대화가 끝나지도 않았는데 자리를 떴다. 사람들은 전혀 알아차리지 못했던 것 같다. 왜냐하면 그가 내민 손을 아무도 보지 못했기 때문이다. 그는 길거리로 나와 중얼거렸다.

"저들한테 나는 없는 존재네."

조금 더 비극적으로 덧붙였다.

"나는 존재하지 않아."

그는 신에게 자신의 존재를 확인해달라고 간청하기 위해 교회를 찾았지만 허사였다. 그는 스스로 목숨을 끊고 싶은 마음을 떨쳐냈다. 자살해서 더 이상 존재하지 않으면 그들이 옳다고 인정하는 셈이 되기 때문이었다. 정말 끔찍한 충격에 빠졌다. 그는 충격에서 회복하지 못했다. 벽과 간판에 거의 부딪힐뻔했다. 정육점 주인이 반사적으로 건넨 역겨운 고깃덩어리를 그는 군말 없이 받아들었다. 그는 식당에서도 종업원에게 제발 주문 좀 받아달라고 차마 말을 꺼내지 못하는 사람이었다.

내가 만약 그였다면 달랐을 것이다. 아마도 나는 남들과 대립각을 세우지는 않았으리라. 결국 그 행동이 나에게 불리하게 작용할 위험이 있으니 말이다. 나라면 장거리를 달리거나 나무를 베었을 것이다(도시에서는 점점 하기 힘든 일이 됐지만). 내 근육이 건강하게 움직이는 모습을 보면 내가 살아있다는 것을 느낄 수 있기 때문이다. 나는 내가 한 말이 아무런 의미 없는 것이 아니었다고 공표하고 나는 진짜 존재한다고 결론지을 것이다.

우리는 성가신 습관에서 쉽게 벗어나지 못한다. 얼마나 많은 알코올중독자가 금주를 선언하고도 계속(숨어서, 남모르게) 술을 마시는지 모른다. 부끄러운 일이기도 하지만 그보다는 더 딱하기도 하다. 암 수술을 받고 난 후에도 담배를 끊지 못하고, 결국에는 피할 수 없는 죽음을 체념하고 받아들이는 사람도 있다. 나도 다른 것에 중독되어 있지만 보기에는 심각한 수준은 아니다. 나는 생각나는 대로 말하고, 초대되지 않은 대화에 끼어든다. 그것은 자만심이나 앞으로 나서고 싶은 마음에서 비롯된 행동이 아니다. 그저 통제하지 못한 말의 파도에 휩쓸린 것과 같다. 사람들은 나를 피하고 나는 도망치는 사람들을 말로 붙잡는다. 밤이 되면 용감한 사람들은 집으로 돌아가지만 나는 항상 술집으로 가서 나를 반겨주고 내 말을 들어줄 취한 사람들과 술집 주인을 찾는다.

나는 나를 합리화하고 싶다. 내가 그토록 싫어하는 잔소리꾼들과 나는 다르다고 생각한다. 나는 무의미한 말들 앞에 쓰러지지 않고, 그런 말을 우스운 농담으로 탈바꿈시키고 다양한 어조를 넘나든다. 때로는 광분하고, 때로는 분노하고 때로는 동정하며, 때로는 서사시를 낭송하듯 장엄하게 말한다. 술을 마시지 않은 상태에서는 나 자신에게 덜 관대하다. 우선 내가 꾀나 많은 이들을 지루하게 만들었을 것이다. 나는 우리 가족들이 누려야 할 시간을 뺏고, 원하든 원치 않든 간에 구경거리를 자처한다.

나는 몇 번이고 자제하려고 해봤다. 동네 사람들이 모여서 이야기를 나누는 곳들을 피해다녔다. 밤 10시 이후에는 술을 마시러 가지 않았다. 며칠을 그렇게 버티고 나니 금단 증상을 느꼈고, 결국 예전의 나쁜 습관에 더 심하게 빠져들었다. 그러나 이번에는 분별력 있게 행동하는 것이 적절하리라 생각했다. 보름에 한 번씩 나흘 동안 수다를 참았다. 이 방법은 꾀나 합리적으로 보였지만 역시나 효과가 없었다.

우연이 나를 구원했다. 아니, 어쩌면 그건 구세주였을지도 모른다. 나는 다시 성가대에 나가기 시작했는데, 이건 어느 정도 장점이 있었다. 나는 성가대에서 한 자리를 차지했고, 여기저기서 공연할 기회가 생겼다. 칸타타나 토카타와 비교해보니 말이나 아름다운 문장, 과장된 발언들이 내게는 무의미하게 느껴졌다.

이제 나도 목소리를 숭고하게 사용할 수 있게 되었다고 생각했지만 나의 행복은 완벽하지 않았다. 나는 예전의 바보 같은 농담들이 여전히 그리웠다. 산사태처럼 쏟아지는 목소리에 발이 걸려 헛딛고 현기증이 날 정도로 굴러떨어지던 그때로 돌아가고 싶었다. 이제는 지나버린 사춘기 시절이 영원히 그리운 것처럼 말이다.

어떤 대화는 끝이 나는 데만 몇 년이 걸리기도 한다. 너무나 많은 장애물이 대화를 가로막아 결국 대화를 종결시킨다. 파비엔은 강제수용소에서 살아남은 아버지에게서 그의 경험담을 듣고 싶어 했다. 대화를 통해 진실에 거의 다가갔지만 결국 진실은 밝혀지지 않았고, 그들은 다시 침묵했다. 그런데 더 큰 차원의 문제가 있었다. 중요한 것은 진실이 아니었다. 그녀의 목적은 이처럼 자백이 없이는 이루어지지 못하는 소통을 회복하는 것이었다.

대화는 이상하게 실패했다. 이를 어떻게 설명할 수 있을까? 타인을 위하는 마음, 타인이 잔인한 진실을 마주하는 고통을 없애주고자 하는 마음이었을까? 강제수용소에서 당한 모욕과 고통스러운 배고픔을 떠올리는 것이 괴로워서였을까? 전 인류에게 오점을 남길 악행의 규모를 감추고 싶었던 것이었을까? 그보다 더 가혹한 관점에서 생각해본다.

"사람들은 우리가 받아 마땅한 대우를 하지 않았다. 우리는 살아남았다는 이유로 거의 비난받았다."

앞서 나열한 모든 이유들을 초월하는 궁극적인 양심의 가책을 느꼈다. 두려움은 믿음의 대상이 아닌데, 믿어지지 않는 것을 이야기하는 게 가능했을까? 그래서 이 흔한 한마디로 부녀의 대화는 끝이 난다.

"네게 이야기한들 무슨 소용이 있겠니?"

더 놀라운 것은 그녀의 아버지가 자신이 강제수용소에서 겪은 일을 이야기하기로 받아들였을 때 자신의 친지들이 모르는 사실, 그렇지만 그의 입을 통해 밝혀져야만 했던 사실에 관해서는 아무 말도 하지 않았다는 점이다. 이렇게 비장하고 완고한 대화를 통해 특정한 형태의 대화가 지니는 독특한 특징을 확실히 알 수 있다. 이런 유형의 대화는 좀처럼 끝이 나지 않는데, 변덕에 따라 방황하고 아무런 이유 없이 날뛰기 때문이다. 파비엔과 아버지의 대화는 한 사람은 회피하고, 다른 한 사람은 대화를 중단하는 것에 대해 동의하지 않아서 질질 끌린다. 때로는 대화가 무용해 보이기도, 아니면 유용해 보이기도 한다. 이 경우 대화는 관계의 정직함과 관련이 있다. 야만성과 비인간성이 존재하는 지점에서 대화는 의미를 창조한다. 아버지든 자식이든 간에 그 지점에서는 자기 자신에 대한 새로운 무엇인가가 떠오를 것이다. 그렇다고 해서 대화가 모든 것을 치유하지는 못한다. 이전에도 이미 다른 가족들처럼 자유롭게 이야기하고 있었으니 말이다.

이제 그들은 아무런 속박도 없이 이런저런 주제들, 이 땅에서 날뛰었던 폭력, 자신들이 본 영화, 손자의 평범한 성적에 관한 이야기를 나눈다.

몇 년 전부터 여름이면 나와 친지들은 우리 중 한 명의 집에서 오래 머물며 휴가를 보내곤 했다. 운이 좋게도 봄레미모사 근처에서 즐길 수 있었다. 프로방스산 로제 와인은 사실 평범한 맛에 가까워서 나는 전혀 만족하지 않았지만 어쨌든 와인의 거품은 우리의 눈동자 깊은 곳에서 반짝였다. 우리는 대단한 이야기를 나누어야 한다고 생각하지 않았지만 여기저기서 대화가 활발하고 기민하게 이루어졌다.

유쾌한 대화의 추억이 떠오른다. 작년 여름, 불운한 일을 겪고 위로가 필요했던 조카가 내 곁으로 다가왔다. 그녀는 아주 자연스럽게 내가 있던 무리의 한가운데에 자리를 잡았다. 처음에는 말을 아끼는 듯했지만 몇 개의 질문에 예의 바르게 대답했다. 그러다가 갑자기 요즘 자기에게 벌어진 불행들에 관한 이야기를 늘어놓았다. 그 모든 일들은 조카가 비통한 감정을 분출할 만한 충분한 이유였다. 다른 이의 불행은 자신의 불행을 떠올리게 한다. 소박한 즐거움을 떠올리는 것마저도 그녀를 사별의 슬픔에 젖은 비참한 사람으로 만들었다.

나는 우리의 대화가 빠르게 희열을 잃고 있다는 사실을 깨달았다. 조카는 과도한 관심을 요구하며 우리를 불편하게 했다. 그 자리에 조카만 있었던 것은 아니었다. 내 친구들이 재치를 뽐내고 우리를 즐겁게 하고 있었다. 그녀의 이야기를 들은 뒤에 우리는 웃음을 되찾았지만 그 상황에서 웃음이 적절하지 않다는 느낌이 들었다. 나는 침묵으로 표현되는 반감이 도덕에 기초한 것이라는 생각이 들었다. 그녀의 운명을 이토록 측은하게 여기고 더욱 말도 안 되는 부정에 대해 입을 다물어도 권리가 우리에게 있을까?

이튿날 나는 친구들과의 식사 자리를 피하고 조카와 단

둘이 시간을 보냈다. 나는 조카를 위해 그 정도는 희생해도 괜찮다고 생각했던 것 같다. 나는 본디 모든 상황을 철학적으로 사고하는 것을 멈출 수 없는데 당시의 경험에서도 역시나 대화의 기술에 관한 몇 가지 고찰을 해보았다. 속마음을 완전히 털어놓는 것은 좋지 않다. 소원을 빌거나 속내를 마음껏 이야기할 수 있는 다른 기회들이 존재한다. 나는 내 친구들을 탓하지는 않는다. 그들도 로제 와인, 별, 여름, 프로방스의 하늘이 주는 행복을 응당 지키고 싶어 할 만하니 말이다. 대화는 어떤 관점으로 보면 중립적인 시간과 장소에서 이루어져야 한다. 모두가 자기 존재의 가장 은밀한 부분은 집에 남겨두고 나와야 한다.

그러니까 대화는 언제든 위협받을 수 있는 평범한 행위다. 말릴 수 없는 수다쟁이, 불평꾼, 조롱꾼, 집에만 틀어박혀 있는 사람들뿐만 아니라 자신의 좌절을 감추는 예의가 부족한 사람도 대화를 망칠 수 있다.

내년이면 내 조카는 다른 안식처를 찾을 것이다. 어쩌면 현실 혹은 상상 속 불행을 어느 정도 잊어버릴지도 모른다. 내 친구들(엄밀히 말하면 동료지만 남프랑스에서는 친구라고 했던)은 내 조카의 불행이 불쾌하게 난입했던 사건을 용서해줄까? 아니면 내 얼굴에서도 비통한 흔적을 애써 찾으려 하지 않을까?

나는 현기증을 많이 느끼는 편이다. 우리 집은 4층인데 그래서 발코니에 잘 나가지 않는다. 가파른 길의 중간쯤에 다다르자 계곡 바닥을 생각하다가 다리가 휘청했다. 내가 속속들이 잘 아는 지방의 작은 도시에서조차 나는 갈피를 잡지 못하고 낭떠러지와 절벽을 떠도는 것 같은 기분이 들었다. 이 도시는 고도가 낮고 평지인데도 그곳에서 억지로 몇 달 동안 지내야 한다는 생각 때문에 고통스러웠고, 그때부터는 마치 황량한 사막을 떠도는 듯한 기분이 들었다. 이제막 여름에 접어들어서 평범하게 학교 다니던 일상도, 친구들도 일순간 없어진 어린아이로서는 견디기 힘든 며칠이었다.

오늘 나는 어지럼증의 원인을 알 수 있을 만큼 머리가 맑아졌다. 내 증상은 귀 건강과는 무관했다. 돌이킬 수 없는 것, 되돌아갈 수 없는 것이 문제였다. 나는 뒷걸음칠 수 없다는 사실을 매번 알았다. 학교가 폐교하자 나는 억지로 원치도 않았던 방학을 보내야 했다. 빠른 속도로 내려오는 도중에는 되돌아 올라갈 수는 없었다. 내가 1년 동안 머물러야 했던 작은 마을을 떠나 내 마음에 들지 않았을 다른 도시로 갈 수는 없는 노릇이었다.

이러한 상황에서 여러분은 내가 왜 고상한 대화에 참여하는 것을 피했는지 이해할 것이다. 나도 다른 많은 사람들처럼 이런 대화에 참여할 수 있었을 것이다. 게다가 내가 하는 말이 보잘것없다고 평가받는다고 한들 뭐가 그리 중요하겠는가? 사실 내가 어떻게 빠져나와야 할지 모르는 대화의 모험에 뛰어드는 것이 오히려 더 두렵다. 부랴부랴 작별 인사를 하고 하품하고 관심 없다는 티를 내는 것은 내가 받은 교육과 나의 품성으로서는 차마 저지를 수 없는 무례한 행동이다. 나는 마음이 불편하고 머리가 아파도 기나긴 과정을 지나쳐야 자리를 뜰 수 있다.

대화는 항상 흥미를 잃지 않는다. 그러나 내가 지루해할지도 모른다는 두려움 때문에 대화의 환희를 온전히 맛보지 못하곤 한다. 나는 당황한 기색을 잘 감추지 못한다. 몹시 수치스럽게도 나는 안간힘을 다해 탈출로를 찾는 동안 사람들의 관심을 나에게 향하게 한다.

나는 이런 종류의 만남을 회피하기 위해 다음의 방법을 시도해보았다. 집으로 들어가지 않고 현관에 서서 몇 마디만 나눈다. 헤어질 때는 기차역 플랫폼에서 인사를 한다. 그러면 말을 쉬지 않는 수다쟁이를 제거해야 하는 무거운 임무는 다른 사람들이 맡게 된다.

내 친구 뤼시엔은 더욱 혹독한 고통을 겪고 있다. 그녀는 때로 인생이 그 끝을 알 수 없는 한없이 긴 복도 같다고 생각한다. 이러한 생각은 그녀를 어지럽게 한다. 그러다가도 그녀는 다시 당장의 삶으로 돌아와 인간은 절대 오래 존재할 수 없다는 사실을 깨닫는다.

나는 그들의 대화에서 낯선 목격자일 뿐이다. 그들은 목요일마다 자기가 살거나 일하는 건물의 라운지 중 한 곳에서 만나는 습관이 있었다. 그들은 코냑을 주문했고 나는 쉬즈산 와인을 마셨다. 이야기의 주제는 다양했다. 친구들은 항상 간결하고 명료하고 우아한 말을 사용했다. 나는 그들이 말을 아낀다거나 둘 이상의 주제로 대화를 확장하는 데 어려움을 느낀다는 인상은 받지 않았다. 그보다는 서로를 존중하는 모습이었다. 말을 절제함으로써 마구잡이로 쏟아지는 말들로 서로를 가리려 하지 않았다. 그들이 하는 말은 진정한 노고의 산물이었고, 그들은 여전히 같은 방식으로 서로에 대한 존경을 표현했다. 그들은 우아한 표현과 문장들로 이루어진 발언을 존중했다. 나는 그들의 대화를 들으면서 만남을 위해 몸단장을 하는 사람들, 겉멋을 부리는 것이 아니라 만날 상대에 대한 애정을 담아 매무새를 다듬는 사람들을 생각했다. 그들은 명료한 표현으로 오해를 피했다. 간혹 의견이 일치하지 않을 때도 있었지만 그것은 불확실한 의사소통에서 야기되는 혼란 때문이 아니었다.

만남은 한 시간이 넘지 않았다. 만약 제한 시간을 넘겼다면 유감스러웠을지도 모른다. 간결함은 대화가 길어지고 결국 지지부진해지는 것을 막아야 할 의무가 있었다. 그들은 잔을 비우고 각자 집으로 돌아갔다. 나는 그런 대화에 참여하는 위험을 절대 감수하지 않는다. 그들 역시 나를 절대로 초대하지 않는다. 나의 침묵은 그들에게 당연한 것처럼 보일 것이다. 그럼 내가 맡은 역할은 무엇이냐고? 괴테의 대화를 기록한 독일의 문필가인 요한 페터 에커만Johann Peter Eckermann처럼 그들의 대화를 기록할 증인의 역할이었다. 물론 이건 농담이다. 그들이 그 정도로 거만한 사람들은 아니다. 그보다는 침묵을 유지하면서도 그들이 노선을 벗어나지 않도록 장려하는 중재자였다고나 할 수 있겠다.

나는 그들이 보여준 기술을 존경한다. 작가는 글을 방패삼아 충분히 생각할 시간이 있는데 그들은 문장으로 쓰는 것보다도 더 간결한 표현을 써서 나를 더욱 놀라게 했다.

나는 대화가 중요한 역할을 하는 한 모임에 운 좋게 참여할수 있었다. 그러나 안타깝게도 이 모임의 쇠락을 지켜보았고 우리의 삶이 덧없고 이 모임 저 모임을 떠돌며 살 수밖에 없다는 생각이 들어 울적해졌다. 프랑크 제트가 알자스에 있는 자신의 바로크풍 성으로 우리를 초대했다. 알고 봤더니 그가 주최한 모임은 호화스러웠다. 그가 초대한 사람들의 목록은 매우 특이했다. 그의 성에 초대받기 전까지 우리는 서로를 전혀 몰랐고, 모두들 프랑크 제트와 어떤 사이였을지 짐작조차 할 수 없었다. 고전문학, 경제, 현대역사나 음악 등 각자 자기 분야에서 재능이 있고 사교성이 좋은 사람들이 선택된 것 같았다.

나는 보기보다 어려운 역할을 맡았는데, 볼테르의 풍자소설 《캉디드》의 주인공으로 순진하면서도 동시에 교활하고 순박한 낙관주의자 캉디드 역할이었다. 우리는 자연스럽게 각 분야에서 가장 조예가 깊은 사람들의 지식을 존경하게 되었다. 자신이 모든 것을 통달했다고 믿고 남의 이목을 집중시키고자 사람들끼리 모여 발생하는 소란 같은 사고는 전혀 일어나지 않았다. 그 대신 그날 이루어진 것은 말 그대로 대화라고 할 수는 없었다. 왜냐하면 그날의 모임은 특정 분야에서 가장 뛰어난 사람들이 개입하고 그에 관해 몇 가지 견해를 주고받는 자리가 되었기 때문이다. 그 지점에서 학문주의가 드러날 뻔했지만 음식과 와인, 우리가 묵는 그 특별한 장소가 주는 안락함, 그리고 여러 사람들의 웃음 덕분에 위험은 재빨리 사그라들었다.

프랑크 제트는 우리가 하는 말을 주의 깊게 들었고, 특히 우아하고 세련된 식사를 계획하는 데서 기쁨을 느꼈다. 나는 그가 거의 하나의 예술작품처럼 식사를 준비했고, 이 식사에 자신의 명예를 걸었다는 사실을 알아차렸다. 그 자리에 함께 있었던 나의 일일 친구들은 프랑크가 얼마나 애썼는지 눈치채지 못했다. 그들은 응석받이처럼 굴었고 무례하기 그지없었다. 마치 자신이 세심한 관심과 능숙한 칭찬을 받아 마땅한 존재라도 되듯이 그가 베푸는 접대를 당연하게 받아들였다.

프랑크는 이에 마음이 상했고, 그가 노르망디식 가자미 요리를 내놓는 날마저도 배은망덕한 이들은 다카르산 가자미 같다며 까다롭게 굴었다. 당혹감을 느낀 프랑크는 맹세코 노르망디산 가자미를 사용했다고 단호하게 말했다. 그들은 프랑크의 말을 믿어주지 않았고 빈정거리는 웃음으로 의심을 드러냈다. 프랑크는 더 큰 모욕감을 느꼈다. 그는 끝까지 예의를 갖추었지만 이후로 우리를 다시 초대하는 일은 없었다.

나는 그날 저녁에 먹었던 것만큼 부드러운 노르망디산 가자미는 지금까지도 먹어보지 못했다. 그리고 그날 이후로는 그리스 역사나 근대 경제사에 대한 지식을 키울 일도 없었다. 그날 이후로 내 삶에서 단조로운 시기가 시작되었다.

나는 그날의 경험이 어떤 성격을 띠고 어떤 의미를 지니는지에 대해 여전히 자문하고 있다. 그런 만남은 학문중심주의에도 불구하고 성공적이었던 것으로 보였다. 그저 약간의 열정과 광기가 부족했던 것뿐이었다. 그런데 대화, 심지어 꽤 풍요로운 대화만 있으면 우리는 진정한 관계를 맺을 수 있을까? 다른 상황, 다른 장소에서 그들을 다시 만나고 싶다는 마음이 들지 않았다는 점에 비춰볼 때 우정에는 다른 요소들이 뒷받침되어야 한다는 사실을 알 수 있었다.

카티라는 애칭으로 불리는 나의 조카 카트린은 천성적으로 웃음이 많고 수다스러웠다. 학교에서는 카트린의 수다가 교사가 하는 말에 관심이 없어서 그런 것이 아니라 타고나기를 발랄한 성격 때문이라고 이해받았다. 게다가 사춘기 특유의 횡설수설하는 말에 푹 빠져있다는 이유로 그 아이를 누가 비난할 수 있었겠는가. 카티는 우리 집에서 멀리 떨어진 곳에 있는 협로까지 자전거로 갈 수 있는 하이킹 코스가 있는지 물어보았다. 자기가 맛있게 먹었던 메뉴의 비법을 궁금해했고 우리의 숙명이 지닌 의미에 대해, 자신을 당황스럽게 한 현대미술 작품의 특징에 대해 의견을 펼치기도 했다. 이제 카트린도 결혼해서 한 아이의 엄마가 되었지만 타인에 대한 호기심과 경쾌하고 기민한 성격은 여전히 그대로다.

그런데 나는 조금씩 카트린이 어릴 적 친구들과 조금씩 거리를 두고 있다는 사실을 알게 되었다. 그녀는 친구들과 오랫동안 잘 어울렸지만 이제 장난스러웠던 시절에서 빠져나와 재치 있는 말로 이별을 고했다. 처음에 나는 그녀가 살아가면서 원래 알았던 사람들과 조금씩 멀어지고 다른 사람들과 가까워지면서 이런 변화를 겪은 것이라고 생각했다. 그렇지만 더 본질적이고 일반적인 이유를 생각해보았다. 요즘 여성들에게도 과거의 여성들처럼 차를 마시거나 공원에 앉아서 대화할 시간적 여유가 있는가? 예전에는 많은 여성들이 수를 놓고 작은 화덕 앞에서 요리하고 달콤한 잼을 만들기 위해 계절 과일을 사고 피아노를 치고 쇼팽의 녹턴을 들으며 꿈을 꾸기도 했다. 그리고 무엇보다도 대화를 나눴다.

대화는 자수, 뜨개질, 잼 만들기 혹은 쓸데없는 취미처럼 무용한 활동들 때문에 뒷전으로 밀렸다. 나는 이런 활동들을 해야 했던 여성들을 존경하면서도 애석하게 생각한다. 일과 가사, 아이들의 건강을 보살펴야 할 뿐만 아니라 자신의 건강과 외모, 정신을 돌보아야 했다. 혼자 있을 때는 자신을 위해 필요한 것들을 처리해야 하느라 바빴다. 새로운 권리가 많이 주어졌지만 새로운 의무도 그만큼 생겼다. 내가 만일 여자였다면 나는 감히 내 생각을 솔직하게 표현할 수 없었을 것이다. 왜냐하면 이처럼 다면적인 삶은 그들이 자유로워지고 자기 운명의 주인이 되었다는 것을 증명하기 때문이다.

카티는 나에게 친구들과의 우정이 식은 이유를 솔직히 털어놓았다.

"친구들이 사교적으로 말하기 시작했어요. 그리고 무슨 상호작용하는 게임이라도 하는 것처럼 짧게 말하지 않았죠. 친구들과 거리를 둔 건 슬프게도 평소 다니던 길과는 다른 길을 걸어보는 기쁨이나 보이지 않는 실을 짜내는 기쁨을 위해서가 아니라 내가 벗어나고 싶은 집착 때문이었어요. 그러니까 내가 친구들과 대화하는 순간들을 언제부터인가 감사하게 여기지 않았던 거예요. 언제부터인가 대화의 주제는 생명보험, 은퇴, 수명 연장, 연금저축, 세금 공제 같은 것들이 되었어요. 우리는 서른다섯이었는데 친구들은 벌써 은퇴 이후의 삶을 걱정했죠. 그런데 말과 행동이 일치하려면 지역 요양원(장애인과 비장애인을 모두 수용하는 시설)을 알아보아야 했을 거예요. 게다가 내 친구들은 지구의 미래와 우리의 앞날을 심각하게 위협하는 것에 대해서는 무지했죠. 쉽게 말하자면 친구들은 경제적으로 여유가 있었음에도 유행을 타는 싼 옷을 입고 싶어 했어요. 그렇게 해서 돈 쓰는 것을 좋아하는 것처럼 보이려고 한다는 게 좀 우스워 보였죠. 세일 기간은 예쁜 옷들을 좋은 가격에 사고 싶어 하는 친구들의 열정에 불을 붙였죠. 친구들은 불이 붙은 성냥마냥 온 도시에 흩어져서 매력적인 치마를 산 여성과 경쟁하며 매장 문이 열기도 전에 길가에 줄을 서서 기다렸어요. 다음날이면 평소에 자주 가는 찻집에 모여 쇼핑백 꾸러미를 풀었어요. 그 멋들어진 찻집에서 자기들이 산 물건들을 늘어놓았죠. 제 눈에는 친구들이 날개를 달고 날아다니다가 이 가게 저 가게에 내려 물건을 차지하기 위해 부리로 쪼고 발톱으로 찔러대며 다투고, 주운 보물들을 날개 밑에 숨겨서 가지고 와서는 한자리에 모여 조잘거리고 짹짹거리고 깃털을 부풀리는 것처럼 보였어요. 확실히 그건 대화라기보다는 한순간 흩어져 사라지는 화음, 빠지는 사람 없이 각자의 매력을 현란하게 뽐내는 공연에 가까웠죠. 세일 기간이 끝나면 참새 같았던 내 친구들은 미디어 중독자로 되돌아와서 수천 가지 질문을 던지는 놀이에 열중했어요. 왜냐하면 인생은 우리에게 끊임없이 질문을 던지고, 우리가 사는 사회는 새로운 질문들과 더 의미 있는 질문들을 만들어내니까요. 그러니까 간단히 말하자면 아주 거슬리는 앵무새처럼 행동했다고요. 한동안은 암이 우리의 화두였죠. 다른 모든 이들처럼 내 친구들도 파도처럼 밀려오는 인생에 관한 고민 앞에서 입을 다물 줄 몰랐어요. 왜 암은 어떤 사람은 피해 가고 어떤 사람에겐 고통을 주는 걸까? 사기꾼 같은 놈들 말고 착한 사람들이 암에 걸리고, 늙은이들 말고 청소년들이 암에 걸리는 이유가 뭘까? 친구들은 이런 질문들을 주고받으며 아직도 불확실한 영역으로 남아있는 과학적 분석을 파고들었죠. 이제 우리의 대화는 여성 잡지에서 건강 관련 잡지로 바뀌었어요. 이 주제에 대해서 나는 친구들을 좀 더 너그럽게 대했어요. 왜냐하면 그 끔찍한 병이 나의 소중한 사람들을 괴롭혔으니까요. 나의 부모님, 이웃, 친구요. 암에 관해 이야기할 때 친구들은 더욱 진실했어요. 가끔 침묵을 지키기도 했고, 감정을 드러내기도 했고, 활기차게 짹짹거리던 것도 자제했죠. 그러니까 내가 친구들로부터 잘 통제된 말, 기분 좋은 말들을 듣기를 기대하지는 않았지만 그런 말은 그들 존재의 깊은 내면에서부터 비롯되었고, 친구들이 그렇게 말해야 했다는 것을 알 수 있죠. 친구들이 잡지에서 읽은 가십들을 무기력하게 읊어대지도, 억지스러운 소문에 말을 덧붙이지 않았다는 것도요."

카트린이 말을 멈췄다. 나는 카트린이 하소연하면서 이 대화를 끝맺으려 한다고 생각했다. 하지만 조카는 슬픈 곡조를, 더 비통하게 이어 나갔다. 카트린의 친구들도 그 애처럼 때로는 결론이 나지 않는 느슨한 대화를 즐기기 위해 시간을 비울 수도 있었을 것이다. 하지만 그녀들은 이렇게 여유를 부리는 것을 하찮은 일로 여겼다. 헬스장에 가거나 집주인이나 이혼한 전남편과 관련해 자신이 챙겨야 할 권리를 이해하기 위해 법전을 들여다보거나 컴퓨터 활용 기술을 익히는 쪽을 선호했을지도 모른다.

"나는 바뀌지 않았어요. 나는 바뀌고 싶지 않았죠. 나 자신의 이미지에 충실하고 싶었던 것 같아요. 아니면 나와 같은 반체제자들은 현대성에 굴복하지 않기로 해서 그랬던 걸지도 몰라요."

"그렇지만 카티, 친구들을 계속 만나보지 그러니."

"사실 아직 만나긴 해요. 그렇지만 친구들을 만날 때마다 실망감을 느껴요. 조만간 이 관계를 끝낼 것 같아요. 내가 하는 한마디 한마디가 모두 친구들에겐 빨리 정확한 답을 찾아줘야 하는 문제 같나 봐요. 내 친구들은 영감이나 반대 의견, 몽상, 완곡한 표현, 가까스로 털어놓는 속내, 애매모호한 이야기, 그러니까 대화의 매력을 결정짓는 요소들은 대화의 주제를 벗어난다고 생각하나 봐요. 그 애들은 빙빙 돌리는 말이나 갈피를 잡는 이야기들은 대화가 아니라고 여기는 거죠. 그런데 내가 단어를 조합하고, 어떤 의견과 그 반대 의견을 말하고, 현실과 상상, 진실과 거짓을 섞는 즐거움에 빠진다면 친구들은 반발할 거예요. 친구들은 나도 자기들처럼 효율적이고 명료하게 말하라고 요구해요. 나는 친구들에게 힘들게 노년을 보내고 있는 엄마 이야기를 꺼냈어요. 엄마 때문에 느끼는 극심한 피로감과 피할 수 없는 운명을 이 경험 속에서 내가 어떻게 받아들이고 있는지 이야기하고 싶었어요. 친구들은 속으로 근처 요양원들의 장단점을 비교하고 있었죠. 아직 그렇게 극단적인 선택지를 생각하는 단계는 아니었잖아요. 그저 내 걱정을 친구들과 조금 나누고 싶었을 뿐이었는데 말이죠. 이제 홀로서기를 해야겠다는 마음이 들었어요. 친구들에겐 아무런 얘기도 하지 않았어요. 내가 만약 뭐라도 말했다면 친구들은 곧바로 어떤 삶의 방식이나 효과적인 치료법과 약물의 조합법 같은 것을 알려주려 했을 거예요. 내가 우울함을 토로하는 것을 미리 막으려고 하는 거겠죠. 오히려 대화로 푸는 게 나에게 도움이 되는데도 말이죠. 나는 가끔 이상하게 헷갈릴 때가 있어요. 친구들은 나의 감정적 문제, 금전적인 문제, 집안 문제 등을 도와주려고 해결책을 제시해주죠. 그 애들은 내가 조언 때문에 자기들을 원망한다고 생각하나 봐요. 그렇지만 친구들에 대한 원망은 다른 데서 비롯된 거예요. 친구들은 무의식적인 행동으로 우리의 우정이 이미 끝났다는 사실을 계속 알려주었어요. 우리의 우정이란 게 뭘까요? 웃고 떠들면서 해안가와 계곡을 따라 함께 뛰는 걸까요? 나무 뒤에 숨어서 숨바꼭질하고 남자애들과 잘난체하는 애들을 함께 놀리는 걸까요? 확실히 한때는 이런 것들이 우정이 될 수 있었겠지요. 지금의 나는 우리가 함께 보낸 사춘기의 일부분이 영원하기를 바라고 있어요. 당치도 않는 일이죠. 나는 친구들을 원망하고 있어요. 아까도 얘기했죠. 걔들은 모든 게 다 해결될 수 있다고 생각한다니깐요. 어떤 방법이 실패할 때조차 다른 해결책만 있으면 된다고 생각한다고요. 나는 친구들에게 복수할 기회를 손꼽아 기다리고 있어요. 걔네들도 언젠가 해결되지 않는 난관에 부딪히겠죠. 내가 최근에 만든 로렌식 키슈를 망쳤다고 하니까(타르트 시트가 잘 구워지지 않았어요) 이런 실패로부터 나를 구원해줄 요리책의 레시피를 구구절절 읊어댔어요. 냉동 파이시트를 쓰면서 모험은 거의 시도도 하지 않는 애들의 확신에 찬 말투가 나를 짜증나게 했다고요. 왜 그렇게 자신만만해하는 건지도 이해할 수 없었고 그런 태도는 제 화만 부추겼죠. 친구들은 뭐든지 다 성공했대요. 휴가도, 임금협상도, 아이들의 성적도, 심지어 이혼도 성공적이었대요. 결혼보다 더요. 나는 친구들의 말을 믿었죠. 친구들이 행복했던 이유는 본질을 벗어나고, 우리 운명의 걱정스러운 면을 그럴듯하게 가리고, 어떤 미래가 닥치더라도 행복하겠노라고 맹세했기 때문이었어요. 이런 상황에서 나와 친구들, 완전히 다른 시대와 다른 사회 속에 살아가는 우리가 서로 무슨 이야기를 나눌 수 있을지, 나는 도무지 알 수 없었죠. 파푸아뉴기니인과 그곳을 지배한 식민제국 출신인이 나와 친구들보다 더 가까운 사이일걸요, 아마. 잡지에서 본 것들에 대한 이야기가 끝나면 이제는 자극적이고 지나치게 감상적인 주제로 넘어가요. 막내에 대한 자랑을 마구 늘어놓거나 마지막으로 한 섹스에 대해 염소처럼 떨리는 목소리로 이야기하거나 연봉이 오른 동료에 대해 불평하거나 자기 남편(일명 '내 남자')을 탐내는 자기 친구를 묘사해요. 그래도 기술적이고 학술적인 말투보다는 이렇게 진부한 이야기를 늘어놓는 편이 조금 더 인간적인 부분이 있기는 하죠. 자기가 살던 시대에서 배척당한 여자들도 나처럼 느꼈을까요? 나는 이 시대의 마지막 반역자일까요? 먼 바다를 향한 문을 최대한 자주 열고 싶은 나의 욕망과 아직도 품고 있는 사춘기 소녀의 마음 때문에 시달리고 있는 걸까요? 어린 시절 친구들(그중엔 베르나데트도 있죠)은 나보다는 외부의 영향을 적게 받아서인지 어떤 때는 서정적이고, 어떤 때는 애절하고, 어떤 때는 풍자적인 노래를 들을 때마다 매 순간 놀랐어요. 말들이 뿜어내는 먼지들로 우리는 우주를 만들었어요. 이제 막 피어나는 사랑, 여름밤, 가깝지만 한 번도 가

본 적 없는 대도시에 대해 이야기했죠. 대화는 허물없는 친구를, 사건을, 사소한 것들을, 일상을 불확실하고 이해할 수 없고 공상적인 현실로 바꾸었어요. 일상적인 행위(습관이나 훈련)가 우리의 행복을 충분히 보장할 수 있고, 우리가 아무 생각 없이 반복함으로써 즐거움을 얻을 수 있다면 그 행위가 지니는 가치는 부정할 수 없어요. 나에게는 대화가 그런 행위였어요. 하지만 지금은 그 대화가 죽었으니까 함께 애도해달라고 삼촌께 부탁하는 거예요. 이게 다예요. 내가 재치가 없는 사람이 아니라는 사실을, 가슴이 미어질 정도로 참담한 심정이었다는 사실을 이제 아시겠죠. 삼촌이랑 있으면 살아있는 대화를 할 수 있을 것 같다고 생각했어요. 그렇지만 삼촌이랑 나랑 나이 차이가 있잖아요. 우릴 보면 사람들은 금세 수군거린다니까요."

"그건 너무 잔인한 말이구나, 카티. 이제 후회는 그만하렴. 나는 더 이상 미룰 수 없는 급한 일을 해야 해서 가야겠구나. 세상을 떠난 내 친구들과 이야기하고 나의 친구들이 세상에서 완전히 없는 존재가 되지 않았다고 안심시켜줘야 하지. 나와 내 친구들은 말이지, 우리는 아직도 할 이야기가 많이 남았단다."

★ ★ ★

나와 내 친구들은 중간 크기의 도시에 살았는데 이제 그곳
에 남아있는 친구는 거의 없다. 우리는 같은 고등학교를 다
녔고, 함께 럭비 경기를 보러 다녔고, 어쩌다 보니 모두 결
혼했다. 이제 전보다 더 나이가 들었지만 여전히 매일 같이
연락을 주고받는다. 친구들은 여전히 이야기할 주제가 많
다고 생각한다. 가벼운 미열, 높은 콜레스테롤 수치, 위장염
같은 문제들은 더 심각해지기 전에 서로에게 알릴 만한 일
이라고 생각한다. 그중 한두 명이 새로운 레스토랑을 발견
하면 메뉴에 어떤 음식들이 세세히 알려달라고 묻는다. 그
들 중 한 명의 이웃이 이사를 가면 왜 그 사람이 이사를 가
는지, 이사 갈 집의 월세는 얼마인지, 비운 집이 팔린다면
얼마에 팔렸는지까지도 물어볼 것이다.

　독자 여러분은 어쩌면 내가 아무런 의미도 없는 이야기
를 늘어놓는다고 불만을 가질 수도 있겠다. 내가 친구들 이
야기를 꺼낸 정확한 이유는 이런 사소한 것들에 의미와 가
치를 불어넣는 내 친구들의 재능을 보여주기 위해서다. 내
친구들은 평범한 여행도 멋들어지게 이야기하는 법을 알았

고, 다른 사람의 이야기를 듣는 기술 또한 완벽했다. 친구들이 주거니 받거니 하며 나누는 말들은 소소하면서도 위대한 작품이 되며, 단순한 기쁨을 묘사하기 위해 펜을 든 작가의 글과 질적인 차원에서 동등하다. 아주 사소한 것도 훌륭한 솜씨로 다루어야 하는 것처럼 능수능란하게 이야기를 풀어나간다. 세세한 묘사는 뉘앙스의 품격을 높인다. 부채의 움직임, 꽃다발의 구성, 기념일의 테이블 세팅을 묘사할 때는 얼마나 재밌는지, 그 흥미진진함이 인류 역사를 뒤흔든 대혼란을 뛰어넘는다.

나도 함께했던 이 관행, 그러니까 이 친구들과의 교류는 나에게 당혹감을 주었다. 이런 교류는 어떻게 정의해야 할까? 대화라고 할 순 없다. 왜냐하면 나는 대화를 가장 고결한 측면으로 해석하고 언어를 사용한 기술을 필요로 한다고 보기 때문이다. 그럼 수다였을까? 인간은 험담할 때 언어를 박탈당한다. 말의 주체가 되기보다는 말의 대상이 되고 마는 것이다. 내 친구들의 경우에는 전력을 다해 각본을 짜고 각자가 지닌 고유의 스타일과 버릇, 기벽 같은 것은 그 활력으로 문체적인 효과를 준다. 얼마나 개성이 넘치는지!

수다쟁이와 평범한 생각을 좋아하는 사람들이 하는 공상

적인 표현들과는 다르다. 어느 정도의 비장미가 이러한 교류의 위대함(이 단어는 너무 과한가?)을 한층 높인다. 우리는 나이가 들어간다. 죽음이나 요양원이 우리의 대열을 흐트러뜨릴 것이다. 친구들은 이전만큼 자주 만나지 않게 될 것이다. 여기저기로 좌초되어 무인도에서 언제 올지도 모르는 구조선을 기다리는 조난자들이 하는 것처럼 소통할 것이다. 우리는 희미한 소리를 내고 가끔은 속삭인다. 부드러운 목소리 아래에서, 예의 바른 말투 속에서 나는 그들의 구조요청을 듣는다. 내 친구들은 고기와 채소를 삶은 스튜나 채소 수프를 끓일 준비를 하다가 바구니를 잠시 내려놓은 수다쟁이가 아니다. 나쁜 운명을 선량한 마음으로 이겨내는 생존자들이다. 내가 걱정하는 바가 무엇인지 다시 이야기해야겠다. 우리는 대화와 수다를 완전히 대립시키지 않아야 한다. 그 사이에는 우리가 지닌 말의 형태를 확장해줄, 일시적인 존재들을 이끌어낼 수 있는 중간 유형의 언어적 교류가 존재한다.

전쟁은 끝났다. 많은 이들에게 전쟁은 나쁜 기억에 불과하지만 우리에게 불편한 습관을 남겼다. 일시적인 것들이 실제로 더 이상 존재하지 않더라도 계속 지속되는 경우가 있다. 축사가 가득 차고 사일로가 곡물로 넘치는 시대가 됐는데도 고기 배급과 빵 배급 제도를 유지해야 할 필요가 있었을까? 나는 금연을 유도하기 위한 담배 배급 제도 연장에 찬성했지만 오히려 이런 형태의 제한 때문에 흡연자들이 담배를 끊지 않고 심지어 더 많이 피우게 되었으리라고 생각한다. 소금배급권은 괜찮았을지도 모른다. 왜냐하면 소금은 많은 중대 질환의 원인이 되기 때문이다. 그 대신 소금 함량이 위험할 정도로 높은 모든 가공식품을 꼼꼼하게 관리하는 것만으로도 충분하긴 할 것이다. 그런데 1차 대전이 끝난 지 한참 지난 지금 1차 대전 참전 용사를 위한 참전 용사카드 제도가 아직도 의미가 있을까?

대화를 제한하는 대화 카드 제도가 도입되었을 때 우리는 모두 놀랐다. 정부는 사람들에게 고요함이 필요하다고 생각했다. 사실 소음 공해는 주로 배기관이 제대로 설치되지 않은 자동차들, 야간의 폭주, 여기저기서 히트곡을 틀어대는 시끄러운 스피커가 문제였다. 그렇지만 납세필증 제도의 폐지에도 불구하고 여전히 납세 부담이 컸던 자동차 운전자들을 처벌할 수는 없는 노릇이었다. 젊은이들에게 소음을 내지 말라고 한다면 또다시 혁명이 일어날지도 모르니 그것도 안 될 노릇이었다.

그래서 정부는 그 소음 공해의 원인이 다른 데 있고, 거기에 엄청난 위험이 존재한다고 결론을 내렸다. 바로 언어, 말이 우리의 삶을 과포화시켰다는 것이다. 말은 건물들의 틈새로 빠져나올 수는 없지만 주차장을 막아서서 차를 대기 어렵게 한다. 말은 힘든 입시 준비를 마치고 이제 제대로 한판 붙기 위해 안달이 난 학생들을 불쾌하게 만들며 고사장을 가득 채운다. 말은 아찔한 크기의 덩어리가 되어 불로뉴 숲에서 뛰노는 아이들 위로 쏟아진다. 말은 상대 선수가 페널티킥을 차는 운명적인 순간에 골키퍼를 방해한다. 말이 우리의 폐와 뇌를 아직 다 채우지 않았다는 사실에 겨우 마음이 놓일 뿐이다.

이번에도 행정기관이 어리석었다. 대화 카드에는 단어 수가 정해져 있었는데, 사실 그것은 별 의미가 없었다. 사람들은 감정이 북받치면 빠른 속도로 말하며 정해진 단어 수를 다 써버리고, 그러고 나면 억지로 침묵을 지켜야 했다.

어쩌면 묵언은 참을 만하다고 생각할 수도 있겠다. 하지만 누군가에게는 말을 금지하는 것이 담배나 마약을 금지하는 것만큼이나 가혹할 수도 있다. 말을 아껴야 한다는 생각에 천천히 말하는 사람은 더더욱 느리게 말하느라 상점이나 우체국, 학교가 문을 닫는 시간이 되면 쫓겨나야 했다. 게다가 대화 카드는 위조하기도 쉬웠고 위조 카드를 거래하는 새로운 암시장이 생겨났다.

결국 내무부에서 이 정책을 폐지했다. 게다가 추격해야 하는 암거래상과 딜러가 너무 많았다. 되돌아온 말의 과잉으로 인해 우울증에 빠진 사람들이 생겼다. 상대적으로 고요했던 시간에 익숙해진 탓이었다. 그동안 이들은 나무와 사람들의 얼굴, 내리는 눈을 바라보고 다시 배웠다. 고요하게 존재하는 세상에 답하는 법을 배웠다. 이러한 경험은 그들에게 침울했던 나치 독일 점령기를 떠오르게 했을지도 모른다. 그동안 자동차는 없고 자전거 택시와 행인들이 많았던 도시는 한적했고, 길거리는 텅 비었으며 대로는 사막처럼 황량했다. 대부분 정상적인 삶을 되찾은 것을 축하했다. 사람들이 항상 이성적이지는 않다. 사람들은 게걸스럽게 말을 뱉어냈고, 어떤 이는 너무 말을 많이 한 나머지 거의 탈진하기도 했다.

그리고 삶은 대란이 일어나기 전으로 되돌아왔다. 무의미한 말들을 하며 즐거워하고 듣는 이들의 고통 따위는 안중에도 없는 수다쟁이들과 함께 말이다. 자신이 지혜롭다고 믿고 거드름이나 피는 불쾌한 사람들, 말하기를 주저하며 더듬거리는 말버릇 때문에 신경을 거스르는 사람들, 언어를 교묘하게 조작하는 사람들, 공격적인 말을 피하는 법을 본능적으로 알아서 한발 물러서 있는 사람들도 모두 예전 그대로 돌아왔다. 잠시라도 방심하면 안 된다. 이런 부류들 중 누군가 다가와서 사람들과 뒤섞여 살아가는 것이 쉽지 않다는 사실을 상기시키기 때문이다.

이 시기를 겪어보지 않은 사람은 내 말을 그대로 믿기 힘들 것이다. 믿고 안 믿고는 그렇게 중요한 문제가 아니다. 중요한 것은 이 경험을 통해 얻은 교훈이다. 대화에 관련해서 우리는 자발적인 의지와 강제적인 명령 사이의 균형을 찾을 수 있을까? 의지가 없다면 방랑하는 즐거움은 사라질 것이다. 강제적인 명령이 없다면 우리의 발걸음은 너무 자주 헤매다가 활기와 판단력을 잃어버릴지도 모른다.

★ ★ ★

우리가 재치를 발휘해야 한다는 걱정이나 특별히 지적인 이야기를 해야 한다는 부담을 느끼지 않고 호의적인 사람들과 이야기를 나눌 때 대화는 저절로 원활하게 흘러가는 법이다.

황금 시대

우리는 향수에 젖어 인간이 완전히 자아를 실현하고, 야생 동물과 가장 순수한 사람들이 말하고, 인간이 소통하기 위해 신의 언어를 사용했다고 하는 황금시대를 상상해낸다. 대화에 관해서라면 우리는 더할 나위 없이 행복한 이 황금시대가 정말로 인류의 역사 속 한 장을 장식했다고 생각하며 더욱 강렬한 향수를 느낀다.

17세기와 18세기에는 정말 그랬을지도 모른다. 우리는 프랑스 역사학자 마르크 퓌마롤리Marc Fumaroli와 이탈리아 역사학자 베네데타 크라베리Benedetta Craveri가 남긴 위대한 과업의 도움을 받아 그 시기가 어땠는지 알아보려 한다. 단순히 나의 역사적 호기심을 충족하기 위함이 아님을 밝힌다. 중요한 삶의 기술 중 하나라고 여겨질 정도로 대화를 사회적 무대 앞으로 끌어낸 힘이 무엇인지 알아보고자 한다.

퓌마롤리와 크라베리는 17세기와 18세기에 사람들이 대화를 통해 이전 시대의 야만성과는 대조되게 시민으로서 함께 살아가는 방식을 배웠다고 보았다. 이러한 의미에서 대화가 삶의 기술이라는 점에 두 사람은 동의했다. 대화는 사람들이 통념과 풍습을 다듬도록 장려했다. 사람들은 주체가 가장 우선이 되고 심미적 완벽에 가까워지기를 바랐다. 완벽한 심미성이라는 이상은 소박하고 헌신적인 삶, 신을 찬양하고 일상적인 행위의 본보기가 될 수 있는, 다시 말해 신에게 바치는 삶과는 확실히 달랐다. 영적 훈련은 지속적인 집중과 인내, 절대 긴장을 늦추지 않는 의지를 필요로하는 것이다.

인간이 비록 본능을 통제하기 위해 노력하기는 했지만 영적 훈련과 반대로 대화와 사교적인 삶은 천성과 재능의 발현을 예찬한다. 그러니까 '삶의 기술'이라는 것은 작품이 아니라 인간 그 자체다. 다시 말해 있는 그대로 조화로운 모습을 본떠서 조각 작품을 만들 만한 가치가 있는 인간이라는 것이다. '완벽'을 추구하는 인간의 성향은 고대인들이 기독교 전통을 뛰어넘어 물려준 정신적 유산이기도 하다. 완벽의 추구에는 자아도취와 혼동하지만 않는다면 정당한 자부심이 깃들어 있다. 그리고 심미적 완벽은 보이는 것에 전적으로 달렸으며 행동, 외모뿐만 아니라 우아한 언행을 통해 드러난다.

"음악과 춤, 연극, 문학은 현실을 유희적으로 변화시키는 대표적인 수단이다. 그러나 그 무엇도 연극의 환상이 지니는 힘과 비교할 수 없다. 어떤 궁정에서 연극은 대화보다 더 중요한 역할을 수행할 수도 있었다."

"좋은 배우가 되는 것은 극히 드문 재능이다. 삶 속에서 완벽을 추구하기 위한 지성과 정확성을 겸비해야 한다."

사회생활이 각기 다른 백 개의 막으로 이루어진 희극으로 여겨지는 것처럼 연극적 묘사 속에서 엄청난 부호나 혈통 있는 가문의 왕자에게 어떤 일이 생겨도 별로 놀랄 필요가 없다.

사교적인 삶은 대화로만 이루어지지는 않았다. 사교모임, 발레 공연, 음악회, 산책, 희극, 실내 게임 등이 사람들의 마음을 차지했다. 언어는 대화에서 중요하게 여겨지기도 하지만 시, 마드리갈(짧은 연애시나 시에 붙인 가곡-옮긴이 주), 허구의 이야기, 낭독, 그리고 특히 포르트레(17세기 살롱에서 유행한 문학 장르로 재치 있게 인물을 묘사하는 글-옮긴이주)에서 빛을 발했다. 포르트레는 특히 인기가 좋았는데, 여러 사람 사이에서 포르트레의 대상으로 꼽힌 인물과 대화보다도 더 즐거운 놀이를 할 수 있었기 때문이었다. 사람들은 그 대상을 찬양하고 그의 호의적인 평가, 심지어 총애를 얻기를 바랐다. 그런데 그를 추켜세울 때도 빈말을 하게 되니 간혹 불성실한 칭찬은 앙갚음으로 이어지기도 했다. 살롱에 이제 막 들어온 사교인은 조심스럽게 포르트레에 대해 알아가며 다른 사람의 붓끝에서 일어날 일에 대비한다. 이처럼 거울놀이 같은 포르트레는 친밀감을 형성할 수 있었다. 17세기 귀족이자 문인이었던 로제 드 뷔시라뷔탱은 사촌인 세비니에 후작부인에 대한 어설픈 포르트레를 남겼는데, 그것은 그녀에게 상처가 되었다.

각각의 모임이 공통으로 품은 열망에 부응하기 위해 여러 살롱들이 한자리에 모이는 큰 사교회가 열리기도 했다. 그곳에서는 규범이 될 만한 형식을 정했고, 이를 본떠 각각의 모임 방식을 조정했다. 사실 그들은 살롱이 천편일률적인 모임이 되지 않기 위해 애썼다. 롱그빌 공작부인, 사블레 후작부인, 몽팡시에 공작부인, 라파예트 백작부인, 라 사블리에르 부인, 데팡 후작부인, 탕생 남작부인은 각자 개성이 있는 사교모임을 운영했다.

세비니에 후작부인이 그중 가장 쾌활하고 자유로운 인물로 명성이 자자했다. 한편으로는 이 귀족 부인들이 자신만의 개성으로 살롱을 운영했고, 다른 한편으로는 역사의 흐름이 사교 모임의 내용을 바꾸었다. 1648~1653년에 걸쳐 일어난 프랑스 내란으로 귀족 세력이 국왕에 반항해 일으켰지만 결국 실패로 돌아간 프롱드의 난은 몽팡시에 공작부인에게 많은 영향을 끼쳤고, 탕생 남작부인은 계몽주의의 등장에 민감하게 반응했다.

이처럼 과거에 언어를 특별하게 대우했다는 사실은 우리에게 감동을 준다. 17~18세기에 나타났던 언어에 대한 숭배 현상은 도피처럼 보이기도 했다. 왜냐하면 귀족들은 진짜 무기를 사용하는 법을 잊어버렸고 성벽이 무너졌으며, 이러한 상황에서 언어가 귀족에게는 남과 겨루고 자신을 돋보이게 할 수단이었기 때문이다.

완전히 자유로운 어조는 허용되지 않았다. 권력층은 자신의 권력에 대한 어떠한 이의도, 심지어 말로 하는 형태라도 제기되는 것을 원치 않았다. 사교인들은 살롱에서 무엇을 조롱해도 되고 해서는 안 되는지 잘 알았다. 볼테르가 로앙 공작을 조롱하자 로앙 공작은 볼테르가 그럴 만한 가치도 없는 데다 형편없는 모습을 보일까 봐 걱정해서 결투를 거부했다. 어쨌든 로앙 공작은 나중에 자신의 수하를 시켜 볼테르를 두들겨 패주었다. 볼테르는 그토록 영특했지만 자신의 총명함과 상관없이 폭력 앞에서 굴욕감을 느꼈다.

사교계 인사들이 느끼는 순간적인 희열(그들의 머릿속에서 세상의 불행과 역경을 몰아낸다)과 자아도취(그들은 스스로 특권층이라고 여긴다)는 우리의 반감을 살 수도 있다. 그런데 사실상 그들은 우리가 생각하는 것보다는 덜 경박하게 행동했을 것이다. 사교인들은 때로는 인생을 살아가는 방식에 관해 이야기하거나 무용한 활동을 하며 삶을 허비하고 있지는 않은지 스스로 묻곤 했을 것이다. 다른 한편으로는 자신들이 항상 쫓지는 않지만 고귀함을 잃지 않는 이상 세계를 함께 구상하기도 했을 것이다. 그들 중 가장 명석한 이들에게 권태는 곧 고통이었기 때문에 유희와 놀이에 대해 파스칼식 분석을 시도했을지도 모른다.

"모두가 가슴 속에 권태를 지니고 살지만 절대로 권태로워지지 않기 위해 도망쳐야 한다고 결론지어야 한다."

"나 역시 환상 속에서 인생을 보냈다. 스스로 구덩이를 팠고, 그 안으로 떨어져서 […] 마침내 완벽하게 아무도 나를 모르게 되었다. 어쩌면 나조차도 나를 모르는지도 모른다."

"자기 안으로 들어가는 법, 내면과 대화하는 법을 아는 사람은 외부에서 자신을 찾기 위해 애쓸 필요가 없다."

프랑스 귀족 출신의 수도사인 랑세는 좋은 대화란 없다고 생각했다.

"동행은 우리로부터 우리 자신을 빼앗으며 고독은 우리 자신을 되찾게 해준다."

살롱 모임에 익숙한 사교계 인사들은 랑세의 지적에 기꺼이 동의했다. 너무나도 명철하고 너무나도 신랄한 의견이었다.

나는 그들의 이상이 매우 중요한 의미를 지닌다고 생각한다.

"모두가 각자 완전한 고찰의 대상이라는 사실을 지각하고 그 누구도 열등감이나 불안을 느껴서는 안 된다."

"사람들과 조화롭게 살되 그들과 다르게 생각하라."

"내 뜻을 표현하려면 내 마음을 읽어줄 사람, 나를 도와줄 사람이 필요하다."

사교계 인사들은 자신들을 비난하는 도덕주의자들과 그다지 다르지 않았다. 그들이 인간을 탐구한 이유는 순수한 호기심이나 나르시시즘 때문이 아니라 교양을 쌓고 인격을 다시 세우고 자아를 실현하기 위해서였다.

18세기 여러 살롱에서 일부 자유주의자들은 서로 다른 견해가 대립하는 토론과 매력적인 대화를 적절하게 결합하는 법을 알았다. 당시의 상황은 지금과는 달랐다. 자유주의자들은 새로운 생각에 관해 토론하고, 다소 성공을 거둔 덕에 계속 반복되었던 낡아빠진 생각들을 되풀이하지 않았다. 살롱에는 현실의 문제를 제대로 이해하지도 못하고 갈팡질팡하는 대중이 아니라 이상하리만큼 호기심이 많고, 지식을 탐닉하고, 무미건조하지 않고 명료한 언어를 쓰는 엘리트들이 참여했다. 이들은 과학적인 질문이나 형이상학적인 질문을 주제 삼아 능수능란하게 각자의 입장을 개진했고, 그다음 주 수요일이나 목요일에는 전주에 다뤘던 내용을 검토하며 가장 정확하고 예리한 표현을 모색했다.

사실 대화는 토론과 '시론'의 교차점에 서있기 때문에 어느 방향이든 길을 잃을 위험이 있다. 앞서 말했다시피 토론은 대화에 소재를 던져주고 대화를 자극해 활기를 띠게 한다. 그렇지만 간혹 토론이 진짜 견해가 아니라 빛바랜 어림짐작으로 점철될 때도 있다. 이러한 토론은 깊이 생각하고 마음을 다해 고유의 의견을 표현할 기회를 앗아간다. '시론'은 우리가 언어를 호의적으로 바라보게 하며 타고난 언어 능력에 충실한 면모를 보일 것을 요구한다. 그렇지만 지엽적인 것과 핵심적인 내용을 혼동하면 우리는 견디기 힘든 수다에 함몰되고 만다.

　황금시대의 대화와 오늘날 우리가 하는 대화의 차이를 다시 들여다보자. 두 대화가 다르다는 사실을 앞서 확인했기 때문에 이제 우리는 여러 결과를 도출할 수 있다. 황금시대의 대화는 이미 사라진 장르여서 우리는 그 죽음에 애도를 표해야만 한다. 이런 대화는 시대에 뒤떨어진 것으로 보인다. 마르셀 프루스트가 17세기 상류층에서 영감을 받아 소설《잃어버린 시간을 찾아서》의 등장인물로 만든 게르망트가 사람들의 습관을 깔보는 대목만 보더라도 그 시대의 대화가 얼마나 우스꽝스러운지 알 수 있다. 아니면 대화는 항상 긍정적인 영향을 기대하게끔 변화하는지도 모른다. 언제나 이런 대화를 통해 사람들은 평등하게 대화하고 만날 수 있다.

　이런 변화를 어떻게 정의할까? 고전주의 시대에 일어난 대화의 변화는 어느 한 영역에 국한된 고립적인 현상이 아니었으며 그 시대의 전반적인 특징을 모두 보여준다. 외형에 대한 취향, 행복을 향한 갈망, 예식의 관찰 등은 궁정에서의 행동 양식을 결정지었다. 살롱은 이러한 변화에 더 즉각적으로 반응했다. 말솜씨가 좋은 사람에게 경의를 표하고 공로를 기렸다. 재치를 발휘하는 이는 존경받아 마땅하기 때문이었다. 그래서 여자건 남자건 대화를 자신의 소명과 운명으로 받아들이고 대화에 인생을 바쳤다. 오늘날 우리는 대화에 그만한 가치를 부여하지 않는다. 많은 이들이 대화를 더 매력적인 다른 여가 활동들 사이의 유쾌한 매개체 정도로 여긴다.

당시의 사람들은 폐쇄적인 사교계에 모여서 세상의 동요와 추함으로부터 벗어나고자 했다. 대화의 장이었던 살롱은 매우 행복한 섬이자 낙원이었다. 그러나 시간이 지나자 이들은 18세기 사회주의자 푸리에Fourrier가 주창한 사회주의적 공동생활체, 클럽메드, 불모지, 미개척지, 일부 공동체를 선호하게 되었다.

사교모임에서 대화를 즐기던 이들은 거리를 두면서 표면적으로라도 상냥하고 호의적인 태도를 보였다. 모임의 일원이 되었지만 결과적으로는 서로를 소외시킨 것이다. 이러한 현상은 오늘날에도 인맥이나 파벌을 형성하는 과정에서 나타난다.

살롱 문화와 대화에 관해서라면 데팡 후작부인, 라파예트 백작부인, 세비니에 후작부인, 라 사블리에르 부인과 같은 위대한 사교계 인물들이 떠오른다. 이들은 몰리에르나 라 로슈푸코, 라신Racine과 다를 바 없다. 그러나 오늘날 폴 발레리, 루이페르디낭 셀린Louis-Ferdinand Céline, 사르트르와 같은 인물들은 대화와 연결해 생각할 수 없다.

고전주의 작가들은 장난스러운 말투에 대해 종종 이야기 하곤 했다. 이들이 자신이나 타인의 생각의 본질은 고려하지도 않고 옷차림이나 미녀의 가슴에 난 점 따위나 신경 쓸 정도로 경박한 사람들이었을까? 과도하게 멋 부린 말투(지나치게 외면하거나 교태를 부리는 것)는 대화를 쇠약하게 한다. 그런데 장난스러운 말투라는 게 대체 무엇일까? 나는 듣는 이를 얼빠지게 만드는 현학적인 말투로 상대방을 공격하지 않는다. 듣는 이를 졸게 하는 진지함으로 상대의 열정을 꺼뜨리지 않는다. 나는 엄숙한 말투를 가볍게 하려고 내가 하고자 하는 말이 극단적으로 중요하지 않다는 점을 어필한다. 이런 식으로 나는 타인을 편하게 한다.

결과가 어떻든 간에 좋은 경기였다고 생각하는 매너 좋은 선수들처럼 우리는 헤어진다. 어른스러운 사람은 어떤 일에도 기분이 상하는 법이 없다. 회의적이어서 그런 것이 아니라 자신과 다른 입장인 사람에 대해서 관대하기 때문이다. 어른스러운 사람은 여행자처럼 많은 나라를 돌아다니며 많은 문화를 경험하고, 그렇게 키운 다양성 덕분에 독단적인 태도와 모든 형태의 취조로부터 자신을 지킬 수 있다. 어른스러운 사람은 본질, 그러니까 우리의 운명이나 삶의 의미(종교)에 문제를 제기하는 것들에 대한 말은 꺼내지 않는다. 이런 문제를 검토하는 일은 더 내밀하고 어쩌면 더 극적일 수 있는 대화를 위해 남겨둔다.

대화는 문학처럼(특히 특정 장르의 문학처럼) 중요한 특성을 지녀야 한다. 그것은 바로 자연스러움이다. 자연스러움은 글을 즐겨 쓰는 문학적 소양이 있는 사람이나 작가가 독자에게 말하고, 자신이 실재하며, 독자를 지켜보고, 독자에게 말을 걸고 있다고 믿게 하는 기술이다. 그러니까 간단히 말하자면 독자는 '작가가 아닌 사람'과 관계를 맺는다. 몰리에르, 라퐁텐, 라 브뤼에르의 작품을 읽을 때 정말로 이런 감정을 느낀다. 이 작가들과 더불어 일부 고전주의 작가들은 각자의 작품에 보편적인 성격을 유지하면서도 담백하고 꾸밈없이 글을 썼다.

라퐁텐은 우리의 손을 잡고 자기 작품의 아름다움을 함께 느끼도록 이끈다. 라 브뤼에르는 우리를 가끔 질책하고, 파스칼은 우리에게 다가와 우리에게 맞서는 무섭고 강렬한 말들을 내뱉는다. 글을 읽는 동안 우리는 이것이 누군가가 지어낸 이야기라는 사실을 깨닫지 못하고 우리의 일상과 구분하지 못한다. 몸과 마음이 하나가 되는 동안 작가들은 같은 표현들을 쓰고 그만큼 우리에게 자유롭게 말했을 것이다. 동물들이 이상하게 행동하고 허무한 음모를 꾸미는 세상에 관해 이야기하는 데는 목소리를 높일 필요도, 어떤 자세를 취할 필요도, 모호한 개념이나 냉혹함에 기댈 필요도 없었으리라.

만약 대화가 찬란하게 빛났던 그 시대를, 이미 사라진 그 시절을 그리워하기만 한다면 대화는 미뉴에트나 화승총, 또는 화려한 프릴처럼 그 생명력을 잃어버렸을지도 모른다. 왜냐하면 이 위대한 작가들은 글 쓰는 법을 알았기에 말하는 법도 잘 알고 있었다. 윤리보다는 예의범절, 그러니까 삶의 기술은 과거에 그토록 빛났지만 오늘날 우리에게는 강요되지 않는다.

　파티와 성대한 만찬 문화를 아름답게 지키고 계속 늘려나간 이들은 항상 같은 인물들이었다. 솔직히 말하자면, 이런 사람들은 내 마음을 사로잡지 못한다. 나는 이런 사람들을 자신에게 도취되고 인생에 있어 아무런 가치도 없는 것과 불확실한 것들에 대해 가볍디 가벼운 걸음으로 서성이는 존재라고 생각한다. 이런 사람들에게는 오직 쾌락만이 중요한 가치를 지닌다. 이들은 자기가 속한 세상에서 가장 빛나는 존재로 보이기 위해 경쟁하는 삶 속의 비폭력이 무엇을 뜻하는지 알았을까? 타인이 무한한 가치를 지닌다는 사실을, 그들의 삶이 시작될 때부터 가치를 지니고 있었다는 사실을 깨달았을까? 나는 이들이 지루하게 굴거나 심각해지는 것을 바라지 않았다. 그보다는 이들이 우리의 운명에 관한 어려운 수수께끼들을 어리석은 질문들 틈에 집어넣기를 바랐다.

　말, 그러니까 이러한 유형의 말은 여전히 높이 평가될까? 우리는 덜 통제하고 더 소란스럽고 가끔은 비명, 흐느낌, 딸꾹질, 의성어에 가까운 언어로 말한다. 우리는 이런 말보다 시인의 언어를 더 높이 평가하거나 말에 의지하지 않고도 세상에 의미를 부여할 수 있다고 생각한다.

황금시대에는 대화에 교육적인 역할을 위임했다. 인간은 대화를 통해 자신의 감정과 본능을 통제하고 다른 사람을 자신과 평등하게 대하는 법을 배웠다. 오늘날에는 아주 다양한 방식의 교육이 우리를 더 나은 인간으로 이끄는 역할을 맡고 있다.

오늘날 우리에게는 끝없이 대화할 만한 여유가 없다고 덧붙일 수 있을까? 다른 시대에는 사람들이 자수나 사냥에 시간을 썼다. 지금 우리는 여가시간에 골프를 치거나 여행을 다니는 것을 선호한다. 그러니까 우리에게 시간이 없다기보다는 지금은 우리가 예전처럼 대화에 시간을 쏟지 않고, 그렇게 하는 것이 오히려 이상해 보인다고 말할 수 있겠다.

이 황금시대가 정말 앞서 묘사한 것처럼 평화롭고 따스했을까? 몇몇 역사학자에 따르면 전쟁과 잔인성, 그리고 아름다운 언어는 함께 간다고 한다. 18세기에도 분명 그러했으리라. 인간은 싸우고 배신하고 적을 척살할 기회를 노리고 몰아세웠다. 그렇지만 본질은 남아있고 재능이 있는 사람들에게 기쁨을 준다. 이는 언어를 구성하는 이 보물에 경의를 표하는 것이기도 하다. 가족은 서로를 껴안고 싸우고

등을 돌리지만 항상 같은 언어로 이야기한다. 이웃 나라와의 분쟁에서는 더 섬세하고 능수능란한 언어만을 사용해야 한다. 대화하는 것처럼 규칙을 협상하고, 배신을 상쇄하고, 동맹을 맺는다. 그 시대의 사람들은 조화와 중용, 이성이라는 이상에 부합하는 동일한 언어를 사용했기 때문에 각 나라가 다른 나라를 남으로, 적이라도 적으로 생각하기가 어려웠다.

세상에, 그 시대의 전쟁은 얼마나 우아했는지! 그렇지만 나로서는 언어와 대화에 그 시절만큼 큰 힘을 부여하기가 어렵다. 동맹 관계는 엉키기도 했고, 믿었던 동맹들이 밀고 당기기를 하기도 했으며, 우리가 아직도 기억하기로는 재치 있는 입담이 화약과 대포보다 더 치명적이기도 했다. 그렇지만 전쟁이 휩쓴 참혹한 땅, 불태워진 농장, 유린당한 여자들을 어떻게 잊을 수 있겠는가. 바로 이러한 연유로 나는 대화를 개인적이고 사적인 영역에 국한한다.

그래서 내가 대화를 죽은 장르로 보지 않는 것일까? 우리가 대화가 빛을 발했던 몇몇 영역에만 한정시키지 않는다면 대화는 언어의 명예와 인간의 예의를 지키기 위해 이곳저곳을 떠돌 것이다. 언어는 제도가 아니기 때문에 자유롭게 수긍되고 영속하는 것처럼 보이며 더욱더 높은 가치를 지닐 수밖에 없다.

우 리 는

대 화 에 서

무 엇 을

기 대 할 수

있 을 까 ?

우리가 대화에 대해 지나친 호의를 보였던 것은 아닐까? 대화가 몸과 언어, 특정한 사회 계급 분류 방식을 이용하는 것과 관련이 있다는 사실을 잊어버리고 간과한 것은 아닐까? 최상위계급은 자신들의 가치를 강요하고 나머지 하위계급은 이를 따른다. 대화는 상위계급에게 유리한 방식으로 다듬은 말을 주고받는 행위를 강요한다. 이러한 대화는 서툰 말, 어설픈 행위, 상스러운 말을 금지한다. 바르고 명료하고 듣기에도 발음하기에도 좋은 말만 쓰는 것은 단지 서로의 감정을 위해서인 것일까? 사회 질서를 위험에 빠뜨릴 수도 있는 반항적인 성미와 자발성을 통제하기 위해서 그런 말들을 특별히 제한하는 것은 아닐까?

대화는 말, 우리가 남에게 말하는 방식을 통제함으로써 반란을 선동하는 모든 시도를 입막음한다. 마음 내키는 대로 말하지 않아야 하는 것뿐만 아니라 먹고 웃고 마시고 걷는 것과 관련한 규범을 따라야 하며, 이런 규범을 위반하는 모든 행위를 억압한다.

진정되고 생기를 잃은 사회교류에 대한 헛된 이상에 대해 프랑스 사회학자 피에르 부르디외Pierre Bourdieu는 예의를 경시하고 솔직한 발언 속에 기초적인 충동을 마음껏 풀어놓는 언어폭력을 대조해 이를 분석했다. 그리고 사회교류와 언어폭력이 같은 생리적 실재를 가리키는데, 무엇이 이 두 용어를 구분하는지를 강조했다.

전자는 입이다. 프랑스어로는 'bouche'로 고상한 단어다. 꾹 닫히고 어떨 때는 오므리고, 어떨 때는 까탈스러운 입. 우리의 생각을 표현하고, 말을 통제하는 기관. 우리가 음식을 먹을 때도 입은 맛보고 즐기고 절대로 품위를 잃지 않기 위해 애쓴다. 후자는 프랑스어로 'gueule', 아가리다. 넓게 마음대로 열린, 다시 말해 느슨하고 자유로운 아가리이다. 프랑스어에서 '수다쟁이une grande **gueule**, fort en **gueule**', '큰 소리로 떠들다**gueuler**', '욕설을 지껄이다en**gueuler**'와 같은 표현부터 '구타하다casser la **gueule**', '닥쳐ferme ta **gueule**', '입에다 주먹을 내리꽂겠다mon poing sur ta **gueule**'와 같은 신체적으로 폭력적인 표현까지 '반반한 얼굴une belle **gueule**', '사랑스러운 얼굴 une **gueule** d'amour'과 같이 덜 거친 표현들 역시 'gueule'이라는 단어를 사용한 표현들이 다양하다. 부르디외의 분석은 억압된 사회교류로서의 대화와 언어폭력으로서의 대화 사이의 관계를 변호하려는 것이 아니다. 그보다는 예의라는 이름으로 억압된 것들, 다시 말해 외침, 눈물, 커다란 몸짓, 기초적인 즐거움, 대중적인 본질이 지니는 소리 없는 힘의 주장 같은 것들을 식별하고자 한 것이다.

가장 힘 있는 자들이 정당한 것과 부당한 것을 결정하는 것이 사실이다. 그들은 자신들에게 이익이 되는 평화 국가의 이상을 정립한다. 이것이 그들이 생각해낸 유일한 전략은 아니다. 그들 중 일부는 더욱 예의 바른 언행을 강요하려는 반면 다른 이들은 꾸밈없는 언어와 거친 행동 속에서 이득을 취하고자 했다. 이러한 의혹과 무관하게 문화는 언어의 성격을 다듬고 언어를 상징적인 차원에 도달하게 했다.

'사회적 차별'을 향한 열망은 대화의 관심사와 주제를 결정할 것이다. 취향은 그게 어떻든 간에 '타인의 취향을 거부하는 것'일지도 모른다. 우리보다 열등하다고 판단되는 집단과 거리를 두기 위해 우리는 우리보다 이론적으로 더 우위에 있는 자들의 문화에 동조하는 척을 한다. 이는 분명 사회적 주체들이 의식하지 못하는 과정일 것이다. 음악, 미술, 문학에 관해 우리는 권력층의 인정을 받은 작품들을 찬미하거나 찬미하는 척하며, 이로써 우리 자신과 주변인들이 생각할 때 상징적인 부라고 여겨지는 것을 늘려나간다.

이러한 이유로 최신기술, 고급 주택, 단정한 옷, 세련된 음식이 사랑을 받고 일반형 가전, 으리으리한 인테리어, 화려한 옷, 대중성이 높은 문학이 조금씩 외면받는다. 어찌 보면 권력층의 인정을 받았다고 할 수 있는 모든 상급 재화는 부러움의 대상이며, 그것을 소유하든 소유하지 않든 간에 끊임없이 이어지는 대화의 주제가 되기도 한다.

그래서 취향은 그저 '타인에 대한 혐오'에 불과하다고 할 수 있겠다. 우리가 타인에 대해 거의 원한에 가까운 태도를 강요받다니 얼마나 슬픈 일인가! 교육과 환경의 영향으로 이러한 취향을 학습하지만 다행히도 우리는 충동을 느끼는 존재다. 사람에 따라 넓은 공간을 좋아할 수도 있고 좁은 공간을 좋아할 수도 있다. 어두운 곳과 밝은 곳에 대한 선호도 다르다. 특정한 말투나 예의 바른 언어가 우리의 취향에 부합할 수도 있다. 물론 그러한 말투가 가까운 이의 신뢰를 얻는 데 도움이 되지도 않고 내면의 허영심을 채우지 못해도 말이다.

그런데 '사회적 차별'을 이로록 중요하게 생각하는 이유는 무엇일까? 예를 들어, 전자기기를 산다고 생각해보자. 우리가 어떤 전자기기를 선택할 때 성능과 편의성을 따질 뿐 그것을 소유했을 때 자신의 사회적 이미지가 향상되는지는 고려하지 않는다. 특히 그 기기가 이미 널리 보급된 경우에는 더욱 그렇다. 사람들은 편안한 옷, 잘 만든 영화를 좋아한다. 옷이나 영화에 대해 말하는 이유는 청중을 깜짝 놀라게 하려는 것이 아니라 대화를 통해 그 옷과 영화를 더 즐길 수 있기 때문이다.

사회적 결정이 미치는 영향력이 클 때 우리는 사회적 흐름에 동참하고 싶은 바람, 조금은 다른 나만의 개성을 지니되 주변 사람들과 같아지고 싶은 마음을 느낀다. 이것이 간혹 헛된 바람이기는 하지만 말이다. 자신을 돋보이게 하고자 한다면 자신이 문화라고 생각하는 것, 혹은 실제적인 문화가 도움이 될 것이다. 그렇지만 대중은 별장이나 높은 연봉, 혹은 좋은 운동 실력 등과 같은 더 가시적인 기준을 높게 평가할 것이다. 이들이 문화적 소양이 부족한 부분은 쉽게 용인할 수 있다.

우리는 피에르 부르디외의 지적이 지금도 표면적으로라도 맞기를 기대할 것이다. 부르디외에 따르면 인간은 사회적 배경과 유대를 이어간다. 우리는 사회적으로 정해지고 식별되는 방식으로 옷을 입고 걷고 음식을 삼키고 눈살을 찌푸린다. 말할 때도 마찬가지다. 남자들은 모이면 걱정거리에 대해서는 거의 말하지 않으며 주변 사람들을 무관심해지도록 만든다. 일에 관해 말하는 이유는 일이 힘들고, 생존의 조건이고, 권리를 지키기 위해 함께 생각해야 하기 때문이다. 섹스에 관해 말하는 이유는 그 자체가 대화를 유도하는 주제라서가 아니라 사람들이 섹스에 관해 이야기하고 즐겁게 웃는 것을 부끄럽게 여기지 않기 때문이다. 세대에서 세대로 전해지는 섹스에 관한 이야기와 농담이 있기 때문이다. 나이가 들어갈 때, 건강 개선에 대한 희망이 사라질 때, 예상하지 못한 불운을 헤쳐 나가기 힘든 시기에야 살아가는 걱정과 어려움에 관해 이야기한다.

여성들은 남성보다 삶에 대한 고민을 더 많이 나눈다. 남성만큼, 때로는 남성보다 더 용감하게 일상의 근심과 걱정을 도맡아 해결한다. 매사 합리적이지 않은 남편을 설득하고, 아이들을 돌보고, 집에서 생을 마치고 싶어 하는 노부모를 돌본다.

우리가 교육을 통해 습득한 대화, 자기 통제를 통해 영속하는 대화는 인간화 과정에 속한다. 이러한 대화는 조금 더 인간적이고 관계에 관한 이해의 폭을 넓힌다. 대화는 인위적인 노력 없이도 관계를 부드럽게 한다. 대화가 원활하게 이루어질 때 대화는 마치 예술작품처럼 자신을 만들고 영향을 미치는 결정들로부터 자유로워진다. 라신, 모차르트, 시인 보들레르의 출생 배경과 역사적 상황에 대해 아는 것은 대단한 일이기는 하나 그들의 작품의 독창적인 특색에 비추어 보면 작품과 배경 상황의 연관성은 적어도 우리가 기대한 만큼 깊지 않다. 이런 방식으로 흘러가는 대화는 성공적이다. 성공적인 대화는 덧없고, 모차르트의 음악보다는 고상하지 않지만 그만큼 소중하다.

그런데 보통의 언어 교류를 생각해보자. 대화는 여기저기 되는 대로 이루어진다. 이러한 대화가 파편적이고 일관되지 않고 기상천외한 이유는 사회 계급의 존재만으로도 이해할 수 있다. 이러한 대화는 사방에서 부는 바람과 모든 영향력을 받아들이는 열린 들판이다. 대화의 장에 부는 바람은 어디서 오는지, 대화에 영향을 끼치는 요소가 어디서 비롯된 것인지 아는 사람은 영리하다. 가끔은 언어가 여기저기서 방향을 바꾸고 모든 영역을 떠돌면서 되풀이된다. '상대 진영으로 넘어가다', '킥오프', '예선 경기를 치르다', '연장전', '득점권에 들어가다', '옐로카드를 받다', '페널티를 받다' 등의 스포츠 용어를 보라. 사회과학 용어도 마찬가지다. '죄책감을 씌우다', '정체성의 혼란', '자아비대증', '엄격한 초자아', '희생양', '오이디푸스 콤플렉스를 극복하다', '책임을 지우다', '책임을 면제하다' 등등. 이 많은 표현들은 정신과 의사나 심리학자로부터 들은 것이 아니다. 주부, 교외 지역의 아이들, 우등생들, 소외집단, 식당 종업원, 견습 미용사, 본토 토박이 이민자들. 너나 할 것 없이 모두가 이 표현들을 일상적으로 사용한다.

　이처럼 서로 다양한 배경에도 불구하고 우리가 서로를 이해할 수 있다는 점은 경탄할 만하다. 마치 현대인이 언어적 재능을 타고난 것 같기도 하고, 여기저기서 튀어나오는 말들을 모두 끌어모아 포용할 수 있는 능력이 언어 그 자체에 있는 것 같기도 하다. 우리는 인간이 타고난 재능과 언어가 지닌 마법 같은 힘을 아끼지 않고 이런 언어를 순수하게 사회학적인 맥락에만 제한하지 않는 것이 적절하다고 생각한다.

　분명 대화가 불평등의 절대적인 해결책은 아니다. 오히려 불평등을 더 드러낸다. 말하는 사람의 재능과 교양, 그가 하는 말의 타당성에 따라 우리가 듣는 태도가 달라지지만 우리는 그의 지위도 고려한다. 우리는 사회적 지위가 높은 사람의 말을 더 주의 깊게 들을 것이다. 시종들은 주인들의 대화에 껴들지 못한다. 부사관은 대령들의 대화에, 부사관의 부인 역시 대령 부인들의 대화에 끼지 못한다. 이는 상위 계급이 대화를 통해 민주주의의 발전을 잠시나마 회피할 수 있다는 것을 의미한다. 평범한 젊은 남성이 열정적으로 말하면 사람들은 놀라고 그의 재능을 어느 정도 인정하지 않고는 못 배긴다. 부르주아 여성들도 예외는 아니다. 그녀들이 한자리에 모이거나 함께 식사할 때면 실제 가족의 경제적 상황보다 자신을 부풀린다. 시골의 빨래터 근처 마을에서 여자들은 마음껏 즐기며 남편 이야기도 마다하지 않는다(여기서 일어나는 언어 교류는 대화보다는 독창적인 자유 발언에 더 가깝겠다). 나는 말이 가진 힘을 과대평가하지는 않는다. 그러나 말은 사회적 삶이 정해놓은 틀을 비집고 새로운 여유 공간을 만든다. 말은 생명력이 있을 때 완전히 기계적인 차원을 벗어나기 때문이다.

　우리가 대화를 하면서 느끼는 기쁨은 나를 안심시킨다. 우리가 서로 떨어지거나 서로를 오해하면서 살아가는 것이 아니라는 사실을 나에게 확인시켜 주기 때문이다. 만약 누군가가 독특한 개성 때문에 나와 수천 마일 떨어진 길을 가는 것처럼 보이고 내가 그의 표현을 섣불리 오해한다면 나는 그를 이해하기 위해 노력해야 한다는 사실에 불만을 가질 테고, 가끔은 헛된 수고를 하느라 지체하지 않고 최대한 빨리 빠져나올 것이다. 이러한 분석은 상당수의 사람이 자기 생각에 무용하다고 판단되는 순간들을 회피하고, 최대한 자기를 미화하는 거울 앞에서조차 빛나지 않는 사람들과 함께 있는 것을 견디기 힘들어한다는 사실을 반영하고 있다. 하지만 이러한 실수, 심지어 잦은 이런 실수들이 나의 입장에 영향을 주지는 않는다. 어쨌든 인간은 타인과 관계를 맺는 것을 좋아하고 가끔은 자신의 개성을 포기해야 한다는 것을 받아들이므로 인간은 남에게 말하는 것을 즐긴다고 할 수 있겠다.

　협상하는 과정에는 보다 더 귀한 요소가 있다고 생각한

다. 나는 상대방을 설득하려 노력한다. 내가 상대를 설득하고자 하는 것은 내가 옳다고 판단하기에는 나의 논리만으로는 부족하다고 느끼기 때문이다. 나는 상대방이 나만큼이나 논증하고 동의하고 다시 논쟁할 수 있는 능력이 있다고 생각한다. 이렇게 상대를 믿지 않는다면 나는 실제로 매번 말하기 전에 어떤 말이 진실을 표현할 수 있는지 혼자서 더 신중하게 검토하는 것만으로도 충분하다고 생각했을지도 모른다.

진실은 원칙적으로 현실과 일치해야 한다(일치했다고 한들 증명하기 어렵고, 진실과 현실의 일치는 미리 정해진 조건이 아니라 증명의 결과로 확인할 수 있다). 게다가 진실은 나와 같은 논거를 가진 모든 이들의 동의를 얻어야 한다. 협상을 시작하는 순간부터 나는 과학적이고 윤리적인 진실을 보증하는 전칭 명제가 존재한다고 가정한다. 이러한 바람은 간혹 실망으로 돌아오기도 한다. 수 세기가 지나는 동안 진리를 찾아 모든 분야를 떠돌았음에도 불구하고 인간은 기꺼이 보편성을 따르고 싶어 한다. 보편성은 우리가 살아가는 방식과 운명에 순응하는 것을 막지 못하는 필요조건이다.

우리의 행복이나 아니면 적어도 언어의 안녕을 위험에 빠뜨리지 않는 다른 여가를 찾아보는 것이 더 현명한 선택은 아닐까? 우리의 계획이 실효성이 있을지 판단하고 필요한 경우 이를 수정해야 할 때만 말하고 그 외에는 창조하고 행동하는 편이 낫지 않을까? 아니면 구기종목을 하거나 카드 게임을 하는 건 어떨까? 아니면 뜨개질은? 하지만 뜨개질은 이웃들과 이런저런 이야기를 나누면서 하는 게 아닌 이상 너무나 지겹다. 이성을 유혹하는 것은 어떨까? 다른 누군가에게 상처를 주지 않는 한에서 말이다. 쫓는 동물을 죽이지 않는다면 사냥도 괜찮겠지만 비현실적이기는 하다. 음주도 괜찮겠지만 술을 마신 뒤 취해서 운전대를 잡지는 말아야 한다. 자신뿐만 아니라 다른 사람들을 위험에 빠뜨리면 안되니 말이다.

도무지 떨칠 수 없어 머릿속을 계속 맴도는 생각이 나를 불러세워 멈춘다.

"나는 대체 무슨 자격으로 남들에게서 의미와 재미를 찾는 건가? 스스로 내 삶에 의미와 멋을 더할 능력이 없는 걸까? 왜 나는 누군가에게서 의미를 찾아야 하는, 의미 없는 사람처럼 구는 걸까? 나의 몸짓, 내가 느끼는 충동과 원망,

나의 기억이 가까이도 멀리도 필요성을 부여하고 색을 입히는 것이 아닐까? 만약 나에게 그런 능력이 없다면 차라리 세상 자체에 의지할 수 있으리라. 무리 지은 사람들이 어깨를 흔들며 대로변을 걷고, 비가 광야를 적시고, 태풍이 한여름의 아름다운 오후를 끝내는 세상 말이다. 이 세상에서는 구름이 땅 위로 쏟아지는 방법이 얼마나 다양한지 모른다. 참으로 놀라운 일이지 않은가! 영원한 고대 그리스부터 지금까지 나와 교신한, 이제는 이 세상에 존재하지 않는 오래된 친구들을 절대 잊지 말기를. 특히 내 행동에서 거슬리는 점이 하나 있다. 사람들이 수다를 떨면서 모욕적인 언사를 하면 나는 징징거린다. 우아한 말에 엄격함을 더한다면 괜찮을 것 같다. 평소대로 가볍게 말하는 습관을 버려라."

그러려면 보고 느끼고 들어야 한다. 그런데 내가 그저 듣기만 할 수 있을까? 우리는 그럴 수 있을까?

대화를 위해서는 당연히 어느 정도 품위 있는 표현을 사용해야 한다는 요구조건은 잊어버리자. 오늘날에도 지식을 고양하거나 지적인 과업을 쌓기 위해서가 아니라 그저 사람과 관계를 맺는 즐거움만을 위해 여유롭게 대화하는 사람들을 자랑스럽게 여기자. 생각을 사고파는 것은 다른 문화에서 과거에 실제로 행했던 것처럼 금속이나 양모를 거래할 때나 이루어진다. 협상은 대충 이런 양상으로 이뤄졌을 것이다.

"자, 이게 내가 제시하는 내용입니다. 내가 보기에는 충분히 가치가 있는 것 같은데 아마 당신도 그렇게 생각할 겁니다. 그리고 당신이 가지고 있는 것 중에 이것이 내 마음에 쏙 드는군요. 내게 내어준다면 아주 큰 기쁨이 될 것 같아요."

와인이 든 나무통, 양 떼, 무두질한 가죽, 선한 웃음, 끝나지 않는 노래는 감추거나 추상적인 말로 얼버무리지 않고 공공연하게 펼쳐놓을 것이다. 대개 아무런 거래도 이루어지지 않겠지만 사람들은 말하고, 자기가 가진 것을 자랑하고, 서로 감탄하면서 느꼈던 행복감에 젖은 채로 가져온 가죽 제품과 노래를 챙겨 담고 헤어질 것이다.

이런 발언이 혼란스러울 수 있다는 점은 잘 알고 있다. 오늘날에는 생각과 작품을 수익에 연동시켜 거래하는 시장이 실제로 존재한다. 이 시장에서 생각은 자유 경제 체제의 실물 재화나 다른 가상 재화처럼 취급된다. 이에 관해서 나는 머릿속에 다른 거래, 보통 사람들이 만나서 일상의 일부를 공유하는 모습을 떠올린다. 이제는 사라진 것처럼 보여서 우리를 오랫동안 향수에 젖게 하는 전통문화에서나 볼 수 있었던 것처럼 말이다.

★ ★ ★

사랑이나 열정이라고 칭할 수 있는 극단적인 호의는 의심할 여지 없이 격조 높은 대화와 같은 효과를 낼 것이다. 상대방이 하는 모든 말이 가치 있기 때문에 듣는 사람은 인내심을 가지고 들을 것이다. 그러나 이러한 선입견은 모든 말이 평가의 대상으로 만들기 때문에 실제로 말의 질을 해칠 수 있는 위험이 있다. 왜냐하면 연인들은 자기 눈에 무한한 매력을 지닌 사람을 운 좋게 만났기 때문이다. 다행히 우정은 다른 신호나 몸짓을 필요로 한다. 침묵하고 같은 풍경을 관망하고 연주회에 가고 함께 산책하며 같은 즐거움을 느낀다.

인생은 결국(평생 혹은 몇 달 동안) 의미를 찾고, 그렇게 찾은 인생의 의미는 우리의 얼굴에서 시작해 전 우주에 펼쳐지며 식물, 도시, 태양도 우정에 동참한다. 분명 사랑하는 것은 연인의 좁은 한계를 뛰어넘는 무한한 세상 속에서 확장하며 살고 마음을 터놓는 것이다. 더 이상 상대를 설득하거나 의견을 전달하거나 미묘하게 바꿀 필요가 없다. 그저 세상의 아름다움을 찾아다니며 사랑하는 대상의 매력과 비교할 때 느끼는 감사한 마음을 표현하기만 하면 된다. 때로는 사랑하는 이의 몸과 영혼의 아름다움을 우주에 내어주고, 때로는 우주의 아름다움을 통해 사랑하는 이의 모습을 묘사하는 것으로 충분하다.

그저 이 행복에 대해, 이 행복이 어떻게 시작하는지에 대해 이야기하려면 연인들을 황홀하게 하는 문장, 대담하게도 우리를 놀라게 하는 이미지, 주름을 늘어뜨린 천처럼 풍성하거나 별빛처럼 빛나거나, 혹은 반복되는 말들로 가득 찬 시적인 언어를 사용하는 것이 좋겠다. 온 지구가 금색과 붉은색으로 반짝일 때, 우리의 심장이 열정으로 뛰고 전장의 북소리처럼 울릴 때 대화의 배열은 터무니없는 말, 아니면 언어가 아닌 다른 것, 그러니까 음악의 배열로 대체된다. 매 순간 삶이 태어나고 우리는 바로 이전에 무슨 말을 했고 무엇을 했는지를 잊어버린다. 앞뒤로 이어지던 문단들은 더 이상 존재하지 않고 폭포처럼 흐르는 순간만이 있을 뿐이다. 이 순간들은 무에서 태어난 것 같고 세상에 등장할 때처럼 화려하게 사라지는 운명을 받아들인다.

대화는 서로 맞서고, 서로를 평가하고, 더 풍요로워지고 더 큰 호의를 느낀 채로 헤어지고, 새로운 소통 방식이 등장했어도 언어가 시대에 뒤떨어지지 않으며 존경받아 마땅하다는 사실을 증명함으로써 기쁨을 느낀다. 언어 위로 말의 다른 형태가 빛을 내며 우리를 들어 올린다. 그것은 우리를 불멸의 존재와 만나게 해주는 시의 형태에만 국한되는 것이 아니다. 나는 공상적이고 비밀스러운, 그래서 사람들이 거의 들어본 적도 없고 높이 평가한 적도 없는 구절을 머릿속에 떠올려 본다. 아침에 듣는 글귀다. 아침의 말은 하루를 시작하는 아침의 상쾌함에 잘 어울리고 가끔은 냉정하게 밤의 베일을 찢는다. 가끔은 웅얼거리는 것처럼 들려서 우리를 깨우지 못하고, 평화로워 보이는 시간을 끝내지 못하고 너무 이르게 샛별에 그림자를 드리운다. 간혹 한 치의 망설임 없이 너무나 결연하게 들릴 때도 있다. 그럴 때는 하루의 시작을 알리는 임무를 당당히 수행하고 있는 것이다.

이와 완전 반대로 늦은 밤에 어울리는 말도 있다. 밤의 말은 듣는 이의 마음을 진정시키고 영혼의 존재를 상기시켜야 한다. 밤의 말은 열기를 건강에 해로운 것으로 여기며 우리의 이마를 쓸어내려 열을 식힌다. 우리가 근심의 원천이 아니라 부드러운 밤으로 들어갈 수 있게 몸과 마음을 준비시킨다. 밤의 말은 어슴푸레한 빛 아래에서 조용히 속삭인다. 마치 우리가 믿을 수 있는 언니처럼 느껴진다. 밤의 말은 아양을 떨지 않는다. 그보다는 장엄하고 엄중하다. 밤의 말은 우리를 품에 안지 않는다. 우리에게 손을 내밀지라도 우리는 마주 잡은 손의 손바닥만 겨우 느낄 뿐이다. 밤의 말과 함께라면, 밤의 말이 기꺼이 우리를 만나러 올 마음이 있다면 우리는 다가오는 죽음도 받아들일 것이다.

침묵은 우리가 살아가며 겪는 비참했던 순간들을 받아들이는 유일한 방법처럼 보인다. 우리는 우리 곁을 곧 떠날 사랑하는 이의 얼굴을 오랫동안 조용히 응시한다. 그를 감시하는 것이 아니다. 그의 마음에 우리의 존재를 주입하는 것이다. 그가 아직도 존재한다는 사실을 아는 것만으로 충분하다. 말수가 극히 줄어든다. 말은 이렇게 상대를 관찰하는 시간으로부터, 아직도 우리를 보고 있는 이 얼굴로부터 시선을 빼앗는다. 병으로 인해 쇠약해지고 때로는 심하게 괴로워하기도 하지만 우리가 사랑하는 이는 우리와 앞으로도 평생 함께할 존재라는 사실은 의심의 여지가 없다. 그는 마지막으로 우리의 어린 시절, 희망과 바람, 숲속의 작은 빈터를 발견했던 추억을 떠오르게 한다.

침묵, 아름다운 침묵은 때로 주고받는 말들 사이의 한낱 휴식 이상이 될 때도 있다. 침묵은 말이 뜻밖의 장애물에 부딪히지 않고 유유히 흐를 수 있도록 수용될 수 있는 공간을 마련한다. 침묵 후에 대화가 다시 시작될 때는 대화의 흐름에 충실하지 못할까 걱정할 필요는 없다. 말은 침묵하는 동안 신중함과 올바름을 유지한다. 반대로 요즘 유행하는 상호작용은 우리를 침묵으로부터 떼어놓는다. 우리는 서둘러서 가능한 한 빨리 답한다. 휴식은 금물이다. 모든 질문은 즉각적인 답변을 원한다. 왜냐하면 심사숙고할 필요가 없는 질문이고 어쨌든 그렇게 깊이 생각한 것을 듣지도 않을 테니 말이다.

특정한 형태의 묵상이나 완벽한 부동자세와 비교하면 가장 높은 수준의 대화라도 수다만큼이나 부적절한 것으로 보일 것이다. 가장 성공적인 대화도 반짝이는 재치로 우리의 마음을 흐트러뜨리고 인간은 좋은 친목 관계를 유지하며 살아가야 한다고 생각하게 하므로 묵상과 비교하면 가장 해로운 것으로 보인다. 원칙적으로 절대 목소리를 내지 않고, 아무것도 요구하지 않고, 우리를 전혀 비난하지 않는 침묵의 미덕을 어떻게 하면 제대로 보여줄 수 있을까? 다행히 음악과 그림이 우리의 수다, 심지어 글쓰기도 멈추도록 유도할 수 있다.

침묵에 충실한 글귀, 글귀마저 고요한 글을 소개하려 한다. 시인 필리프 자코테Philippe Jaccottet가 이탈리아 화가 조르조 모란디의 작품과 생애를 반영해 쓴 글이다. 모란디의 삶은 작품만큼이나 정적이고 고요하다. 모란디는 종교인처럼 집중하고 절제하고 반복적이며 작업실에 틀어박혀 거의 칩거 생활을 하다시피 했다. 그러나 그가 그린 다리, 분수, 단지, 과일은 그가 그저 소박하고 평온하면서도 그토록 평범한 일상을 누렸다는 사실을 보여주지 않는가? 단지 그뿐이다. 그러나 그의 삶은 우리를 다른 곳에서 잡아끌고는 세상과 세상의 역사로부터 등을 돌리라고, '점점 더 빠르게, 심지어 어지러울 정도로 분산되는 시대'에 다시 모이라고 말한다.

우리는 잘난 체했고, 능변가인 척했고, 깡충깡충 뛰었고, 언어를 손에 쥐었다가 수염에 매달았고, 마주했다가 회피했고, 그러다가 다시 나타났고, 구두 굽 소리를 냈고, 어휘라는 동전들을 달그락거렸다. 그러고는 잠시 이런 행동을 부끄러워했다. 우리는 능숙한 칼잡이라기보다는 조종당하는 꼭두각시 같았다.

우리는 놀래주고 싶은, 어쩌면 사로잡고 싶은 얼굴에서 시선을 돌린다. 왜냐하면 우리가 한 번도 사용할 일 없는 항아리, 그렇지만 우리가 뚫어지게 바라보는 것을 원치 않을 것 같은 항아리가 멀지 않은 곳에 있기 때문이다.

맺음말

대화는 잠시 일을 멈추거나 근심을 떨치고 기분을 전환하기 위한 유쾌한 유흥거리에 불과한 것이 아니다. 물론 대화는 유익하다. 외부의 요건이 아닌 우리의 기분에 따라 자유롭게 다른 사람들과 관계를 맺을 기회를 준다. 또한 누가 명령한 것이 아니기에 똑바로 얘기해야 할 필요 없이 편할 대로 이야기할 기회를 준다.

우리는 대화하는 동안 상대의 마음을 기쁘게 하는 능력, 최소한 관심을 끄는 능력, 제대로 듣는 능력, 타인의 감정과 생각을 파악하는 능력을 보여줄 수 있다. 우리는 대화를 통해 다른 사람들, 그러니까 이 경우에는 모든 인간과 비슷하다는 안정감을 느끼는 동시에 우리와 약간의 거리감이 있는 사람과 친밀감을 느낀다. 대화하는 동안 예의 바르고 상대를 배려하는 모습을 보여주는 것은 유쾌한 일이므로 대화가 끝나도 우리는 여전히 좋은 태도를 유지한다. 댄스 수업이 끝난 뒤 학생들이 여전히 우아한 발걸음으로 교실을 나가는 것도 바로 이런 이유 때문이다.

대화는 삶의 기술이다. 대화는 폭력 없이 세상을 이용하라고 우리를 격려한다. 그런 점에서 대화는 우리의 느림, 걸음, 부드러움과 같은 태도와 연결된다.

대화는 언어와 인간에 대한 예우를 갖춘다. 우리는 대화의 무한한 원천에 경탄한다. 그리고 대화의 원천이 낯선 이미지와 소리를 불러일으킬 수 있는 정도라는 사실에 거듭 놀란다. 우리는 신중한 태도로 그토록 귀한 언어라는 재료를 섬세하게 사용한다. 그리고 마침내 다른 사람 앞에서 힘차게 말하고, 그들의 말에 따라 흐름을 바꾸고, 대화를 이어가다가 언젠가 잃어버렸다고 생각한 생기와 유연성을 되찾는다.

나는 성공적인 대화는 모름지기 경쾌함(경박함이 아니라)과 진중함(흥분한 상태가 아니라)이 적당히 어우러지고 쾌활해야 한다고 생각한다. 이처럼 성공적인 대화를 위해 우리는 맹세한다.

"나의 근심을 공유하겠다는 핑계로 당신을 거북하게 하지 않겠습니다. 우리가 같이 해야 할 더 즐거운 일이 있으니까요. 톡톡 터지는 말의 거품 위에서 미끄러지며 함께 춤을 춥시다."

나는 가끔 최근 나눴던 대화의 주제를 명확하게 말하지 못하곤 한다. 그런 나를 보고 짓궂은 사람은 내가 시시껄렁한 이야기나 했다고 할지도 모르겠다. 그렇지만 나는 그 시시껄렁한 이야기를 좋아한다. 짓누르는 중압감으로부터 나를 해방시키고 나서는 푸른 하늘 저 너머로 사라져 버리는, 그 아무것도 아닌 이야기를 말이다.

어떤 대화가 내 몸과 마음을 명민하게 다듬어 사람들과 함께 살 준비를 하게 해주고 내 영혼을 세상의 흐름에 내맡길 수 있게 한다면 그 대화는 성공적인 대화다.

대화는 우리가 다시 일상의 흐름을 되찾으면 끝난다. 그러나 원칙적으로는 미완성 상태로 남아있다. 이는 우리가 할 이야기를 다 하지 못했다거나(만약 대화 중에 말을 다 소진해버리면 남은 하루 동안 아무 말도 할 수 없지 않겠는가) 본질을 따져보지 못해서가 아니다(대화는 본질의 성격을 파악하기 위한 조사가 아니다). 타인에게 더 다가가고 싶은 마음, 언어를 통해 빛나고 싶은 마음이 갈수록 커졌기 때문이다. 그러나 이러한 마음을 주체하지 못하면 우리가 모르는 사이에 지나칠 수 있는 다른 경험들을 놓치게 될 위험이 있다.

다시 말해 끝난 대화도 앞으로 어떻게 펼쳐질지 모르는 상태다. 그래서 우리는 이런 대화가 우리를 앞으로 나아가게 한다고 믿는다. 대화하는 사람은 미래의 인물이다. 노래하는 미래, 각자의 방식으로 노래해야 하는 미래 말이다. 수다는 대화와 반대로 통제되지 않는 언어의 힘을 이기지 못해 의지와 상관없이 행해진다. 수다의 언어는 쉬지 않고 말하라고 우리의 등을 떠민다.

나는 내가 대화하며 느끼는 행복을 이런 말들로 설명하는 데 그칠 수밖에 없다. 그런데 이것은 나 혼자만의 책임이 아니다. 대화를 하는 사람에게 책임을 물을 수는 없는 법이다. 어느 순간 나에게 다가왔다가 다른 곳으로 가고, 또 그곳을 떠나 또 다른 곳으로 가고, 나를 버리고 다른 사람에게로 간 것이 바로 대화가 아니던가. 나는 그저 대화에 신호를 보내고 대화를 부를 뿐이다. 나의 가설에 어느 정도 신뢰를 높이기 위해 덧붙이자면 대화는 우리가 존경을 보내면 친절하게 우리를 안내하는 도시와 같다고 할 수 있겠다.

그토록 오래전부터 그토록 많은 곳에서 나 자신을 내던져 사랑한 모든 대화들이 이제는 하나가 되었다. 참으로 놀랍다. 나의 대화들은 어떻게 분산되지 않을 수 있었으며 대화의 합치는 어디서 비롯된 것일까? 독특한 말투 때문일까? 타인과 언어에 다가가는 나만의 독특한 방식 때문일까? 아니면 그보다는 대화가 마치 도시처럼 어떤 일이 있더라도, 내가 모호하게 말하더라도, 내가 회피하더라도,

내가 태만하더라도 나와 함께하기로 마음먹었기 때문은
아닐까?

　외골수들은 우리가 생각하는 것보다 더 자주 한가로이
걷는 일에 시간을 보내는데 가끔 이들은 자기들끼리 길에
서 마주치기도 한다. 그중 일부는 여기저기 방황하며 몸과
어법과 여담으로 개척한 자기만의 길로 다시 접어들기 전
에 몇 마디 말을 나눈다. 상대방의 걸음을 따 라갈지 말지는
그들의 마음에 달려있다. 그런데 우리는 그들을 보지 않고
서는 누가 무슨 말을 하는지 구분할 수 없을 것이다. 거니는
자들의 열정이 없다면 도시는 둔중한 건물, 어두운 거리, 어
딘가 모르게 을씨년스러운 주택단지로 분산될지도 모른다.
이처럼 말하는 이들이 없다면 사회적 삶은 이기주의와 이
해관계에 밀리고 야생 상태의 전장이 될지도 모른다.

이런 주장만으로는 충분치 않다. 나는 우리가 흩어진 시간에 종점을 찍기를 바란다. 파편과 시작점과 재시작점을 넘어 환상적인 대화, 유일한 대화의 움직임을 느낄 수 있기를 바란다. 우리가 지혜롭게 대화하는 사람들을 알아볼 수 있다고 믿는 곳에서는 가능하리라. 그러나 서로의 존재를 모르고 힘을 합치지 못하는 집단 안에서도 우월한 영혼의 신은 여기저기서 미미한 소리를 내는 빛들 사이에서 보편적인 조화와 합치를 발견한다. 이 빛들은 고대 그리스의 성전들처럼 서로를 반사한다. 그럼으로써 우리가 야만인들의 격분과 의기양양한 고함, 탄식, 오열, 고통받는 몸의 경련을 잠시나마 잊게 해줄지도 모르지만 그렇다고 해도 우리는 여전히 야만성을 직면해야만 할 것이다. 조화를 예감할 수 있을 때까지 우리를 이끌지 못하는 대화는 헛된 것이리라.

《대화를 한다는 것》독자 북펀드에
참여한 분들께 감사드립니다.　　　　　(가나다 순)

강유정 · 고영숙 · 구름이언니민영 · 규랑하율 · 김도원 · 김보아 · 김애옥 · 김예원 · 김정민 · 김정아 · 김정희 · 김지희 · 김태희 · 노효경 · 보더콜리 누베 · 서동욱 · 성정우 · 송강 · 신유식 · 신인수 · 신효주 · 알파카 · 오길섭 · 유현종 · 윤성호 · 이동훈 · 이송은 · 이영술 · 이은미 · 이응제 · 이재윤 · 이정숙 · 이혜림 · 임재금 · 임진선 · 임혜선 · 장순주 · 최수종 · 최영미(깨금발) · 현삼규

옮긴이 이진희

한국외국어대학교 통번역대학원 한불과에서 국제회의 동시통역 석사학위를, 호주 뉴사우스웨일스대UNSW에서 통번역학으로 석사학위를 받았다. 역서로는 《에밀 졸라의 진실》, 《몬테소리 기적의 육아: 0~36개월》, 《몬테소리 기적의 육아: 만 3~6세》, 《감옥의 대안》이 있다.

소통의 시대에 느림의 철학자 피에르 쌍소가 전하는
"진정한 대화"와 "대화의 행복"

대화를 한다는 것

1판 1쇄 인쇄 2025년 2월 20일 | **1판 1쇄 발행** 2025년 3월 10일

지은이 피에르 쌍소
옮긴이 이진희

편집 신효주 | **디자인** 디자인 봄에 | **마케팅** 용상철
제작·인쇄 도담프린팅
발행인 신수경 | **발행처** 드림셀러
출판등록 2021년 6월 2일(제2021-000048호)
주소 서울 관악구 남부순환로 1808, 615호 (우편번호 08787)
전화 02-878-6661 | **팩스** 0303-3444-6665 | **이메일** dreamseller73@naver.com
인스타그램 dreamseller_book | **블로그** blog.naver.com/dreamseller73

ISBN 979-11-92788-37-1 (03100)

• 책값은 뒤표지에 있습니다.
• 잘못 만들어진 책은 구입한 곳에서 바꾸어 드립니다.

※ **드림셀러는 당신의 꿈을 응원합니다.**
   드림셀러는 여러분의 원고 투고와 책에 대한 아이디어를 기다립니다.
   주저하지 마시고 언제든지 이메일(dreamseller73@naver.com)로 보내주세요.